Estudos Aplicados de Direito Empresarial

Estudos Aplicados de Direito Empresarial

MERCADOS FINANCEIRO E DE CAPITAIS

2018

Coordenação:

Pamela Romeu Roque

ALMEDINA

ESTUDOS APLICADOS DE DIREITO EMPRESARIAL
MERCADOS FINANCEIRO E DE CAPITAIS

COORDENAÇÃO: Pamela Romeu Roque
DIAGRAMAÇÃO: Almedina
DESIGN DE CAPA: FBA
ISBN: 978-85-8493-413-3

Dados Internacionais de Catalogação na Publicação (CIP)
(Câmara Brasileira do Livro, SP, Brasil)

Estudos aplicados de direito empresarial : mercados
financeiro e de capitais / coordenação Pamela
Romeu Roque. -- São Paulo : Almedina, 2018.

Vários autores.
Bibliografia.
ISBN 978-85-8493-413-3

1. Bolsa de valores 2. Direito empresarial
3. Direito empresarial - Brasil 4. Investimentos
5. Lavagem de dinheiro 6. Mercado de capitais
7. Mercado financeiro I. Roque, Pamela Romeu.

18-21967 DU-34:338(81)

Índices para catálogo sistemático:
1. Brasil : Direito empresarial 34:338(81)
Cibele Maria Dias - Bibliotecária - CRB-8/9427

Este livro segue as regras do novo Acordo Ortográfico da Língua Portuguesa (1990).

Novembro, 2018

EDITORA: Almedina Brasil
Rua José Maria Lisboa, 860, Conj.131 e 132, CEP: 01423-001 São Paulo | Brasil
editora@almedina.com.br
www.almedina.com.br

APRESENTAÇÃO

O Direito dos Mercados Financeiros e de Capitais sofre de escassez de doutrina. O Estudos Aplicados de Direito Empresarial – Mercados Financeiro e de Capitais colabora para o preenchimento desta lacuna. Os artigos publicados nesta coleção são decorrentes do trabalho de alunos dedicados, dotados não apenas de lapidados conceitos teóricos sobre o assunto, mas também de um valioso e necessário viés prático. Ambas vertentes são trabalhadas ao longo do curso de pós-graduação LL.M. Direito dos Mercados Financeiros e de Capitais do Insper Direito que culmina com a apresentação de trabalhos que as articulem de maneira pertinente e atual. São justamente os trabalhos com melhores avaliações que preenchem os volumes desta coleção, compartilhando com o público em geral o que antes ficava apenas na estimada biblioteca do Insper.

Este terceiro volume da coleção, em particular, está especial. São cinco artigos de alunas que enfrentam questões complexas e muito atuais. Iniciando por Adriana Dias de Jesus e seu artigo "Órgãos reguladores e inovação tecnológica: a transformação digital das instituições financeiras como desafio ao direito". Nele, a autora aborda o fato de que as *fintechs*, como são chamadas as *startups* de serviços financeiros, têm competido no mercado com as mais tradicionais instituições financeiras, dada a sua proposta de fornecer o serviço de forma mais simples, com tecnologia de ponta e alcance ilimitado. Entretanto, como ela salienta, há inseguranças quanto à regulação e supervisão estatal neste específico setor de inovação. O artigo versa sobre os reflexos positivos e negativos oriundos da discrepância entre a inovação e a regulação, marcada pela dificuldade do Direito em acompanhar as constantes evoluções tecnológicas. Após analisar o tema em âmbito nacional e internacional, em especial o tratamento dado pelos Estados Unidos e pela Inglaterra ao assunto, a autora propõe a necessidade de uma análise mais ampla e global, fomentando os estudos e a produção científica do ramo.

Em sequência, temos uma importante contribuição de Ana Racy Parente, em seu artigo "Extensão dos efeitos da falência para as companhias investidas de fundos de investimento em participações", o qual, analisando o atual contexto de recessão econômica instaurado no país, examina os efeitos da decretação de falência, notadamente os efeitos advindos da desconsideração da personalidade jurídica, sobre as sociedades investidas, ou seja, sobre as empresas nas quais os fundos de investimento participam ativamente do processo decisório, influenciando na gestão e na tomada de decisões estratégicas.

A autora, por meio da análise das normas aplicáveis aos fundos, bem como da Lei nº 11.101/05, do instituto da responsabilidade civil e dos posicionamentos dos tribunais, aponta para a impossibilidade de direcionamento da responsabilidade patrimonial aos cotistas do fundo de investimentos e adverte sobre a inadequada aplicação da teoria da desconsideração da personalidade jurídica pelos tribunais.

Já a autora Gabriela Nicacio Lima de Souza Dias apresenta seu artigo "Riscos de lavagem de dinheiro associados a tecnologias '*peer-to-peer*': os desafios do Facebook Messenger", em que defende que, com a rápida evolução dos novos meios de pagamento eletrônicos, aumenta-se a viabilidade do cometimento de crimes de lavagem de dinheiro, inclusive em escala global. Destacando o fato de que a burocracia não consegue acompanhar a velocidade que permeia o ramo tecnológico contemporâneo, o artigo propõe uma análise da tecnologia P2P (*peer-to-peer*), recentemente implementada no *Facebook Messenger*, e de suas possíveis consequências e alcances, em cotejo com os casos já conhecidos de lavagem de dinheiro envolvendo essa tecnologia. A autora não deixa de trazer o vácuo regulatório que separa a realidade tecnológica do procedimento burocrático envolto na atualização, compreensão e regulamentação dessa nova modalidade pelas autoridades.

Em continuação, temos a autora Giovana Fiorin de Abreu e seu artigo intitulado "Os acordos de cooperação como alternativa para mitigar a sobreposição regulatória no mercado financeiro e de capitais brasileiro". A autora aborda a autorregulação, fenômeno que transfere o estabelecimento de regras e sua fiscalização às entidades reguladas, e que ganhou destaque a partir de 1980, com a transição do sistema financeiro e aumento da complexidade do mercado. Se por um lado, a autorregulação busca contribuir para uma melhor dinâmica daquele em auxílio à Comissão de Valores Mobiliários, por outro uma sobreposição de normas pode ocorrer. Diante desse cenário, o artigo aborda os principais problemas advindos desta sobreposição de agendas regulatórias e autorregulatórias, cuja reiterada supervisão por diferentes entidades impactam as atividades das empresas. A autora propõe como solução viável a celebração de acordos de cooperação entre as entidades supervisoras, possibilitando a troca de informações entre si e otimizando o tempo e os custos de toda a indústria do setor.

Encerrando este volume, temos Pâmela Naomi Nakamura e seu artigo "Desmistificando o *bitcoin*: análise da sua natureza jurídica, uso e impactos". Ao analisar as controvérsias em torno da figura da *bitcoin*, a mais popular dentre as criptomoedas que prometem trazer independência, descentralização e anonimato às transações, a autora busca fundamento em obras norte-americanas e europeias e contextualiza o surgimento da criptomoeda em uma análise que remete à mais básica das relações comerciais: o escambo. O artigo propõe uma compreensão sistêmica das regulações e da evolução histórica das relações comerciais, de forma a contribuir cientificamente para a evolução dos estudos relacionados ao tema, que é claramente emergente e que possui implicâncias jurídicas fascinantes.

Desejamos a todos uma excelente leitura.

PREFÁCIO

Bons filhos constroem suas casas

Há mais de 19 anos, os sempre queridos Dr. Jairo Saddi e a Professora Rachel Sztajn talvez não tivessem a menor ideia do que estavam plantando ao idealizar os programas de LL.M. do Insper, hoje composto por cinco cursos de pós-graduação *lato sensu* e mais de dez de curta duração somente na área do Direito. São mais de 1200 *alumni*, aproximadamente 850 alunos ativos, um corpo docente com mais de 100 talentosos e bem avaliados professores e mais de uma dezena de assistentes dedicados para aprimorar constantemente a chamada "experiência Insper". São histórias e mais histórias que ilustram o incrível "Insper Direito".

Sinto-me especialmente honrado hoje por prefaciar esta 3ª edição da já tradicional coleção "Estudos Aplicados de Direito Empresarial", mais um bem-sucedido projeto do Insper com a Editora Almedina Brasil, a maior do mundo em língua portuguesa e referência em publicações na área jurídica. A Coleção é novamente formada por cinco volumes, cada qual contendo as mais bem avaliadas monografias dos alunos formados pelos referidos programas de pós-graduação *lato sensu* em Direito do Insper. Tais discentes, não satisfeitos em cumprir um dos requisitos impostos pelo Ministério da Educação para a conclusão dos seus respectivos cursos, se desafiaram para alcançar um patamar ainda mais glorioso: contribuir com suas pesquisas para o mundo jurídico-empresarial. Dedicaram-se além do esperado, buscaram superar seus limites, escolheram temas pouco ou nunca explorados, aproveitaram o frutífero convívio com seu professor-orientador ao máximo e deram foco a esse objetivo extremamente nobre que é escrever não só para si próprio.

Os 25 textos que ora apresentamos são bem pesquisados, reportam-se a questões atuais e práticas do dia a dia da advocacia empresarial e não se prestam somente a rever o que já foi escrito, contribuindo efetivamente para o debate. Parabenizo cada autor pela publicação de suas ideias, pela conclusão de seu curso e aos queridos professores-orientadores pela genuína parceria e pelo carinhoso e diário trabalho junto aos seus pupilos. Só quem convive com alunos sabe o quão prazeroso é acompanhar o desenvolvimento de cada um, suas angústias, seu crescimento pessoal e suas vitórias.

Em meus quase 17 anos no Insper, aprendi e aprendo muita coisa como Coordenador Adjunto do programa LL.M. em Direito Societário, Coordenador Geral do Insper Direito e atualmente professor e prefaciador desta edição da Coleção. Aprendi uma nova profissão que é a docência e aflorei sentimentos como os da gratidão e do orgulho. Sinto-me hoje um pouco como vocês que escreveram ou que lerão estes belíssimos textos: bons filhos constroem, sim, suas casas. Boa leitura a todos!

André Antunes Soares de Camargo
Sócio de TozziniFreire Advogados e Professor do Insper

SUMÁRIO

Órgãos Reguladores e Inovação Tecnológica: a Transformação Digital das Instituições Financeiras como Desafio ao Direito
Adriana Dias de Jesus 13

Extensão dos Efeitos da Falência para as Companhias Investidas de Fundos de Investimento em Participações
Ana Racy Parente 75

Riscos de Lavagem de Dinheiro Associados a Tecnologias "Peer-To-Peer": os Desafios do Facebook Messenger
Gabriela Nicacio Lima de Souza Dias 147

Os Acordos de Cooperação como Alternativa Para Mitigar a Sobreposição Regulatória no Mercado Financeiro e de Capitais Brasileiro
Giovana Fiorin de Abreu 185

Desmistificando o Bitcoin: Análise da Sua Natureza Jurídica, Uso e Impactos
Pâmela Naomi Nakamura 227

Órgãos Reguladores e Inovação Tecnológica: a Transformação Digital das Instituições Financeiras como Desafio ao Direito

ADRIANA DIAS DE JESUS

Introdução

Não é de hoje que as *startups* de serviços financeiros – as chamadas *fintechs* – vêm se consolidando no mercado financeiro.

De acordo com o World FinTech Report[1], estudo conduzido pela consultoria Capgemini, metade dos clientes bancários em todo o mundo está usando produtos ou serviços de pelo menos uma *fintech*, capaz de oferecer o mesmo que um banco com uma estrutura mais enxuta, tecnologia de ponta e o alcance ilimitado da internet[2]. No Brasil, o FintechLab, iniciativa que acompanha o segmento de *startups* de serviços financeiros, contabiliza que em menos de um ano, de abril a dezembro de 2016, o número de *fintechs* saltou de 130 para 244 – um crescimento de 87%[3].

[1] CAPGEMINI. **The World Fintech Report 2017.** Disponível em: <https://www.capgemini.com/the-world-fintech-report-2017>. Acesso em: 01 jun. 2017.

[2] FRAGA, Nayara. O fenômeno Fintech: a nova leva de startups que invadiu o sistema financeiro. Época Negócios, São Paulo, 27 jan. 2016. Dinheiro. Disponível em <http://epocanegocios.globo.com/Dinheiro/noticia/2016/01/o-fenomeno-fintech-nova-leva-de-startups-que-invadiram-o-sistema-financeiro.html>. Acesso em: 20. set. 2016.

[3] FINTECHLAB. [Report] Fintechs no Brasil: uma revolução que já é realidade. Disponível em: <http://fintechlab.com.br/index.php/2016/04/14/report-fintechs-no-brasil-uma-revolucao-que-ja-e-realidade/>. Acesso em: 01 jun. 2017.

Estas novas modalidades de relacionamento com o dinheiro e com o crédito vêm acabando com o conceito de instituição financeira tradicional ao se valer da tecnologia e introduzir novas práticas de trabalho com o objetivo de atender a uma geração de consumidores cada vez mais dependente da internet e do celular. Por isso, e de forma a evitar que toda esta tecnologia esvazie o seu mercado, o que se vê desde o último ano são os bancos – integrantes de um segmento conservador e tradicional por natureza – levando bem a sério a questão da inovação.

Exemplo disto foi a criação pelo Goldman Sachs, tradicional banco de investimentos americano, de um banco digital para o varejo – o GS Bank – e de uma plataforma digital para empréstimos sem garantia – a Marcus[4].

Essa transformação digital dos bancos está promovendo uma série de discussões: o surgimento dos chamados bancos digitais, o uso da tecnologia *blockchain* (conforme definição a seguir), e o *boom* das novas *startups* financeiras estão em alta nos fóruns de debate de todas as instituições financeiras e dos respectivos órgãos reguladores.

Para aqueles que veem estas mudanças como positivas, o alinhamento entre bancos e inovações tecnológicas carrega consigo uma série de vantagens intrínsecas à própria tecnologia: permite reações mais rápidas e visão sistêmica, dá mais flexibilidade de atuação, e aumenta o acesso aos produtos e/ou serviços ofertados. Por outro lado, surgem as inseguranças, pois aumenta-se a exposição ao risco e a falta de controle em um mercado em que impera a prudência e o acompanhamento minucioso dos órgãos reguladores.

[4] HORN, Guilherme. **Goldman Sachs quer atropelar fintechs. O Estado de São Paulo**, São Paulo, 17 out. 2016. Blogs e colunas. Disponível em <http://link.estadao.com.br/blogs/seu-bolso-na-era-digital/goldman-sachs-quer-atropelar-fintechs/>. Acesso em: 17 out. 2016.

Diante de tal cenário, é de suma importância que os órgãos reguladores da atividade financeira acompanhem este novo modelo de interação no mercado, de forma a manter as relações seguras e estáveis – o objetivo é que isso aconteça com procedimentos que tragam garantias às transações e aos clientes. Neste contexto, é essencial se colocar em pauta a questão da necessidade de regular, de forma direcionada, a forma de atuação das instituições financeiras e as implicações decorrentes da sua inovação tecnológica.

De acordo com a Escola Clássica Econômica, a intervenção do Estado é necessária para corrigir as diversas falhas inerentes à economia de mercado, de forma a preservar o interesse público[5]. Nesse âmbito, a regulação atuaria com a "aplicação de instrumentos legais para a implementação de uma política de objetivos socioeconômicos, em que indivíduos ou organizações podem ser forçados pelos governos a adotar determinados comportamentos sob pena de sofrer sanções"[6], ou seja, "atuaria corrigindo falhas de mercado, criando condições para o desenvolvimento de um mercado competitivo ou um sistema de concorrência, bem como a redistribuição de recursos econômicos"[7]. A regulação se apresentaria assim como resposta governamental para as falhas do sistema, externalidades negativas e desejos da sociedade.

No entanto, enquanto a tecnologia e a inovação, principalmente quando disruptivas, estabelecem naturalmente uma nova forma de relacionamento entre os produtos/serviços ofertados

[5] Salomão Filho. Calixto. **Regulação da Atividade Econômica**. São Paulo: Malheiros, 2001. P. 16 et. seq.

[6] Hertog, Johan den. **Review of Economic Theories of Regulation**. Tjalling C. Koopmans Research Institute, Utrecht School of Economics. Utrecht University. The Netherlands. December 2010. P. 3.

[7] Martins, Ricardo Marcondes. **Regulação Administrativa à Luz da Constituição Federal**. São Paulo: Malheiros, 2011. P. 98.

e o público consumidor, as normas aplicáveis a estes mesmos temas opera em um ritmo bem mais lento. Quando se fala em setores altamente regulados como o financeiro, então, a discrepância de velocidade se torna ainda mais latente.

Isso porque, mais do que simplesmente acomodar esses novos serviços em um padrão regulatório já existente, o que se exige do regulador é estabelecer uma nova lógica regulatória para reger os serviços prestados de forma inovadora.

Nesse sentido, para serem aplicadas a esses novos serviços, as normas devem se adaptar, pois ora há um *gap* de regulação, o que pode prejudicar a segurança dos consumidores e do sistema, e ora há regras muito rígidas que, se aplicáveis, prejudicam o real desenvolvimento da inovação.

Como bem destaca Rodolfo Tamanaha, advogado especialista em regulação

> Isso não significa dizer que categorias tradicionais como licenças, fiscalização, regras trabalhistas e de segurança não se aplicam, mas sim que o Estado deve adotar um modelo regulatório apto a promover, ao mesmo tempo, a proteção do consumidor e o combate a práticas ilícitas e desleais, sem prejudicar formas inovadoras e empreendedoras de oferecer utilidades aos consumidores[8].

Diante do acima exposto, o que este trabalho se propõe a fazer é estudar o comportamento do direito, por meio dos órgãos reguladores do mercado financeiro, diante da velocidade da tecnologia. Vale a ponderação de que este estudo contou com o levantamento de trabalho e opiniões de juristas, economistas

[8] SANTIAGO, Fernando. TAMANAHA, Rodolfo. Caso Uber: como a tecnologia disruptiva afeta a regulação no Brasil. Disponível em: <https://jota.info/artigos/uber-como-a-tecnologia-disruptiva-afeta-regulacao-no-brasil-14042015> **JOTA – notícias jurídicas que fazem a diferença**, São Paulo 14 abr. 2015. Artigos. Acesso em: 16 out. 2016.

e especialistas em TI, aqui mencionados em virtude da interligação entre tais matérias no tema apresentado.

Para alcançar a finalidade aqui pretendida, iniciaremos com uma breve apresentação das tecnologias hoje em alta no mercado financeiro. Longe de ser um descritivo técnico, traremos de forma macro como tais tecnologias operam.

Na sequência, indispensável se faz analisar aspectos mais gerais do confronto entre regulação financeira e inovação. Imperativo tratarmos, assim, da estrutura do sistema financeiro brasileiro e do arcabouço internacional, dando continuidade com a relação histórica entre inovação, crise e regulação, e a forma com que os reguladores enfrentaram as mudanças e os desafios impostos no passado.

Por fim, passaremos a abordar como os órgãos reguladores e as leis se comportam atualmente diante das mudanças trazidas pela tecnologia, considerando que a tendência histórica, conforme verificado no capítulo imediatamente anterior, é que, diante de qualquer inovação que possa trazer riscos ao sistema, haja o aumento da regulação estatal.

Será neste momento da reflexão que pontos como a vulnerabilidades no ambiente virtual e eventual descumprimento do direito à informação serão colocados de forma a conjeturar se tais tecnologias atuam hoje em consonância com as garantias esperadas do mercado financeiro.

Dessa forma, com a problemática apresentada, pretende-se ponderar sobre os desafios enfrentados pelos órgãos reguladores do sistema financeiro ao lidar com a evolução da tecnologia. Não há pretensão de se apontar soluções, tampouco esgotar o assunto – nos limitaremos a tentar elencar os desafios impostos ao direito ao tentar acompanhar a velocidade da tecnologia, especificamente no mercado financeiro, e tomando por base o comportamento dos órgãos reguladores diante de situações análogas.

Ao final, a discussão aqui proposta permitirá uma reflexão sobre a dialética regulação X inovação, em que por um lado temos a necessidade de regulação no sistema bancário/financeiro para a sua estabilidade e por outro, temos a inovação como força motora das transformações e, por consequência, também do desenvolvimento econômico.

1. Novas Tecnologias Que Impactam o Mercado Financeiro

O mercado financeiro e a prestação de serviços bancários estão passando por um momento marcante de transformação. A entrada de novos participantes e o desenvolvimento de tecnologias disruptivas vieram para alterar a forma de relacionamento entre esse mercado e seus consumidores.

O grande motivador dessa transformação é a tecnologia: redes sociais, mobilidade, conectividade quase absoluta, e em um âmbito mais técnico, internet das coisas, *cloud service*, *blockchain*, *bitcoins*, entre outros, estão ajudando a transformar todo o segmento financeiro. Mais que isso, essas tecnologias estão criando uma nova onda de prestadores de serviço que aliam baixo custo com facilidade para os clientes, para gerar, consequentemente, retornos relativamente altos e muito mais eficientes do que os de bancos tradicionais.

O perfil digital da nova geração de consumidores alia-se à tecnologia como fator de transformação: em uma geração, que escolhe suas marcas pelas experiências que estas podem proporcionar e, por isso, muitas vezes, avessa aos bancos tradicionais, 33% acredita que daqui a cinco anos não será mais necessário ter conta em banco e 50% estão contando com as *fintechs* em substituição aos bancos[9].

Nesse cenário, fontes de receitas que antes eram garantidas para os bancos já não o são mais, sendo a inovação essen-

[9] NASH, Ryan M; BEARSDLEY, Eric. **The future of finance: The rise of the new Shadow Bank**. Goldman Sachs, 2015.

cial para garantir competitividade e rentabilidade: em tempos de mudança, é mandatório que o mercado invista em soluções para antecipar as necessidades dos clientes.

1.1. Avanços Tecnológicos no Ambiente Bancário: Internet Banking e Banco Digital

Os bancos estão entre as empresas que mais se utilizam dos meios eletrônicos para realizar seus negócios, tendo se dado a partir da década de 60 uma rápida evolução no volume e na estrutura dos recursos bancários, marcada pelos progressos técnicos verificados nas suas atividades[10].

Os progressos da tecnologia ocorreram também no âmbito da relação banco-cliente. Com o intuito de viabilizar aos clientes maior eficiência e comodidade, os bancos investiram grandes montantes para transformar os seus sistemas em máquinas capazes de efetuar, rapidamente e com segurança, transações originadas em qualquer parte do mundo[11].

Foi nos anos 90 que o mecanismo de acesso de consumidores/clientes aos serviços bancários começou a mudar: 1) Terminais de caixas automáticos ou eletrônicos foram introduzidos em quase todos os bancos brasileiros, e uma rede bancária chamada "Banco 24 Horas" foi fundada; 2) Cartões bancários e de crédito tornaram-se acessíveis a um número maior de consumidores brasileiros; e 3) o *home banking* ("banco em casa"), por telefone, cabo e/ou internet também se tornou disponível[12].

[10] ABRÃO, Nelson. **Direito Bancário.** 14. ed. rev. e atual. pelo Des. Carlos Henrique Abrão. São Paulo: Saraiva, 2009. P. 9.

[11] DOUGLAS, John L. Cyberbanking: legal and regulatory considerations for banking organizations. **North Carolina Banking Institute**, v. 4, 2010. P. 57-82.

[12] MARQUES, Claudia Lima. **Sociedade da informação e serviços bancários: primeiras observações**. Revista de Direito do Consumidor, nº 39, jul. – set. 2001. P. 49-71.

Ao comentar os avanços tecnológicos verificados no *modus operandi* dos bancos, Nelson Abrão assim se posiciona:

> O acesso aos meios tecnológicos equivale à inovação e completa revolução no sistema operacional bancário, na medida em que os serviços priorizam duplo caminho da eficiência e menor custo, sem prejudicar consultas, saques, pagamentos, descontos, tudo on-line, numa clara demonstração de que a internet tem seu espaço progressivo, tanto na função de garantir ao cliente melhor trabalho a distância como no processo eletrônico[13].

Resta notória assim a migração dos meios tradicionais de celebração de negócios jurídicos para o meio eletrônico nas instituições financeiras[14].

Com relação ao *internet banking*, o acesso aos serviços bancários por computador continua em franco crescimento. O volume de transações bancárias via internet sobe representativamente desde 2009. De acordo com dados levantados pela Federação Brasileira dos Bancos (Febraban)[15], o mobile banking registrou 11,2 bilhões de transações bancárias em 2015, o que representou um crescimento de 138% em relação a 2014. Em 2016, o Itaú Unibanco computou 12, 1 milhões de clientes digitais, e 75% do volume de transações em canais digitais (internet e mobile)[16].

[13] Abrão, 2009. **Op. Cit.** P. 11.

[14] Lucca, Newton. Novas fronteiras dos contratos eletrônicos nos bancos. **Revista de Direito Bancário, do Mercado de Capitais e da Arbitragem,** a. 6, n. 21, jul.-set. 2003. P. 162 – 180.

[15] Febraban. **Pesquisa Febraban de Tecnologia Bancária 2015**. Realização Deloitte. Disponível em: <https://cmsportal.febraban.org.br/Arquivos/documentos/PDF/Relatorio%20-%20Pesquisa%20FEBRABAN%20de%20Tecnologia%20Banc%C3%A1ria%202015.pdf>. Acesso em: 15 mar. 2017.

[16] ITAÚ UNIBANCO. **Encontro entre líderes 2016**. Disponível em site institucional. Acesso em: 01 jun. 2017.

Na esteira de tal evolução tecnológica, recentemente ficaram à disposição dos clientes também os chamados bancos digitais, que, mais do que simplesmente oferecer uma plataforma de *internet banking*, canais virtuais de comunicação ou aplicativos para dispositivos móveis, possuem processos cem por cento digitais.

A Febraban caracteriza um banco digital pelo cumprimento dos seguintes requisitos: existência de processos não presenciais, com captura digital de documentos e informações e coleta eletrônica de assinatura; acesso a canais eletrônicos para todas as consultas e contratação de produtos; resolução de problemas por múltiplos canais sem a necessidade de ida à agência[17]. Basicamente, trata-se de um modelo operacional que permite a interação em tempo real com os usuários dos serviços.

O BTG Pactual é um exemplo de banco que se lançou neste segmento. Na sua plataforma digital, a abertura de contas é 100% online e feita a partir do preenchimento de um cadastro e envio de três fotos: uma do próprio cliente, outra de um comprovante de residência e a terceira de um documento de identidade.

Em suma, para os bancos, a inovação tecnológica não só atende à demanda dos clientes como representa valor agregado, ao reduzir custos operacionais e ampliar a disponibilidade dos serviços bancários no tempo (24 horas por dia) e no espaço (acesso aos serviços disponibilizados em centros de compras, no trabalho e em casa).

1.2. Fintechs e Novos Serviços

Quem fala em *fintechs* se refere às *startups* financeiras. Estas podem ser definidas como "empresas que oferecem serviços

[17] FEBRABAN. Pesquisa Febraban de Tecnologia Bancária 2014. Disponível em: <https://cmsportal.febraban.org.br/Arquivos/documentos/PDF/Pesquisa%20FEBRABAN%20de%20Tecnologia%20Bancaria%202014.pdf>. Acesso em 04 mar. 2017.

financeiros por meio de tecnologias avançadas, usualmente no ambiente digital e que, geralmente, não estão vinculadas a uma instituição bancária"[18]. O termo vem da junção de finanças com tecnologia, e tem sua origem atribuída a um programa de aceleração de *startups* capitaneado pela Accenture, em parceria com a prefeitura de Nova York.

Essas empresas têm modelos de negócio inovadores, usam a tecnologia como base e possuem grande potencial de crescimento, e chegaram ao mercado financeiro para ofertar produtos antes exclusivos de bancos ou organizações financeiras tradicionais[19], como pagamentos móveis, transferências de dinheiro, empréstimos, captação de recursos, gestão de investimentos, criptomoedas e educação financeira.

Um exemplo brasileiro a ser citado é o Nubank. Fundado em 2013, oferece um cartão de crédito sem cobrar tarifas ou anuidade para o consumidor final. O grande diferencial é que o cartão pode ser totalmente controlado por um aplicativo de celular. Com ele, é possível pedir aumento do limite, bloquear transações, consultar o SAC e acompanhar cada transação em tempo real[20].

Uma *fintech* pode até mesmo ser uma instituição bancária com proposta inovadora (como os bancos 100% digitais), porém, na maior parte dos casos, tratam-se de novas soluções para serviços que já são oferecidos pelos bancos tradicionais, focando em torná-los mais práticos ou mais baratos. Dadas as suas características, as *fintechs* normalmente oferecem produtos e serviços

[18] **Horn, Guilherme.** O que é Fintech. Disponível em: <http://finnovation.com.br/o-que-e-fintech/#sthash.PLtGJaXg.dpuf>. Acesso em: 05 mar. 2017.

[19] OROY. ¿Qué es y qué significa FinTech? Disponível em: <https://www.oroyfinanzas.com/2015/03/que-significa-fintech/>. Acesso em: 05 mar. 2017.

[20] NUBANK. **A evolução dos serviços financeiros**. Disponível em: <https://www.nubank.com.br/evolucao/>. Acesso em: 05 mar. 2017.

mais eficientes que os bancos tradicionais: custos menores de infraestrutura, modelos de negócio inovadores, e sistema de remuneração diferenciado, que fazem com que estas empresas consigam ser lucrativas com preços mais baixos que os bancos tradicionais com suas infraestruturas gigantescas.

Como as estatísticas acima sugerem, o mercado já está sendo afetado pela presença das *fintechs*, cujo número só tende a crescer, uma vez que as possibilidades do ambiente trazidas pela tecnologia são vastas, permitindo consequentemente que opções de serviços financeiros sejam criadas rápida e constantemente.

1.3. Bitcoin e Blockchain

De todas as tecnologias mencionadas neste capítulo (*mobile banking*, *fintechs*, banco digital), talvez *bitcoin* e *blockchain* sejam as mais disruptivas.

O *bitcoin*, ou a criptomoeda da internet, é uma "tecnologia digital que permite reproduzir em pagamentos eletrônicos a eficiência dos pagamentos com cédulas"[21].

A *bitcoin* utiliza de criptografia para possibilitar uma transação sem intermediação entre dois indivíduos. Por conta dessa característica, os pagamentos realizados por meio de *bitcoins* se caracterizam por serem rápidos e baratos, podendo ser feitos para qualquer pessoa, que esteja em qualquer lugar do planeta, sem limite mínimo ou máximo de valor.

Quando o *bitcoin* surgiu, em 2009, muitos suspeitaram do seu uso pela possibilidade de realização de atividades ilegais devido ao não rastreamento das transações realizadas. No entanto, ao longo do tempo, o *bitcoin* se consolidou, e recebeu investimentos da ordem de 362 milhões de dólares em 2014[22]. Até mesmo

[21] NAKAMOTO, Satoshi. Bitcoin: **A Peer-to-Peer Electronic Cash System**. Disponível em: <www.bitcoin.org/bitcoin.pdf>. Acesso em: 05 mar. 2017.

[22] JELF, Owen; SEIBOLD, Sigrid. **A tecnologia blockchain pode revolucionar o mercado de capitais?** Disponível em: <http://www.executivosfinanceiros.

a Bolsa de Valores de Nova York entrou neste mercado com a criação de um índice de preços *bitcoin*, e grandes empresas como a Dell agora aceitam a moeda como pagamento.

No entanto, mais importante do que a função monetária, está a revolução que o *blockchain*, tecnologia que sustenta o *bitcoin*, traz à natureza das transações.

Essa tecnologia permite que toda a trajetória do ativo transacionado seja registrada e protegida digitalmente: trata-se de uma espécie de livro-razão único e compartilhado com todos os participantes da cadeia de valor, que atua como um grande gerador de transparência e eficiência[23]. Trata-se, em suma, de "registros" digitais públicos permanentes de todas as transações financeiras e que funciona para transferência de valores, podendo potencialmente substituir complexos sistemas de *clearing*[24]. E conforme os pagamentos diretos feitos por meio de *blockchain* se tornarem mais habituais, a necessidade de intermediários (leia-se bancos) pode ser reduzida.

De acordo com a Febraban, por volta de 2020 os pagamentos privados e feitos mediante autorização por meio de sistemas com base em *blockchain* alcançarão um volume significativo de transações[25]. As moedas digitais tendem a evoluir e a ser mais aceitas, inclusive em setores tradicionais.

com.br/financas/mercadodecapitais/item/1245-a-tecnologia-blockchain-pode-revolucionar-o-mercado-de-capitais.html>. Acesso em: 05 mar. 2017.

[23] JELF, Owen; SEIBOLD, Sigrid. **Op. Cit.**

[24] *Clearing* é a compensação e liquidação de ordens eletrônicas, transferências de fundos e de outros ativos financeiros, inclusive operações realizadas em bolsas de mercadorias e de futuros e operações com derivativos.

[25] FEBRABAN. **Pesquisa Febraban de Tecnologia Bancária 2015**. Realização Deloitte. Disponível em: <https://cmsportal.febraban.org.br/Arquivos/documentos/PDF/Relatorio%20-%20Pesquisa%20FEBRABAN%20de%20Tecnologia%20Banc%C3%A1ria%202015.pdf>. Acesso em: 15 mar. 2017.

2. Regulação do Mercado Financeiro

O mercado de serviços financeiros sempre foi um setor sensível e, por isso, fortemente regulado. A regulação financeira é um dos fatores determinantes da estrutura financeira, pois limita as possibilidades de ação dos seus agentes, define as operações que podem ser realizadas legitimamente e o papel a ser exercido pelos participantes de tal estrutura[26].

Nelson Eizirik ensina que a regulação requer o estabelecimento de limites à atuação dos agentes econômicos que não existem quando o mercado é completamente livre[27], e Jairo Saddi complementa afirmando que a regulação é, antes de tudo, uma maneira de tentar melhorar os resultados do mercado e minimizar sua imperfeição[28].

E não basta apenas a definição de regras: é necessário também supervisionar a atividade dos intermediários financeiros para garantir o adequado cumprimento das regras estabelecidas.

Assim, é comum a existência de controle estatal sobre aqueles que pretendem ingressar no exercício da atividade financeira e sobre suas atividades, tanto por meio de órgãos de supervisão e regulamentação quanto por meio de mecanismos diversos como de controle de entrada, exigência de capital mínimo, controles das atividades etc.[29].

Para Fernando J. Cardim de Carvalho, as razões de regular a operação das instituições financeiras recaem sobre duas

[26] Carvalho, Fernando J. Cardim de. Souza, Fernando Eduardo Pires de. **Economia Monetária e Financeira**. 3ª ed. Rio de Janeiro: Elsevier, 2015.

[27] Eizirik, Nelson; Gaal, Ariádna Bohomoletz; Parente, Flavia; Henriques, Marcus de Freitas. **Mercado de Capitais – Regime Jurídico**. Rio de Janeiro: Renovar, 2008.

[28] Saddi, J. Crise e Regulação Bancária – Navegando mares revoltos. São Paulo: Textonovo, 2001.

[29] Turczyn, Sidnei. **O Sistema Financeiro Nacional e a Regulação Bancária.** São Paulo: Revista dos Tribunais, 2005. P. 343 e ss.

características relevantes do mercado financeiro[30]: o primeiro relaciona-se ao setor bancário, do qual diversas externalidades, tanto positivas quando negativas, se sobressaem. O segundo argumento aponta para a alta probabilidade de as transações financeiras serem marcadas por forte assimetria no acesso às informações relevantes pelos envolvidos.

Nas décadas mais recentes, com a ocorrência de diversas modificações nos mercados financeiros, as quais vêm provocando diversas reflexões por parte de seus legisladores e reguladores, a supervisão eficiente das instituições financeiras tornou-se ainda mais complexa.

Este capítulo irá abordar a estrutura do sistema financeiro brasileiro, bem como a existência de órgãos internacionais dedicados à supervisão bancária. Na sequência, se discorrerá sobre importância da regulação do mercado financeiro e como se deu a sua evolução ao longo dos anos.

2.1. O Sistema Financeiro Nacional

Figura 1. Estrutura normativa, regulatória e de fiscalização do sistema financeiro nacional

Fonte: Banco Central
Elaboração: autores

30 Carvalho, Fernando J. Cardim de. Souza, Fernando Eduardo Pires de. **Op. Cit.**

De acordo com o Banco Central do Brasil[31], o Sistema Financeiro Nacional (SFN) caracteriza-se como o conjunto de órgãos reguladores e instituições financeiras que executam as atividades relacionadas à moeda e ao crédito, organizando-se conforme disposto na figura acima.

Ao criar o SFN, a Lei nº 4.595/1964, estabeleceu a estrutura institucional destinada à disciplina da atividade bancária no Brasil, liderada pelo Conselho Monetário Nacional (CMN) e com o Banco Central do Brasil (BC) logo abaixo deste, sendo o primeiro dotado de competência regulamentar e o segundo de competência executiva e fiscalizatória[32].

O SFN também se encontra sinteticamente previsto no artigo 192 da Constituição Federal, com redação dada pela Emenda Constitucional nº 40/2003, que estabelece que este deve ser estruturado de forma a promover o desenvolvimento equilibrado do país e servir aos interesses da coletividade. A Lei nº 4.595/1964, ordinária e anterior à Constituição Federal de 1988, foi recepcionada pela nova Carta e permanece regulando a estrutura e funcionamento do Sistema Financeiro Nacional.

O Conselho Monetário Nacional (CMN) é a autoridade máxima do SFN. Trata-se de órgão federal, integrante da administração federal direta, integrado atualmente pelo Ministro de Estado da Fazenda, pelo Ministro de Estado do Planejamento, Orçamento e Gestão e pelo Presidente do BC[33].

Cumpre ao CMN, nos termos do art. 2º da Lei 4.595/1964, formular a política da moeda e do crédito tendo como propósito o progresso econômico e social do País. Nesse sentido, ele

[31] BANCO CENTRAL DO BRASIL. **Composição e Segmentos do Sistema Financeiro Nacional**. Disponível em: <http://www.bcb.org.br/?SFNCOMP>. Acesso em: 27 mai. 2017.

[32] Salomão Neto, Eduardo. **Direito bancário**. 2ª ed. rev. e ampliada. São Paulo: Atlas, 2014. P. 85.

[33] Salomão Neto, Eduardo. **Op. Cit**. P. 87.

está investido das mais amplas atribuições de caráter normativo sobre as principais diretrizes do sistema financeiro[34].

Ainda no âmbito da Lei 4.595/1964, são traçados em seu artigo 3º os objetivos da política a ser formulada pelo CMN, por meio do exercício das competências atribuídas ao órgão pelo artigo 4º do mesmo diploma legal.

Dentre algumas das atribuições do CMN vale citar como exemplos: (i) regular a constituição, funcionamento e fiscalização dos que exercerem atividades subordinadas à Lei 4.595/1964 e a aplicação das penalidades previstas; (ii) expedir normas gerais de contabilidade e de estatística obrigatórias para as instituições financeiras; (iii) estabelecer normas a serem observadas pelo BC na negociação com títulos públicos e de emissão de entidades de que participe o Estado; (iv) disciplinar as atividades das bolsas de valores e de corretores de fundos públicos; (v) fixar as condições para operações de bancos estrangeiros[35].

Já os Bancos Centrais, tradicionalmente, executam a primordial função de buscar a estabilidade monetária em seus respectivos países. Além disso, são também responsáveis pela condução e gerenciamento do sistema de pagamentos e pela condição de prestamista de última instância[36].

O Banco Central do Brasil é uma autarquia federal composta atualmente por uma diretoria de nove membros, todos indicados pelo Presidente da República[37]. Com a reforma promovida pela Lei 4.595/1964, o BC tornou-se o principal executor das políticas traçadas pelo CMN, atuando também como fiscalizador do SFN[38].

[34] Andrezo, Andrea Fernandes; Lima, Iran Siqueira. **Mercado Financeiro: Aspectos históricos e conceituais**. São Paulo: Atlas, 2007. P. 38.

[35] Salomão Neto, Eduardo. **Op. Cit**. P. 88-94.

[36] Andrezo, Andrea Fernandes; LIMA, Iran Siqueira. **Op. Cit**. P. 64.

[37] Salomão Neto, Eduardo. **Op. Cit**. P. 95.

[38] Turczyn, Sidnei. **Op. Cit**. P. 132.

As suas competências também são listadas ao longo da Lei 4.595/1964. No campo da regulação e supervisão financeira, dentre outras competência, cumpre ao BC: (i) fiscalizar as instituições financeiras e aplicar as penalidades; (ii) conceder autorização de instalação e funcionamento às instituições financeiras; (iii) exercer permanente vigilância nos mercados financeiro e de capitais, bem como empresas que, direta ou indiretamente, interfiram nesses mercados[39].

Além dessas funções, cabe também ao BC regular as condições de concorrência entre instituições financeiras, coibindo-lhes os abusos com a aplicação de penas (art. 18, § 2º, Lei 4.595/1964).

Além de CMN e BC, há outras autoridades responsáveis pela regulação e fiscalização de atividades financeiras no País.

A Comissão de Valores Mobiliários (CVM) é uma autarquia federal vinculada ao Ministério da Fazenda, criada pela Lei 6.385/1976, com o propósito de disciplinar o funcionamento do mercado de valores mobiliários e a atuação de seus participantes. Como o BC, a CVM está sujeita ao CMN, cabendo ao órgão a execução das regras e políticas definidas pela autoridade máxima do SFN.

Os mercados de seguros, capitalização e previdência aberta, por sua vez, são regulados pelo Conselho Nacional de Seguros Privados (CNSP) e pela Superintendência Nacional de Seguros Privados (Susep)[40].

Criado pelo Decreto-lei 73/1966, o CNSP é vinculado ao Ministério da Fazenda e atua como órgão normativo das atividades de seguros no Brasil, em posição similar à do CMN para as atividades bancárias e de mercado de capitais.

[39] Turczyn, Sidnei. **Op. Cit.** P. 140.

[40] Pedras, Guilherme Binato Villela; Venceslau, Helena Mulim. **Organização do Mercado Financeiro no Brasil**. Disponível em: <http://www3.tesouro.gov.br/divida_publica/downloads/Parte%203_3.pdf>. Acesso em: 27 mai. 2017.

A SUSEP é uma autarquia federal também criada pelo Decreto-lei 73/1966, que possui competência executiva e fiscalizatória em relação às atividades de seguros privados. Cabem à autarquia a regulação do setor conforme orientação do CNSP e a supervisão das atividades exercidas.

O Conselho de Gestão de Previdência Complementar (CNPC) é órgão colegiado responsável pela regulação das atividades das entidades fechadas de previdência complementar, funcionando ainda como órgão recursal, responsável pela apreciação de recursos interpostos contra decisões da Secretaria de Previdência Complementar (SPC), versando sobre penalidades administrativas. O CGPC é composto por representantes indicados pelo Governo (Ministérios da Previdência, Fazenda e Planejamento), pelos fundos de pensão, pelos participantes e assistidos e pelos patrocinadores e instituidores de planos de previdência.

2.2. Organizações Internacionais e a Regulação Financeira

Os avanços tecnológicos nas últimas décadas contribuíram de forma decisiva para a cada vez mais significativa internacionalização dos mercados financeiro e de capitais. Como resultado do alcance global das telecomunicações, tornou-se possível oferecer maior variedade de produtos e serviços para um público maior. Nesse processo, não apenas barreiras geográficas foram derrubadas, como também aumentaram o volume, a velocidade e a complexidade das transações internacionais.

Esses avanços possibilitaram o surgimento de instituições financeiras com estruturas corporativas complexas. Tratam-se de verdadeiros conglomerados, que apresentam benefícios na medida em que oferecem mais serviços em mais localidades aos seus clientes, mas também impõem desafios à regulação e supervisão bancária ao elevar a preocupação das autoridades bancárias a nível global.

Para lidar com a "globalização" do problema da regulação do mercado financeiro, algumas organizações internacionais foram surgindo e reunindo autoridades e participantes do sistema financeiro de diversos países para debater sobre os problemas existentes e potenciais no âmbito da regulação e supervisão.

Como exemplo, se pode citar, inicialmente, o Bank of International Settlements (BIS). Fundado em 17 de maio de 1930, o BIS é a mais antiga organização financeira internacional do mundo, e hoje conta com 60 bancos centrais membros, que juntos representam cerca de 95% do PIB mundial[41]. A missão do BIS é servir os bancos centrais na busca da estabilidade monetária e financeira, fomentar a cooperação internacional nessas áreas e atuar como um banco para os bancos centrais.

Também como organização financeira internacional, há o Banco Mundial. Criado em 1944 e hoje composto por 189 membros, possui como objetivo promover o crescimento econômico e melhora no padrão de vida dos países que a ele recorrem[42]. Sua influência na regulação financeira internacional pode ser demonstrada no vínculo do financiamento de projetos à adoção de pacotes de reforma regulatória.

Já o Fundo Monetário Internacional (FMI) foi criado em 1945 com o objetivo de zelar pela estabilidade do sistema monetário internacional, notadamente por meio da promoção da cooperação e consulta em assuntos monetários entre seus membros. Atualmente o FMI também executa funções de supervisão financeira de seus membros, a fim de identificar possíveis focos de distúrbios sistêmicos e avaliar se as condições assumidas para a prestação de auxílio financeiro estão sendo

[41] BANK FOR INTERNATIONAL SETTLEMENTS. **About the BIS – overview**. Disponível em: <https://www.bis.org/about/>. Acesso em: 27 mai. 2017.

[42] THE WORLD BANK. **What do we do**. Disponível em: <http://www.worldbank.org/en/about/what-we-do>. Acesso em: 27 mai.2017.

cumpridas[43]. Essa supervisão é tradicionalmente efetuada por meio dos *Financial Sector Assessment Programs* (FSAPs), que são uma iniciativa conjunta do FMI e Banco Mundial com o objetivo de aumentar a higidez do sistema financeiro dos países membros.

Além dos órgãos acima mencionados, pode-se citar ainda o Comitê de Basiléia de Supervisão Bancária, criado no final de 1975 e ligado ao BIS, com o objetivo de promover melhor entendimento e qualidade da supervisão bancária ao redor do mundo. Foi o Comitê de Basiléia que deu origem, inclusive, aos Acordos de Basiléia, propondo um conjunto mínimo de diretrizes para adequação de capital em bancos, com objetivo promover a solidez e a estabilidade do sistema bancário internacional com a inserção de processos de gestão de risco nas instituições financeiras[44].

O Financial Stability Board (FSB), organismo que visa à coordenação de diversos reguladores a fim de implantar políticas de regulação e supervisão relacionadas à área financeira, também é de referência importante no contexto da regulação bancária/financeira. Criado em abril de 2009, seus participantes são reguladores, bancos internacionais, grupos de reguladores ou supervisores e especialistas de bancos centrais de polos financeiros relevantes e dentre os seus objetivos estão identificar vulnerabilidades que possam afetar o sistema financeiro e ações para contorná-las e promover intercâmbios de informações entre reguladores responsáveis pela estabilidade financeira[45]. Atu-

[43] INTERNATIONAL MONETARY FUND. **About the IMF**. Disponível em: <http://www.imf.org/external/about.htm>. Acesso em: 27 mai. 2017.

[44] BANCO CENTRAL DO BRASIL. **Recomendações de Basiléia**. Disponível em: <https://www.bcb.gov.br/fis/supervisao/basileia.asp>. Acesso em: 27 mai. 2017.

[45] COMISSÃO DE VALORES MOBILIÁRIOS. **FSB – Financial Stability Board**. Disponível em: <http://www.cvm.gov.br/menu/internacional/organizacoes/fsb.html>. Acesso em 12 jun. 2017.

almente, tal órgão vem se dedicando à avaliação das possíveis consequências destas tecnologias emergentes, principalmente no que diz respeito à estabilidade do sistema.

2.3. A Importância do Setor Bancário e de Sua Regulação

O bom funcionamento do sistema financeiro para a estabilidade de uma economia é indiscutível – "não há país desenvolvido sem um bom sistema financeiro"[46]. Como grandes responsáveis pela intermediação de recursos por meio da captação de captação da poupança popular, para oferta de crédito ao mercado e financiamento dos diversos setores, as instituições financeiras são um dos pilares que fomentam a economia.

Diante do objetivo de otimizar a alocação de recursos, o processo de intermediação financeira se desenvolve e se diversifica à medida que a economia cresce. Nesse sentido, Gustavo M. A. Pinto discorre

> Há um expressivo e crescente corpo de trabalhos indicando uma relação positiva entre crescimento econômico e o papel dos bancos. Além de sua clássica função como intermediador de recursos entre agentes econômicos superavitários e deficitários, teorias modernas da intermediação financeira também focam sua análise na atuação dessas instituições na redução de assimetrias informacionais entre agentes econômicos. Em razão disso, há uma preocupação especial com o bom funcionamento do sistema financeiro, o que se refletiu na criação de amplo conjunto de regras destinadas a manter sua estabilidade e alinhar os interesses de seus participantes com os da sociedade[47].

[46] Saddi, Jairo. Crise e Regulação, **Inovação Financeira e Algoritmos** *in* Nusdeo, Fabio (coord). O **Direito econômico na atualidade**. São Paulo: Editora Revista dos Tribunais, 2015. P. 75.

[47] Pinto, Gustavo Mathias Alves. **Regulação sistêmica e prudencial no setor bancário brasileiro**. São Paulo: Almedina, 2015. P. 37

Gustavo ainda destaca que esse avanço da percepção econômica sobre o impacto do sistema financeiro na economia acabou se traduzindo na "criação de regras e instrumentos de atuação condizente com a necessidade de proteção de seus participantes e alinhamento de seus interesses com os da sociedade"[48]. Para Eduardo Salomão Neto, tem todo o sentido a adoção de tal sistema tendo-se em vista a necessidade de proteção da poupança popular[49]. Trata-se da regulação, que por meio das limitações ao mercado impostas pela intervenção estatal, tem como propósito maior garantir a sua segurança e o seu bom funcionamento.

De forma a alcançar tal propósito, uma preocupação constante da regulação da atividade econômica é evitar a ocorrência de risco sistêmico: "um fenômeno próprio do sistema financeiro, que é a possibilidade de que um desequilíbrio em um ponto deste sistema venha a contagiar o sistema como um todo, podendo levar a economia a um colapso"[50].

O sistema financeiro, em especial o setor bancário, é altamente suscetível a crises sistêmicas, em razão da própria natureza da atividade exercida pelos bancos. As instituições financeiras, ao intermediar recursos, trabalham essencialmente com confiança e o grande problema das crises sistêmicas no setor bancário encontra-se justamente na quebra desse elemento. A ausência de confiança em uma determina instituição pode levar ao que se denomina de corrida bancária, que nada mais é do que o fato de os depositantes sacarem seus valores junto aos bancos de forma simultânea, o que certamente levará a insolvência em razão do consumo das reservas de liquidez.

[48] **Id. Ibid.**

[49] SALOMÃO NETO, Eduardo. **Op. Cit.** P. 3

[50] DUARTE, Francisco Carlos; HERBST, Kharen Kelm. **A nova regulação do sistema financeiro face à crise econômica mundial de 2008**. Rev. Direito Econômico Socioambiental, v. 4, n. 2, p. 16-38, jul/dez 2013.

Destarte, embora seja possível observar o risco sistêmico em diversas áreas, considera-se que a severidade de sua ocorrência no setor bancário é mais grave – o colapso de qualquer setor da economia não a impediria de seguir funcionando; o colapso do setor financeiro sim, o que justificaria a sua proteção por meio da regulação.

Por conseguinte, um dos problemas que desafia a regulação é o risco sistêmico criado na atividade do setor financeiro, ou seja, o risco de contágio. Segundo Fernando Cardim,

> Contágio, assim, é uma manifestação especifica ao sistema financeiro da noção de externalidade, um tipo de imperfeição de mercado que exige uma intervenção corretiva. No caso do sistema financeiro, esta intervenção toma duas formas: a criação de redes de segurança, para evitar que choques possam causar os problemas sistêmicos descritos, e a definição de regras de regulação e supervisão que reforcem a capacidade do sistema de evitar ou absorver choques. Esta forma de regulação será chamada de prudencial, indicando que se destina a reduzir a exposição do sistema financeiro a riscos que possam se propagar por toda a economia[51].

Diante da possibilidade de risco de contágio e outras questões de ordem sistêmica, não restam dúvidas sobre a necessidade de controle e prevenção de tais riscos por meio da regulação.

Neste quadro, Otavio Yazbek destaca como um dos objetivos fundamentais da regulação a prevenção do risco sistêmico, ou seja, do risco de ocorrência de um evento não antecipado, imprevisto, repentino, que afete o sistema financeiro de tal forma que acarrete repercussões significativas na economia

[51] CARVALHO, Fernando. J. Cardim de. **Inovação financeira e regulação prudencial: da regulação de liquidez aos acordos da Basileia**. In: SOBREIRA, R. (Org.) Regulação Financeira e Bancária. São Paulo: Atlas, 2006. P.91.

real[52]. Segundo o mesmo autor, outros dois grandes objetivos são a proteção dos consumidores, por meio do equilíbrio da assimetria de informação entre clientes e instituições financeiras, e o incentivo à eficiência do sistema financeiro, implicando na existência de regras para controlar a estrutura e competição dos mercados[53].

Esses objetivos podem ser concretizados utilizando tipos distintos de regulamentação, para as quais a doutrina dá diferentes nomes e campos de atuação, mas, em suma, pode-se falar em regulação concorrencial (ou de condutas), sistêmica e prudencial.

Para lidar com a competição no mercado, evitando o controle de posições de poder (por meio de monopólios e oligopólios, por exemplo), a regulação de condutas se refere ao regramento de práticas negociais entre agentes econômicos[54].

A regulação sistêmica, por sua vez, tem como objetivo a proteção de todo o sistema bancário, com a manutenção da estabilidade nas relações interbancárias. Sidnei Turczyn relaciona a regulação sistêmica com a "proteção do Sistema Financeiro Nacional considerado em relação a um evento sistêmico, aquele que tenha potencial de desestabilizar o sistema através dos mecanismos de propagação, gerando a indesejável crise sistêmica"[55]. Tiago Cortez esclarece ainda que os instrumentos mais comuns de regulação sistêmica são o seguro de depósito e a função de emprestador de última instancia desempenhada pelo Banco Central[56].

52 Yazbek, Otávio. **Regulação do mercado Financeiro e de Capitais**. Rio de Janeiro: Elsevier Editora, 2007. P.217.

53 **Id. Ibid.**

54 Yazbek, Otávio. **Op. Cit.** P. 220.

55 Turczyn, Sidnei. **Op. Cit.** P. 379.

56 Cortez, Tiago Machado. O conceito de risco sistêmico e suas implicações para a defesa da concorrência no mercado bancário. In: Campilongo, Celso

A outra espécie de regulação do sistema financeiro a ser abordada neste trabalho é chamada regulação prudencial. Jairo Saddi destaca que as duas motivações da regulação prudencial são (i) proteger os recursos das pessoas e empresas que mantêm depósitos à vista e outras aplicações nas instituições financeiras, e (ii) promover a segurança e a eficiência do sistema de pagamentos[57]. Diante dessa situação, o Estado cria uma série de normas a serem observadas pelos bancos nas suas operações diárias, que visam garantir sua higidez[58].

Verifica-se assim que, enquanto a regulação sistêmica tem caráter paliativo, para evitar que um evento sistêmico se transforme em crise sistêmica, a regulação prudencial possui forte característica de prevenção e minimização dos riscos inerentes à atividade financeira. E é por esse motivo que Jairo Saddi destaca as inovações financeiras como outra das preocupações dos reguladores prudenciais[59].

Mesmo com o amplo desenvolvimento da regulação prudencial face à celebração do Acordo da Basiléia, a mudança não foi suficiente para evitar novas crises. As regulação do mercado financeiro e de capitais (ou as suas deficiências) têm sido apontadas como a principal causa da crise de 2008[60]. Dentre as falhas, a defasagem em perceber que o mercado já transformou uma inovação em fato.

Fernandes. Rocha, Jean Paul C. Veiga da. Mattos, Paulo Todescan Lessa. (coords). **Concorrência e regulação no sistema financeiro**. São Paulo: Editora Max Limonad, 2002. P. 325.

57 Saddi, Jairo. **Op. Cit**. P. 73.

58 Cortez, Tiago Machado. **Op. Cit**. P. 325.

59 Saddi, Jairo. **Op. Cit**. P. 74.

60 Duarte, Francisco Carlos; Herbst, Kharen Kelm. **Op. Cit**.

2.4. Inovação, Crises Bancárias e Regulação

> Recent market turbulence really serves to underline the importance of continued progress in building resilient financial institutions and markets[61].

A preocupação com a estabilidade do setor bancário não é recente e, conforme discorrido no item acima, a importância dos temas de regulação e supervisão bancárias se destaca devido ao seu papel crucial na prevenção de crises, inclusive daquelas decorrentes as inovações no setor.

Em 1944, para superar a crise causada pela quebra da bolsa em 1929 e reorganizar a economia após a Segunda Guerra Mundial, representantes de 44 países se reuniram para criar um arranjo institucional pautado em uma forte regulação econômica, que ficou conhecido como sistema Bretton Woods[62].

O acordo de Bretton Woods definiu que cada país deveria estabelecer a paridade de suas moedas em função ao dólar, que passou a cumprir a função de moeda internacional, com margem de manobra de cerca de 1%; por sua vez, a moeda norte-americana estaria ligada ao valor do ouro em uma base fixa[63]. Além disso, foram criadas instituições multilaterais encarregadas de acompanhar esse novo sistema financeiro e garantir liquidez na economia: foi aí que nasceram o Banco Mundial e o Fundo Monetário Internacional, já referidos.

[61] FINANCIAL STABILITY BOARD. **FSB Chair Letter to G-20 Ministers and Governors, dated of February 22th, 2016**. Disponível em <http://www.fsb.org/wp-content/uploads/FSB-Chair-letter-to-G20-Ministers-and-Governors-February-2016.pdf>. Acesso em: 22 abr. 2017.

[62] INSTITUTO DE PESQUISA ECONÔMICA APLICADA. **História – Bretton Woods**. Revista Desafios do Desenvolvimento. 2009. Ano 6. Ed. 50 – 21/05/2009. Disponível em: <http://desafios.ipea.gov.br/index.php?option=com_content&view=article&id=2247:catid=28&Itemid=23>. Acesso em: 03 jun. 2017.

[63] DUARTE, Francisco Carlos; HERBST, Kharen Kelm. **Op. Cit.**.

A conversibilidade dólar-ouro foi posta abaixo pelo presidente norte-americano Richard Nixon em 1971, diante da grande demanda mundial por ouro[64]. O fim do sistema monetário baseado no sistema de taxas de câmbio fixas levou a um mercado financeiro instável, e as mudanças ocorridas nas décadas seguintes resultaram em uma onda de inovações financeiras tendo como consequência o processo de liberalização financeira. Nas palavras de Corazza:

> As mudanças ocorridas nos mercados financeiros nos anos 70 e 80 entram em choque com o aparato regulatório e de supervisão vigente no pós-guerra. A reação do mercado resultou numa onda de inovações financeiras no sentido de contornar aquelas restrições legais. A sequência foi o processo de liberalização financeira que marcou os anos 70[65].

Corazza[66] destaca ainda que a maior liberdade operacional dos bancos, tanto nos mercados domésticos quanto nos internacionais, aumentou os riscos de suas operações, provocando crises bancárias sucessivas. Como consequências, ocorreram a falência e a liquidação do Herstatt Bank da Alemanha e do Franklin National dos Estados Unidos, e a criação de condições para um novo processo de regulação, principalmente dos bancos internacionais.

Essa reação no sentido de criar um novo aparato regulatório materializou-se no Acordo de Basiléia, de 1975, em que se estabeleceram novos princípios normativos, especialmente em relação à supervisão das atividades dos bancos estrangeiros[67].

64 INSTITUTO DE PESQUISA ECONÔMICA APLICADA. **Op. Cit.**

65 CORAZZA,Gentil. **Os Dilemas da Supervisão Bancária**. In Sobreira, Rogério (org). Regulação Financeira e Bancária. São Paulo: Editora Atlas, 2005. P. 88

66 **Id. Ibid.**

67 CARVALHO, Fernando. J. Cardim de. **Op. Cit.**

No entanto, na década de 80 a desregulação ganhou força novamente com a vitória da coalizão política de postura liberal de Ronald Reagan para a presidência dos EUA, e nos anos 90 a financeirização[68] desregulamentada e os avanços tecnológicos criaram o mercado de derivativos[69]. Os fatos que se seguiram incluem o *Gramm-Leach-Bliley Act* (GLBA), que revogou parcialmente a Lei *Glass-Steagall*, em 1999[70]. Em dezembro de 2000, a Lei de Modernização dos Mercados Futuros de Commodities suprimiu a regulação dos derivativos, alegando que esta deveria ser uma negociação entre particulares.

Segundo Greenspan[71], houve uma excessiva assunção de riscos pelas instituições financeiras e uma complexidade crescente, que tornaram difícil a fiscalização e ineficaz a regulação, e que, por fim, culminaram na crise de 2008 nos Estados Unidos.

Como reflexo dessa crise, observa-se novamente uma intensificação do processo de mudança da estrutura e arcabouço regulatório do setor financeiro, inclusive no Brasil com a forte atuação do BC a partir de agosto de 2008[72]. Nos EUA, Barack

[68] Pode-se conceituar a financeirização como o modo atual de funcionamento do capitalismo global, originado na década de 1980, contemporâneo da mundialização financeira. Esse modo é marcado pela importância da lógica da especulação, ou seja, por decisões de compra (venda) de ativos comandadas pela expectativa de revenda (recompra) com lucros em mercados secundários de ações, imóveis, moedas, créditos, commodities e vários outros ativos. (Bastos, Pedro Paulo Zahluth. **Financeirização, crise, educação: considerações preliminares**. Texto para discussão. IE/Unicamp, Campinas, nº 217, mar. 2013).

[69] Duarte, Francisco Carlos; Herbst, Kharen Kelm. **Op. Cit.**

[70] A Lei Glass-Steagall estava em vigor desde 1933 e tinha como propósito evitar um colapso financeiro sistêmico como o de 1929. Para isso, determinava a separação entre os bancos comerciais e os de inversão, combatendo a cartelização e os monopólios. A sua revogação abriu o caminho para as fusões entre instituições financeiras.

[71] Greenspan, A. **O mapa e o território: risco, natureza humana e o futuro das previsões.** 1 ed. São Paulo: Portfolio-Penguin, 2013.

[72] Mesquita, Mário; Torós, Mário. Gestão do Banco Central no pânico de 2008. In: Garcia, Marcio; Giambiagi, Fabio (org). **Risco e Regulação: por**

Obama assinou a Lei Dodd-Frank (*Dodd-Frank Wall Street Reform and Consumer Protection Act*), que traz diversos dispositivos para controlar as atividades financeiras no país e promover o bom funcionamento de todo o sistema.

O que se observa assim, historicamente, é a evolução das regras de supervisão em respostas às crises, apenas como medida paliativa. Segundo Corazza,

> (...) são dois movimentos paralelos e entrelaçados nos mercados financeiros: de um lado, uma sucessão contínua de crises bancárias em muitos países do mundo e, de outro, um esforço dos Bancos Centrais e dos organismos internacionais no sentido de socorrer bancos em crise e, ao mesmo tempo, de aperfeiçoar a regulação bancária e os instrumentos de supervisão preventiva com vistas a fortalecer o sistema financeiro no mundo todo[73].

Neste mesmo sentido, Corazza ainda cita Minsky[74], que define as relações entre Bancos Centrais e bancos como um jogo viciado, em que os bancos privados sempre tomam a dianteira, e os reguladores são colocados contra a parede e forçados a agir em reação às ações dos primeiros.

Não se trata de uma equação fácil de resolver, pois, se por um lado, limitar as operações financeiras por meio de medidas preventivas pode evitar, ou pelo menos atenuar as crises, por outro pode desacelerar o crescimento econômico e coibir a inovação e a oferta de novos serviços.

Para Portes e Swoboda[75], este é um dos problemas fundamentais na regulação de bancos e instituições financeiras: as

que o Brasil enfrentou bem a crise financeira e como ela afetou a economia mundial. Rio de Janeiro: Elsevier, 2010. P. 196.

[73] CORAZZA, Gentil. **Op. Cit.** P. 90

[74] MINSKY, Hyman P. **Apud** CORAZZA, Gentil. **Op. Cit**. P. 91

[75] PORTES, R. SWOBODA, A. K. **Apud** CORAZZA, Gentil. **Op. Cit**. P.91.

medidas regulatórias destinadas a limitar o risco podem afetar a eficiência das instituições financeiras.

Assim, se a finalidade da regulação é garantir uma maior estabilidade do sistema financeiro, o desafio para os juristas é atuar visando a esse fim. O ponto de convergência entre Direito e Economia se dá "na tentativa de se maximizar o bem comum – é neste ponto que surge a regulação do sistema financeiro"[76].

Para tanto, é essencial que os reguladores se adequem às novas realidades. Como já destacava Kane na sua "dialética da regulação"[77]:

> A dialética regulatória vê as ações de regulação e reação (inovação) como forças indissociáveis, como os pedais de uma bicicleta (...) A dialética regulatória descreve a regulação financeira como um jogo sem fim de uma estratégia em que dois times de jogadores (reguladores e regulados) fazem movimentos alternativos. Mudanças no ambiente econômico e tecnológico e no sistema competitivo da regulação alteram o potencial de movimento de ambos os times a cada turno. A liberdade e a velocidade com que os diferentes movimentos constituem sua eficiência adaptativa.

Cumpre aos órgãos reguladores acompanhar o curso dos fatos e da inevitável evolução do sistema financeiro, atuando de forma coordenada com as novas instituições, ajudando a construí-las, ao invés de encará-las como rivais.

É patente, portanto, que devido a sua função social, a regulação do mercado financeiro se mostra essencial para que não haja desequilíbrios. Por outro lado, tal regulação não pode impedir o desenvolvimento desses mercados, o que também prejudicaria o seu perfeito funcionamento. Daí a complexidade do tema regulação.

[76] Duarte, Francisco Carlos; Herbst, Kharen Kelm. **Op. Cit.**

[77] Kane, Edward (1987). **Apud.** Corazza, Gentil. **Op. Cit.** P. 92

3. Regulação X Tecnologia: como os Órgãos Reguladores Estão se Posicionando Frente à Evolução Tecnológica do Mercado Financeiro

> The laws of innovation often mirror the laws of physics: for every great stride there is an equal and opposite risk. So it is not that regulators are here to call the cops on the party; we're here to make sure no one jumps off the roof[78].
>
> Financial regulation faces a myriad of pressures. These include political pressure to curb excesses (e.g., Libor, PPI); increasing E.U.-centric regulations (e.g., MiFID II); individual firms being simultaneously regulated in multiple jurisdictions and with multiple frameworks; institutions being asked to produce escalating amounts of financial, risk and compliance data (e.g., stress testing). The perception that regulatory data is being request "speculatively" and not being analyzed by the regulators; the need to improve regulator's tools and infrastructures. The requirement for flexible regulation of new global alternative finance entrants, such as PayPal, Apple, Facebook, Amazon etc.; and importantly balancing Fintech innovation with regulation (e.g., payday loans, peer-to-peer, crowdsourcing)[79].

A melhor tecnologia de hoje está sendo usada para criar a melhor tecnologia de amanhã. As estruturas tecnológicas de amanhã, por sua vez, serão usadas para criar o que vier no dia depois de amanhã, e assim por diante. Esse ciclo faz com que

[78] WILLIANS, John C. **Fintech: The power of the possible and potential pitfalls.** PRESENTATION TO THE LENDIT USA 2016 CONFERENCE, 2016. San Francisco, California. Disponível em <http://www.frbsf.org/our-district/press/presidents-speeches/williams-speeches/2016/april/fintech-power-of-the-possible-potential-pitfalls/>. Acesso em: 21 abr. 2017.

[79] TRELEAVEN, Philip. Financial regulation of Fintech. **The Journal of Financial Perspectives**, Volume 3 – Issue 3, p. 4-14, winter. 2015

ocorram verdadeiros saltos tecnológicos – trata-se de um avanço exponencial.

É sabido, no entanto, que não é possível ao direito, aqui especificamente na figura dos órgãos reguladores, acompanhar este crescimento desenfreado da tecnologia, apesar dos esforços para tanto. Neste sentido, argumentam Pedro Madalena e Álvaro Borges de Oliveira[80] que o operador do Direito deverá se ater aos reflexos da tecnologia nas questões de ordem jurídica, não podendo de forma alguma ignorar esse avanço, sob o risco de se perder no tempo e no espaço. Também na visão de Arnoldo Wald[81],

> Se a revolução econômica e tecnológica é inegável, cabe ao jurista acompanhá-la, revendo até as premissas de sua dogmática, reconhecendo as mudanças que estão ocorrendo com a globalização e adotando as medidas úteis ou necessárias, num mundo no qual muitos dos conflitos de interesses do passado, entre nações, empresas e indivíduos, estão sendo substituídos por parcerias realizadas no interesse comum.

Da mesma forma se manifestou Renato Borruso[82] nos já distantes anos 80, em discurso que apesar dos anos passados ainda cabe atualmente:

> Se o jurista se recusar a aceitar o computador, que formula um novo modo de pensar, o mundo, que certamente não dispensará a máquina, dispensará o jurista. Será o fim do Estado de Direito e a democracia se transformará facilmente em tecnocracia.

[80] MADALENA, Pedro; OLIVEIRA, Álvaro Borges de. **Organização & Informática no Poder Judiciário**. Curitiba: Juruá, 2003. P. 13.

[81] WALD, Arnoldo. In: GRECO, Marco Aurélio; MARTINS, Ives Gandra da Silva (Coord.). **Direito e Internet: relações jurídicas na sociedade informatizada**. São Paulo: Revista dos Tribunais, 2001. P. 15.

[82] BORRUSO, Renato et al. **Problemi giuridici dell'informatica nel MEC**. Milano: Giuffré, 1988, p. 27. Tomo II.

No caso das tecnologias bancárias, no entanto, a teoria se mostra especialmente mais difícil que a prática. De acordo com o professor Walter Brenner[83], da Universidade de St. Gallen, no passado as empresas utilizavam uma nova tecnologia por vez, como o banco de dados SQL, o PC, a SAP e a Internet. Hoje, pelo contrário, existem vários tópicos concomitantes, como mídias sociais, internet banking, *blockchain*, *big data*, *e-business* etc. O resultado disso é que qualquer boa ideia pode se tornar viável em pouco tempo, desde que seja benéfica para quem mais interessa: o consumidor.

Independentemente da evolução tecnológica, é necessário que as transações realizadas neste mercado de risco cumpram os requisitos mínimos exigidos por reguladores e auto reguladores para garantir a proteção das partes envolvidas, notadamente o pequeno investidor frente às grandes instituições financeiras. Nas palavras de Ana Paula P. Candeloro, "são os fatos que geram a necessidade de intervenção no mercado, exatamente porque ele não pode ser relegado às próprias forças"[84], sendo necessário, além das normas, a eficiência da fiscalização e efetividade das sanções.

Neste sentido, Vanessa Manzi[85] destaca os motivos pelos quais a regulação do mercado financeiro é necessária. As principais justificativas são:

a. Proteção ao consumidor, uma vez que cumpre ao Estado regular atividade negocial e evitar prática abusivas por parte das instituições bancárias.

[83] BRENNER, Walter. **Como as Fintechs mudaram o Mercado Financeiro**. Disponível em: <http://simply.com.br/materiais-gratuitos/e-book-comoasfintechsmudaramomercadofinanceiro>. Acesso em: 21 abr. 2017.

[84] CANDELORO, Ana Paula Pinho; DE RIZZO, Maria Balbina Martins; PINHO, Vinicius. **Compliance 360º: riscos, estratégias, conflitos e vaidades no mundo corporativo**. 2ª ed. São Paulo: Ed. Do Autor, 2015. P. 13.

[85] MANZI, Vanessa Alessi. Compliance no Brasil: Consolidação e perspectivas. São Paulo: Saint Paul Editora, 2008. Pgs 22 e 23.

b. Transparência no mercado financeiro, ao se considerar as boas práticas de governança como um instrumento contra riscos (operacionais, de mercado, de crédito e de imagem), inclusive os decorrentes de negligência e de falhas operacionais.
c. Confiança no sistema financeiro, pois em qualquer cenário de crise se evidencia a necessidade da manutenção de uma rede de proteção bancária, formada de diversos instrumentos que, em conjunto, agem de forma preventiva, ao conferir mais segurança e confiança a poupadores e investidores, especialmente aos menores, e corretiva, ao conter o agravamento de crises já instaladas e seus efeitos sistêmicos.

Assim, apesar dos avanços na área – decorrentes, principalmente, das "reações e medidas regulatórias de proteção ao mercado após as crises financeiras que abalaram a economia mundial nas últimas décadas"[86], adaptações se fazem necessárias para que a regulação esteja em consonância com as práticas do mercado e cumpra o seu papel conforme destacado acima.

E uma vez que se mostra inevitável o surgimento de um sem número de inovações tecnológicas com implicações transformativas para o sistema financeiro, seus intermediários e usuários finais, o grande desafio dos reguladores do mercado financeiro é garantir a sua aptidão para gerir quaisquer riscos sistêmicos que possam surgir da mudança tecnológica, sem sufocar, no entanto, a inovação.

[86] CANDELORO, Ana Paula Pinho. 9 passos essenciais para fortalecer o compliance e a governança corporativa nas empresas. Disponível em http://hbrbr.com.br/os-9-passos-essenciais-para-fortalecer-o-compliance-e-a-governanca-corporativa-nas-empresas/. Acesso em 01 de novembro de 2016.

3.1. Posicionamento Atual dos Órgãos Reguladores

É impossível aos órgãos reguladores ou aos fóruns de discussão relacionados às instituições financeiras ignorar os novos entrantes do mercado, bem como as mudanças que vem ocorrendo na forma da prestação de serviços financeiros. Observa-se assim que as inovações tecnológicas que vem ocorrendo viraram pauta de discussão ou de regulação nas mais variadas instâncias.

Sobre os modelos internacionais, enquanto a União Europeia considera criar novas regras para moedas virtuais para combater lavagem de dinheiro e financiamento de terrorismo, nos Estados Unidos *bitcoin* e moedas virtuais foram definidas e trocas de *bitcoins* foram obrigadas a se registrar como *money transmitter* e cumprir requerimentos de *compliance* de risco[87].

A *U.S Securities and Exchange Comission* (SEC) organizou ainda, em novembro de 2016, um fórum para discussão do impacto da inovação na indústria de serviços financeiros[88]. Da mesma forma, o documento Prioridades de Supervisão para 2017[89], emitido pela SEC em 12 de janeiro desse ano, identifica as *fintechs* como uma das prioridades da área de supervisão para 2017.

No Reino Unido, o *U.K. Financial Conduct Authority* (FCA) iniciou um tipo de relacionamento diferente com a indústria

[87] FEBRABAN. **Blockchain: Desafios e Oportunidades**. Ciab Febraban 2016. Realização Deloitte. Disponível em: <https://cmsportal.febraban.org.br/Arquivos/documentos/PDF/Oportunidades%20com%20Blockchain%20-%20Paschoal%20Pipolo%20Baptista%20-%2023_06_2016.pdf>. Acesso em 12 jun. 2017.

[88] U.S. SECURITIES AND EXCHANGE COMISSION. **Fintech: The evolving Financial Marketplace**. Disponível em: <https://www.sec.gov/spotlight/fintech>. Acesso em: 22 abr. 2017.

[89] U.S. SECURITIES AND EXCHANGE COMISSION. **Examination Program Priorities for 2017. Office of Compliance Inspections and Examinations.** Disponível em: <https://www.sec.gov/about/offices/ocie/national-examination-program-priorities-2017.pdf>. Acesso em: 22 abr.2017.

de serviços financeiros, incluindo as *fintechs*, ao compartilhar com estas empresas os seus objetivos. Com essa informação, as empresas respondem como podem atender as necessidades e ao mesmo tempo observar os requisitos regulatórios impostos pelo órgão. Criou-se ainda a chamada *regulatory sandbox*, um ambiente real no qual os empreendedores podem testar novos produtos, serviços e modelos de negócio, no qual há a devida proteção ao consumidor, mas sem o peso total da regulação[90].

O FSB incluiu em seu programa de trabalho a avaliação dos impactos das *fintechs* para a estabilidade financeira. Além disso, em carta encaminhada ao G20[91], o FSB[92] menciona estar avaliando impactos das *fintechs* para a estabilidade financeira, monitorando o desenvolvimento da inovação, e trabalhando para entender os impactos das disrupções.

O *Basel Committee on Banking Supervision* (BCBS), por sua vez, criou em 2016 a *Task Force on Financial Technology* (TFFT), com o objetivo de explorar o impacto das *fintechs* sobre os modelos de negócios dos bancos e sobre seus perfis de riscos, avaliar as implicações para a supervisão bancária, relacionadas com o desenvolvimento de diferentes tipos de *fintechs*, e identificar se há, no *framework* de Basileia, *gaps* em termos de regulação e padrões de supervisão, que devam ser considerados[93].

Em âmbito nacional, o BC vem participando de fóruns internacionais sobre o assunto, inclusive do já mencionado TFFT, do

[90] FINANCIAL CONDUCT AUTHORITY. **Fintech and innovative businesses.** Disponível em: <https://www.fca.org.uk/firms/fintech-and-innovative-businesses>. Acesso em: 22 abr. 2017.

[91] **G20** (abreviatura para Grupo dos 20) é um grupo formado pelos ministros de finanças e chefes dos bancos centrais das 19 maiores economias do mundo mais a União Europeia. Foi criado em 1999, após as sucessivas crises financeiras da década de 1990.

[92] FINANCIAL STABILITY BOARD. **Op. Cit.**

[93] BANK FOR INTERNATIONAL SETTLEMENTS. **About the BIS – overview.** Disponível em: <https://www.bis.org/about/>. Acesso em: 27 mai. 2017.

Financial Innovation Network (FIN) do FSB e de iniciativas do *Committee on Payments and Market Infrastructures* (CPMI), dentre outros.

Além dos fóruns de discussão internacional, o BC criou grupos multidisciplinares internos, com foco na discussão sobre inovação tecnológica e impacto nos modelos de negócio, e vem interagindo com agentes de mercado para prospecção, eventos, e troca de informações.

Especificamente sobre as *fintechs*, não há ainda posicionamento oficial do BC, exceto quanto a Arranjos e Instituições de Pagamentos e Moedas Virtuais. Em particular, o Comunicado do BC sobre Moedas Virtuais (Comunicado nº 25.306, de 19/02/2014) sintetiza alguns pontos de atenção que merecem menção.

O principal alerta diz respeito às diferenças entre moeda virtual e moeda eletrônica. A Lei 12.865/2013, em seu artigo 6º, inciso VI conceitua moedas eletrônicas como recursos armazenados em dispositivo ou sistema eletrônico que permitem ao usuário final efetuar transação de pagamento (denominada em moeda nacional).

As moedas virtuais, também conhecidas como moedas criptografadas, e cujo conceito engloba as *bitcoins*, por sua vez, são consideradas "apátridas", pois não garantidas pela autoridade monetária, não há regulação ou supervisão, não há garantia de conversão para moeda nacional e não há garantia governamental quanto ao valor.

Por conta desses fatores, destacam-se como riscos a variação significativa de preços, com possibilidade de até mesmo perda total de valor; eventual intervenção regulatória, o que pode vir a afetar o valor e a capacidade de negociação dessa moeda; o ataque dessas carteiras eletrônicas por hackers, com perda patrimonial; o uso em atividades ilícitas, com risco para os usuários envolvidos.

A CVM, por sua vez, declara estar ciente da necessidade de ouvir e entender o mercado para direcionar as discussões internas da melhor maneira, especialmente na questão da tecnologia financeira. De acordo com uma apresentação institucional[94], o papel da CVM em *fintech* deve ser definido por meio de interlocução com o mercado.

Para tanto, em 2016, a CVM não apenas realizou uma audiência pública para criar a regulação sobre o *equity crowdfunding*, como criou, por meio da Portaria CVM/PTE/Nº 105, o Núcleo de Inovação em Tecnologias Financeiras (FinTechHub).

O FinTechHub foi criado para monitorar o desenvolvimento de tecnologias em um mercado que necessita de um acompanhamento das entidades regulatórias e supervisoras competentes. Fazem parte de suas atribuições a supervisão e interlocução com participantes de mercado que desenvolvam novas tecnologias financeiras e a articulação institucional para prover canais, serviços ou orientação a empresas e empreendedores não participantes de mercado que sejam desenvolvedores de novas tecnologias financeiras[95]. Por meio dele, a CVM espera instituir um ambiente institucional que estimule a inovação tecnológica, favoreça a eficiência do mercado de valores mobiliários e beneficie investidores.

O CMN também demonstrou recentemente que está atento e que reconhece as novidades trazidas pela informatização, ao editar três resoluções que visam a acompanhar o desenvolvimento tecnológico das plataformas digitais. São elas, (i) a Reso-

[94] CASARA, Jorge. **CVM e Fintechs**. Disponível em: <http://www.portaldoinvestidor.gov.br/portaldoinvestidor/export/sites/portaldoinvestidor/menu/atividades/CentroEducacional/Apresentacoes/Apresentacoes2016/2016_11_29--FINTECH_JorgeCasara.pdf>. Acesso em: 22 abr. 2017.

[95] COMISSÃO DE VALORES MOBILIÁRIOS. **CVM lança pesquisa sobre Fintech**. Disponível em <http://www.cvm.gov.br/export/sites/cvm/noticias/anexos/2016/PORTARIA105.pdf>. Acesso em: 22 abr. 2017.

lução nº 4.480, de 25 de abril de 2016, que autoriza a realização de abertura e encerramento de contas de depósito exclusivamente por meio eletrônico; (ii) Resolução nº 4.479, de 25 de abril de 2016, que determinou situações nas quais poderão ser oferecidos aos clientes canais de atendimento exclusivamente eletrônicos; e (iii) Resolução nº 4.474, de 31 de março de 2016, que regulamenta a produção e gestão de cópias digitalizadas de documentos das transações e operações realizadas instituições financeiras e demais instituições autorizadas a funcionar pelo Banco Central do Brasil.

Na Febraban o assunto também é acompanhado com interesse. A entidade defende a atualização das normas e do arcabouço legal hoje existentes, de forma a facilitar a absorção de novas tecnologias e processos pelas instituições financeiras já existentes e admitir a contribuição das empresas inovadoras mais recentes para o bom funcionamento do sistema. Para tanto, promove anualmente o Congresso de Tecnologia de Informação para Instituições Financeiras (CIAB Febraban), um encontro entre bancos brasileiros e indústrias de tecnologia para discussões sobre tecnologias disruptivas, transformações digitais e o futuro do sistema financeiro.

Verifica-se assim que, apesar de ainda não existir uma regulação firme, os órgãos responsáveis acompanham atentamente a evolução tecnológica do mercado, e andam debatendo e estudando soluções para garantir o melhor interesse dos integrantes do sistema, sejam eles prestadores de serviços, intermediários ou clientes finais.[96]

[96] O presente artigo foi desenvolvido antes da publicação da Resolução 4.656/2018. Não obstante, as considerações aqui realizadas permanecem pertinentes.

3.2. Os Desafios Impostos ao Regulador

> People from regulatory agencies do not highlight potential downsides because we are dour, unfun pessimists – or at least not only because we are dour, unfun pessimists. We do it because we have to look not just at what's possible in the sense of wonder and limitless options, but at what's possible in the sense of the economist's greatest concern: the unintended consequence. For every great stride, there is an equal and opposite risk[97].

Com operações enxutas e quase sempre realizadas 100% online, as *fintechs* desafiam o modelo tradicional do sistema bancário brasileiro com uma nova proposta para o consumidor, muito mais cômoda e tecnológica.

A tecnologia oferece oportunidades criativas para melhorar o desempenho do setor financeiro e para remediar algumas de suas deficiências. Os produtos são geralmente menos complexos, o que os torna mais compreensíveis e mais fáceis de usar pelos clientes. Ainda, eles são entregues através de plataformas que ampliam a base de clientes em geral, permitindo que mais pessoas tenham acesso ao crédito e, consequentemente, o primeiro degrau da escada financeira.

Cumpre relembrar, no entanto, que as *fintechs* atuam em um setor especifico e, por determinação legal, regulado. E no caso da regulação, a criatividade não resolve o problema.

É obrigação dos órgãos reguladores, assim, agir como guardiões do sistema em relação à admissão de inovações na medida que elas podem ter consequências sobre a solidez de tal sistema. Novos produtos ou novas formas de prestação de serviços implicam na necessidade de atualização de métodos acompanhamento e de um marco regulatório tempestivamente aprimo-

[97] Williams, John C. **Op. Cit.**

rado, de forma a garantir o regular funcionamento do mercado financeiro.

Apesar da pesada regulação financeira no Brasil, o BC reconhece de certa forma a atuação das *fintechs*, tanto que lançou, em 2013, regulação sobre pagamentos eletrônicos e cartões de crédito[98], permitindo o desenvolvimento de serviços móveis, como pagamentos via celular, ou seja, permitindo a realização de pagamentos sem o intermédio de instituições financeiras.

Ao se dizer favorável às inovações tecnológicas e afirmar que "se prepara para lidar com o desafio de acompanhar as transformações, ao mesmo tempo em que oferece estímulos às instituições financeiras para que permaneçam na fronteira de seu desenvolvimento"[99], o BC garantiu que, "caso se identifique a necessidade de intervenção regulatória, estará pronto para adotar tempestivamente as medidas necessárias para a manutenção da estabilidade do SFN, do SPB e do mercado de câmbio"[100].

De acordo com o Departamento de Supervisão Bancária do BC, ao mesmo tempo em que se aceleram disrupções tecnológicas, novos riscos devem ser gerenciados, elevando a complexidade da vigilância da autoridade monetária, e também de cada banco de varejo[101].

Isso porque, embora reconhecida a importância do emprego de novas tecnologias, historicamente essas inovações tecnológicas tiveram a capacidade de alterar o estado de equilíbrio dos

98 BANCO CENTRAL DO BRASIL. **BC regulamenta pagamentos eletrônicos e cartão de crédito**. Disponível em: <http://www.brasil.gov.br/economia-e-emprego/2013/11/bc-cria-marco-regulatorio-para-pagamentos-eletronicos-e-cartoes-de-credito>. Acesso em: 23 abr. 2017.

99 BANCO CENTRAL DO BRASIL. **Relatório de Estabilidade Financeira do Banco Central do Brasil**. Setembro 2016. Vol. 15, nº 2.

100 **Id. Ibid.**

101 FEBRABAN. **Novas tecnologias elevam eficiência e exigem controle sobre novos tipos de risco**. Disponível em: <https://portal.febraban.org.br/noticia/3063/pt-br/>. Acesso em: 23 abr.2017.

mercados, sendo capazes eventualmente de gerar ineficiências ao invés de saná-las. É preciso lembrar que a introdução de uma inovação não deve trazer riscos maiores do que os benefícios pretendidos.

Como primeiro desafio a ser enfrentado pelos reguladores podemos citar o *timing* da regulação: uma vez que recursos digitais são atualizados quase que diariamente, é impossível às regras acompanhar tal evolução. E, ainda que o regulador perceba uma necessidade premente de interferência, ainda serão necessários, de sua parte, estudos e verificação de aspectos operacionais e legais antes da implementação de qualquer norma. Existe assim uma defasagem lógica entre o uso de uma tecnologia e o momento de o agente regular esse mesmo fato. Para explicar esse ponto, nos aproveitamos da explicação de Jairo Saddi[102]:

> (...) defasagem regulatória é a percepção pelos reguladores de que o mercado já transformou uma inovação em fato; há, portanto, uma defasagem de conhecimento, um lapso entre o momento em que o regulamentador se dá conta de que algo novo está acontecendo e de que sua ação legiferante é necessária. Já a defasagem de ação implica exatamente a decisão do que fazer.

Nesse sentido, para a definição de novas normas e sua constante atualização, o BC defende que cumpre aos reguladores o desafio de conhecer a vanguarda, entender as tendências do mercado e da evolução tecnológica e implementar ações indutoras ou viabilizadoras da evolução do mercado e seus processos de negócio[103].

Outro desafio que pode ser trazido para a discussão é o do cuidado com o vazamento de dados e com a segurança da infor-

[102] SADDI, Jairo. **Op. Cit.** P. 75.

[103] BANCO CENTRAL DO BRASIL. **Visão dos Reguladores Financeiros sobre Fintechs.** Fintech View 2016: junho, 2016.

mação. Enquanto *fintechs* podem trazer benefícios significativos pela habilidade de acessar e gerir riscos, é necessário ter consciência sobre a proteção e privacidade dos consumidores cujos dados estão sendo utilizados para tanto. Esse tema é tão sensível, no entanto, que merece um capítulo próprio e será tratado a seguir.

Sem prejuízo dos itens acima, a tecnologia *blockchain* se mostra um obstáculo ainda maior ao fornecer base para desenvolvimento de uma gama de aplicações seguras e distribuídas em várias indústrias[104]. A própria natureza do *blockchain*, por exemplo, exige uma regulação de forma integrada, não apenas entre BC, CVM, Susep etc., o que já é bastante desafiador, como no âmbito internacional, demandando um alinhamento entre sistemas financeiros e legislações diversas.

Entretanto, há de se considerar que, apesar do efeito imediato da regulação ser a estabilidade do sistema, há outros efeitos a serem considerados. Tamanha regulação poderia, por exemplo, repelir novos participantes do mercado e provocar sua uma retração. Dentre as muitas consequências de uma maior regulação do mercado, destacam-se para o objetivo do presente trabalho a retração do mercado, a diminuição da competitividade, e o sufocamento da inovação.

A retração do mercado e a diminuição da competitividade estão intimamente ligadas. Nem todos os players conseguem atender a todas as exigências regulatórias devido aos variados custos impostos. E com o afastamento de participantes que, por qualquer razão, não conseguem satisfazer todas as exigências regulatórias, o mercado torna-se menos competitivo.

O sufocamento da inovação se dá pela imposição de regras regulatórias para se inserir novos produtos no mercado financeiro. Novos produtos, cada vez mais arrojados, estão sempre

[104] CASARA, Jorge. **Op. Cit.**

sendo desenvolvidos, e a imposição de barreiras regulatórias, além de colocá-los em desvantagem, acaba por prejudicar o consumidor que anseia por qualidade de atendimento, preço competitivo e opções de produtos.

Não restam dúvidas sobre a complexidade da análise, e muito se discute acerca do desequilíbrio que se pode criar a partir de um ambiente excessivamente regulado.

É preciso buscar um ponto de convergência. Segundo Jairo Saddi, a regulamentação pode "agir como elemento de restrição, ao limitar juros ou exigir maiores depósitos compulsórios ou até mesmo como incentivo, ao estimular a inovação exatamente em função do próprio regramento"[105].

Uma vez cientes de que não podem deter o curso da tecnologia – a regulação deve seguir os fatos, e não o contrário – os órgãos reguladores do sistema financeiro devem ter como agenda a criação de uma regulação que mitigue os riscos sem inibir a inovação. O grande objetivo deve ser o desenvolvimento sustentável das iniciativas, com o tratamento das vulnerabilidades apresentadas e de forma que a inovação não seja coibida. John C. Williams, presidente e CEO do *Federal Reserve Bank* de San Francisco, USA, traduz esse pensamento[106]:

> While *fintech* can also improve not just the accessibility but the quality of service – something that consumers are demanding – we also need to look out for the resilience of the financial system as a whole. As the *fintech* industry continues to grow, both as nonbank institutions and via partnerships with banks, potential risks to the financial system and economy expand in proportion. Moreover, for our financial system to be efficient, it is important that we have a level playing field, regardless of how institutions prefer to describe themselves or what kind of charter they hold.

105 Saddi, Jairo. **Op. Cit.** P. 75.

106 Williams, John C. **Op. Cit.**

Basicamente, o que se espera é que os reguladores não impeçam a inovação, mas que as entidades reguladas tenham bons processos de gestão de riscos e uma boa estrutura de governança, com atenção para impactos sociais, para o risco legal e para o risco reputacional, pois é sabido que um setor financeiro saudável, sólido e transparente é benéfico para toda a economia e para todas as camadas da sociedade.

3.3. Vulnerabilidades Tecnológicas – Segurança de Dados e Afins

Dispositivos em todos os lugares, novos aplicativos lançados todos os dias, um bombardeio de informações e a mobilidade cada vez mais presente – este é o cenário em que estamos inseridos hoje, a era do *big data*. Um contexto em que é muito difícil se destacar, mas, ao mesmo tempo, no qual as pessoas estão dispostas a compartilhar seus dados como moeda de troca.

As instituições financeiras ocupam papel de destaque em um cenário de criação de infindáveis bancos de dados sobre indivíduos compostos por informações de caráter íntimo. Para utilização de seus serviços, indispensáveis na vida cotidiana, o usuário tanto confia ativamente ao banco uma quantidade imensa de informações, enquanto o banco, por sua vez, tem acesso a outras tantas inerentes à consecução da atividade bancária, e que revelam, em última instância, o modo de ser dos usuários[107].

Tais informações são protegidas, primeiramente, sob o manto do direito à intimidade e à privacidade, o qual figura no rol dos direitos e garantias individuais assegurados pela Constituição[108].

[107] Abrão, Nelson. **Op. Cit.** P. 9.

[108] Beloque, Juliana Garcia**. Sigilo Bancário:** análise crítica da LC 105/01. São Paulo: Revista dos Tribunais, 2003. P. 67.

No Brasil, o sigilo das operações financeiras encontra respaldo específico na Lei Complementar 105, de 10 de janeiro de 2011. O artigo 1º da referida lei estabelece que as instituições financeiras conservarão sigilo em suas operações ativas e passivas e serviços prestados.

Sergio Covello define referido sigilo como "a obrigação que têm os bancos de não revelar, salvo por justa causa, as informações que venham a obter em virtude de sua vida profissional"[109]. Este dever estende-se a todos os funcionários da instituição financeira cientes das informações de clientes e de terceiros no exercício de sua atividade. O fundamento jurídico independe de qualquer vínculo contratual entre os envolvidos e é baseado no respeito à intimidade e no dever profissional de discrição[110].

A violação do sigilo bancário fora das hipóteses permitidas por lei constitui crime e sujeita os responsáveis à pena de reclusão de um a quatro anos e multa (Lei Complementar 105/01, art. 10), além de sujeitar a parte infratora ao dever de indenizar a parte prejudicada pelos danos causados (Código Civil, art. 927, caput).

A questão do sigilo bancário ganha especial importância com a entrada das *fintechs* no mercado. Com efeito, o uso da internet como meio de celebração de negócios jurídicos bancários pode colocar tanto o prestador de tais serviços quanto os clientes em posição de fragilidade na medida em que as informações que trafegam pela rede podem não ser cem por cento seguras, sendo suscetíveis de intercepção de terceiros de má-fé.

O impacto das inovações tecnológicas sobre o mercado financeiro pode ser facilmente visualizado por meio de apenas

[109] COVELLO, Sergio Carlos. **Contratos Bancários**. São Paulo: Livraria e Editora Universitária de Direito, 2001. P.86.

[110] BELOQUE, Juliana Garcia. **Op. Cit**. P. 67.

um exemplo: os aplicativos gratuitos que permitem o controle financeiro pelo o usuário por meio do cadastro das suas contas bancárias e senhas de acesso. Uma *Application Programming Interface* (API) permite ao aplicativo se conectar aos serviços bancários do cliente e gerar uma planilha com suas informações; como consequência, os dados do cliente – antes inacessíveis a terceiros, passam agora a serem compartilhados.

Inicialmente, coloca-se a questão de saber se existe também a obrigação de sigilo no caso de pessoas físicas ou jurídicas que exerçam atividade privativa de instituição financeira nos termos do artigo 17 da Lei nº 4.595/64, sem estarem devidamente autorizadas pelo BC para tanto.

Eduardo Salomão Neto defende que, nos termos da Lei Complementar nº 105/01, a enumeração do que se entende por instituição financeira para fins de sigilo bancário é taxativa, e por isso, a princípio, a obrigação de não violar sigilo bancário não se aplicaria às pessoas equiparadas. Nas palavras do autor,

> Prova disso é o inciso XIV do §1º do artigo 1º, que após listar as empresas que se podem entender como instituições financeiras, admite também a inclusão de outras sociedades que, em razão da natureza de suas operações, assim venham a ser consideradas pelo Conselho Monetário Nacional. É por isso que a obrigação de não violar sigilo bancário nos termos da Lei Complementar nº 105/01 não se estende aos "bancos de fato", isto é, as pessoas que desenvolvem atividade privativa de instituição financeira sem autorização do Banco Central[111].

Em contrário, Sérgio Covello defende que a lei brasileira equipara às instituições financeiras as pessoas que exerçam, em caráter eventual ou permanente, alguma atividade bancá-

[111] SALOMÃO NETO, Eduardo. **Op. Cit.** P. 659.

ria, de modo que só ficariam excluídos da obrigação de sigilo as pessoas que pratiquem uma operação fortuita, hipótese em que se descarta a profissionalidade exigida do agente para qualificação da operação como bancária[112].

De todo modo, surge então aos órgãos reguladores e aos próprios prestadores de serviços financeiros o desafio da confidencialidade compartilhada – como garantir a guarda segura dos dados dos usuários e como eles serão compartilhados com as novas empresas financeiras. Se colocam questões como de quem são os dados do cliente? Quem tem a responsabilidade de sua guarda? Como eles devem ser compartilhados? Quem irá regular isso?

Cumpre destacar aqui a regularidade com que vazamento de dados e ataques direcionados ocupam as manchetes. A Symantec, empresa de tecnologia, divulga anualmente um Relatório de Ameaças à Segurança na Internet, que analisa o cenário de ameaças online. Dentre as principais descobertas de 2015, estão as grandes vulnerabilidades de segurança em três terços de sites conhecidos, o roubo e/ou perda de meio bilhão de registros pessoais e o aumento no número de ataques direcionados[113].

Como a tendência é que as transações digitais cresçam ainda mais, já que criam uma forma mais simples e barata de pagamentos, a segurança da informação é um aspecto que não deve ser descuidado, sob pena de violação dos dados dos clientes e quebra de confiança no setor.

Diante desse cenário, aos prestadores dos serviços financeiros cumpre implantar controles adequados para a segurança da informação, considerando a relevância das informações para

[112] COVELLO, Sérgio Carlos. **O sigilo bancário**. São Paulo: LEUD – Livraria e Editora Universitária de Direito, 2001.

[113] SYMANTEC. **Internet Security Threat Report. Volume 21, April 2016.** Disponível em: <https://resource.elq.symantec.com/LP=2899>. Acesso em: 22 abr. 2017.

os seus negócios. Destacam-se como características básicas da segurança da informação[114]:

- Confidencialidade, ou seja, que toda informação seja classificada e tratada da forma correta, sem possibilidade de acesso por pessoas não autorizadas;
- Disponibilidade, que significa garantir que toda informação esteja disponível para uso legítimo, e;
- Integridade, ou seja, que as informações não serão manipuladas e alteradas de forma indevida, por pessoas não autorizadas.

Esses princípios aplicam-se tanto para informações armazenadas de forma digital, quanto para informações impressas, transmitidas verbalmente, ou qualquer outro formato.

Aos órgãos reguladores, por sua vez, cumpre criar uma estrutura competente para categorizar as novas tecnologias financeiras, além de analisar os riscos e benefícios para o seu mercado e clientes[115].

Conclusão

Não é o mais forte que sobrevive. Nem o mais inteligente. Mas o que melhor se adapta às mudanças (Charles Darwin).

Desde sempre a evolução tecnológica vem exercendo um grande papel nos negócios e na forma de emprego de inúmeras pessoas. Nos séculos 19 e 20, boa parte das pessoas trabalhava na lavoura quando algumas máquinas foram introduzidas, forçando-as a se movimentarem em direção ao setor industrial.

[114] Candeloro, Ana Paula Pinho. De Rizzo, Maria Balbina Martins. Pinho, Vinicius. **Op. Cit.** P. 43 – 44.

[115] Em 10 de julho de 2018, foi aprovada no Senado Federal, sob o Projeto Lei da Câmara 53/2018, a Lei Geral de Proteção de Dados Pessoais, que determina como os dados dos cidadãos podem ser coletados e tratados, e que prevê punições para transgressões.

Não tardou e um novo movimento foi observado nas indústrias quando a automatização delas fez com que os trabalhadores fossem deslocados para o setor de serviços.

No Brasil, especialmente na década de 80, grandes transformações tecnológicas foram experimentadas, e um grande exemplo desse movimento foi o setor bancário. Era o setor de serviços experimentando as grandes transformações propagadas pela tecnologia. Isso resultou na implantação de inúmeros caixas eletrônicos, internet banking, aplicativos e demais funcionalidades.

No século XXI, os avanços da tecnologia continuam trazendo inovações na prestação dos serviços financeiros. Ferramentas como redes sociais, mobilidade, internet das coisas, cloud service, *blockchain*, *bitcoins*, entre outros alteraram a forma de realizar pagamento, transferências de dinheiro, empréstimos, captação de recursos, gestão de investimentos. As *startups* voltadas para o mercado financeiro – as chamadas *fintechs* – estão ajudando a transformar todo o segmento ao se valer da tecnologia para prestar serviços até então exclusivos dos bancos de uma forma mais ágil e barata.

Um exemplo citado neste trabalho, a tecnologia de *blockchain*, que está por trás da moeda virtual *bitcoin*, promete ser a nova onda disruptiva dos serviços financeiros. Essa tecnologia permite que o registro de dados e transações deixem de ficar armazenados em apenas um local e sejam distribuídos entre diversos participantes, com potencial de redução de custos operacionais, ganho de eficiência e aumento da segurança.

Alguns dizem que as *fintechs* só vem evoluindo pois não estão sujeitas à mesma regulação pesada dos bancos. Um exemplo que ilustra este argumento é o que ocorre com os cartões de crédito do AliBaba na China. Enquanto os bancos por lei têm um teto na cobrança de juros, o AliBaba está livre para cobrar taxas mais elevadas criando uma espécie de arbitragem regulatória no mercado.

No entanto, o objetivo da supervisão bancária não é barrar a evolução do sistema financeiro, mas sim promover um contínuo aperfeiçoamento para garantir a solidez, a estabilidade, a liquidez e a solvência das instituições financeiras. E essa constante evolução tecnológica trouxe consigo uma significativa preocupação para os órgãos reguladores na sua busca pela minimização dos riscos para a sociedade e pela proteção dos participantes do mercado financeiro.

Conforme discutido ao longo deste trabalho, a regulação deve ser uma das formas de prevenir e corrigir falhas de mercado, as quais podem comprometer a estabilidade e o bom funcionamento de um sistema financeiro. Considerando a já destacada importância das instituições financeiras para a economia de qualquer país, está-se, portanto, diante de atividade necessária e nitidamente regulada, cujo bem final a ser protegido é a confiança do público poupador.

Há que se lembrar, no entanto, que, mesmo diante das tentativas de proteção, as instituições financeiras lidam com atividades que por si só podem trazer consequências de proporções catastróficas. Trata-se do temido risco sistêmico, caracterizado como a possibilidade de colapso de todo um sistema financeiro a partir do desequilíbrio em determinado ponto desse sistema.

Mesmo com as tentativas de proteção, a supervisão bancária falhou várias vezes na identificação de problemas de risco sistêmico, por não observar o mercado de uma forma ampla e contextualizada, pois é certo que na sua evolução, o sistema financeiro acaba por criar produtos e serviços cada vez mais diversificados e complexos, o que gera a consequente necessidade de constante revisão do arcabouço regulatório.

A partir de 1980, observa-se uma grande alteração nos mercados, com a globalização, o aumento do fluxo de capitais e a evolução tecnológica e, posteriormente, o surgimento de novos produtos financeiros, tais como as securities e os derivativos. Em virtude deste novo cenário, o setor financeiro passou a ter ainda mais exposição a riscos. Nesse contexto, defende-se, inclusive, que a crise americana de 2008 foi reflexo dessa assunção exagerada de riscos somado à ausência de regulação adequada, tendo as suas proporções agravadas pela internacionalização dos mercados financeiro e de capitais. Verifica-se aí um exemplo de como o vácuo regulatório pode afetar as instituições bancárias.

Por isso a estabilidade do setor bancário não é recente e sua a importância se destaca devido ao seu papel crucial no tratamento de crises bancárias. Historicamente, o que se verifica é que diante de situações de risco há a intensificação do arcabouço regulatório do setor financeiro. Tal premissa pode ser verificada após a quebra da bolsa de Nova York de 1929, pós-segunda guerra e também após a crise do suprime em 2008. Neste contexto, foi publicado, nos Estados Unidos, o *Dodd-Frank Act*, a reforma da regulação financeira americana.

Mas não basta aos órgãos reguladores atuar apenas como resposta às externalidades negativas, apenas corrigindo as falhas de mercado, de forma paliativa como ocorrido nos exemplos colocados acima. Diante de um cenário de inovação, é de suma importância que os reguladores da atividade financeira acompanhem este novo modelo de interação no mercado financeiro de forma preventiva, criando condições para o desenvolvimento de um mercado sustentável de forma a manter as relações seguras e estáveis – o objetivo é que existam procedimentos que tragam garantias às transações, aos clientes e ao próprio mercado como um todo.

É natural que alguns atos muitas vezes não sejam previstos pela simples razão de que o mercado é muito mais criativo que os órgãos reguladores; o mercado financeiro está em constante movimento e as últimas décadas são prova desta evolução. Não bastando, há que se observar ainda que diversos são os elementos e os interesses que devem ser equilibrados para que o seu funcionamento seja preservado, e nessa toada, muitos são os desafios da regulação do mercado financeiro

Especialmente no que tange às inovações financeiras, há inúmeros problemas com a regulação enquanto expressão do Direito. O primeiro deles é o timing da regulamentação: entre o momento da implementação de um fato e a sua regulação há uma enorme defasagem, motivada simplesmente pela diferença de velocidade entre tecnologia e direito. Observa-se então um período de risco causado pelo vácuo regulatório.

Outra questão a ser analisada é quanto a regulação das inovações pode trazer consequências negativas ao mercado. Ambientes excessivamente regulados tendem a repelir novos participantes do mercado e provocar sua uma retração. Nem todos os players conseguem atender a todas as exigências regulatórias devido aos variados custos impostos. E a imposição de barreiras regulatórias acaba por impedir a entrada de novos produtos.

Ainda, notadamente no que tange às novas tecnologias bancárias, outro desafio que pode ser trazido à balia é o do tratamento do sigilo bancário. Enquanto *fintechs* podem trazer benefícios significativos pela habilidade de acessar e gerir riscos, é necessário ter consciência sobre a proteção e privacidade dos consumidores cujos dados estão sendo utilizados para tanto.

Neste contexto, a simples edição de novas normas regulatórias não parece a solução do problema. Regras isoladas, não serão capazes de trazer para o sistema resultados efetivos em termos de controle de riscos. O tema deve ser analisado em âmbito mais amplo e, ao que tudo indica, é o que se vem sendo feito com relação às *fintechs*.

Tanto em âmbito nacional quanto internacional, há discussões mais ou menos avançadas – Estados Unidos e Inglaterra parecem estar à frente do assunto – sobre como como as *fintechs* devem ser tratadas para fins de regulação. Os mais diversos fóruns seguem debatendo e trocando experiências para a definição dos padrões de conduta do setor e do arcabouço regulatório destinado ao regramento dos novos produtos e serviços ofertados.

Um bom exemplo de discussão sustentável do tema foi criado pelo regulador britânico e é a chamada *regulatory sandbox*: um ambiente de testes para diferentes serviços financeiros com a devida proteção ao consumidor, mas sem o peso total da regulação. Trata-se de iniciativa interessante, no qual se poderia avaliar, em ambiente real mas controlado, em qual medida a supervisão bancária seria necessária para determinado produto ou serviço.

Conforme demonstrado no decorrer deste trabalho, o mercado é dinâmico e competitivo, e as inovações são inevitáveis. Como à toda ação sempre deve haver uma reação, ações de inovação demandam reações regulatórias. Em conclusão às opiniões acima, o desafio ao Direito, assim, é prover à sociedade um sistema que combata de forma preventiva as inseguranças da tecnologia ao mesmo tempo que permita que todos os benefícios trazidos pelas inovações possam ser aproveitados, para um sistema financeiro dinâmico, atual, sólido e confiável. Faz-se necessário, portanto, conjugar esforços no sentido de viabilizar estudos cada vez mais apurados, de forma que os recursos tecnológicos apresentados possam ser recebidos e utilizados de maneira harmônica e condizente com a estabilidade do sistema financeiro.

Referências

ABRÃO, Nelson. **Direito Bancário.** 14. ed. rev. e atual. pelo Des. Carlos Henrique Abrão. São Paulo: Saraiva, 2009.

ANDREZO, Andrea Fernandes; LIMA, Iran Siqueira. **Mercado Financeiro: Aspectos históricos e conceituais**. São Paulo: Atlas, 2007.

BANCO CENTRAL DO BRASIL. **BC regulamenta pagamentos eletrônicos e cartão de crédito**. Disponível em: <http://www.brasil.gov.br/

economia-e-emprego/2013/11/bc-cria-marco-regulatorio-para-pagamentos-eletronicos-e-cartoes-de-credito>. Acesso em: 23 abr. 2017.

BANCO CENTRAL DO BRASIL. **Composição e Segmentos do Sistema Financeiro Nacional**. Disponível em: <http://www.bcb.org.br/?SFNCOMP>. Acesso em: 27 mai. 2017.

BANCO CENTRAL DO BRASIL. **Recomendações de Basiléia**. Disponível em: <https://www.bcb.gov.br/fis/supervisao/basileia.asp>. Acesso em 27 mai. 2017.

BANCO CENTRAL DO BRASIL. **Relatório de Estabilidade Financeira do Banco Central do Brasil**. Setembro 2016. Vol. 15, nº 2.

BANCO CENTRAL DO BRASIL. **Visão dos Reguladores Financeiros sobre Fintechs**. Fintech View 2016: junho, 2016.

BANK FOR INTERNATIONAL SETTLEMENTS. **About the BIS – overview**. Disponível em: <https://www.bis.org/about/>. Acesso em: 27 mai. 2017.

BANK FOR INTERNATIONAL SETTLEMENTS. **Innovation, technology and the payment system**. Disponível em: <http://www.bis.org/review/r170309b.htm>. Acesso em: 22 abr. 2017.

BASTOS, Pedro Paulo Zahluth. **Financeirização, crise, educação: considerações preliminares**. Texto para discussão. IE/Unicamp, Campinas, nº 217, mar. 2013

BELOQUE, Juliana Garcia**. Sigilo Bancário:** análise crítica da LC 105/01. São Paulo: Revista dos Tribunais, 2003.

BORGES, Diego Lazzaris. BTG Pactual cria banco digital de olho em mercado de R$600 bilhões. **Infomoney**, São Paulo, 22 set. 2016. Onde investir/Fundos de investimento. Disponível em: <http://www.infomoney.com.br/onde-investir/fundos-de-investimento/noticia/5564882/btg-pactual-cria-banco-digital-olho-mercado-600-bilhoes>. Acesso em: 04 mar. 2017.

BORRUSO, Renato et al. **Problemi giuridici dell'informatica nel MEC**. Milano: Giuffré, 1988.

BRENNER, Walter. **Como as Fintechs mudaram o Mercado Financeiro**. Disponível em: <http://simply.com.br/materiais-gratuitos/e-book-comoasfintechsmudaramomercadofinanceiro>. Acesso em: 21 abr. 2017.

CANDELORO, Ana Paula Pinho. DE RIZZO, Maria Balbina Martins. PINHO, Vinicius. **Compliance 360º: riscos, estratégias, conflitos e vaidades no mundo corporativo**. São Paulo: Ed. do Autor, 2015.

CANDELORO, Ana Paula Pinho. **9 passos essenciais para fortalecer o compliance e a governança corporativa nas empresas**. Disponível em <http://hbrbr.com.br/os-9-passos-essenciais-para-fortalecer-o-com-

pliance-e-a-governanca-corporativa-nas-empresas/>. Acesso em 01 de novembro de 2016.

CAPGEMINI. **The World Fintech Report 2017**. Disponível em: <https://www.capgemini.com/the-world-fintech-report-2017>. Acesso em: 01 jun. 2017.

Carvalho, Fernando J. Cardim de. Souza, Fernando Eduardo Pires de. **Economia Monetária e Financeira**. 3ª ed. Rio de Janeiro: Elsevier, 2015.

Carvalho, Fernando. J. Cardim de. **Inovação financeira e regulação prudencial: da regulação de liquidez aos acordos da Basileia**. In: Sobreira, R. (Org.) Regulação Financeira e Bancária. São Paulo: Atlas, 2006.

Casara, Jorge. **CVM e Fintechs**. Disponível em: <http://www.portaldoinvestidor.gov.br/portaldoinvestidor/export/sites/portaldoinvestidor/menu/atividades/CentroEducacional/Apresentacoes/Apresentacoes2016/2016_11_29-FINTECH_JorgeCasara.pdf>. Acesso em: 22 abr. 2017.

COMISSÃO DE VALORES MOBILIÁRIOS. **CVM lança pesquisa sobre Fintech**. Disponível em: <http://www.cvm.gov.br/export/sites/cvm/noticias/anexos/2016/PORTARIA105.pdf>. Acesso em: 22 abr. 2017.

COMISSÃO DE VALORES MOBILIÁRIOS. **FSB – Financial Stability Board**. Disponível em: <http://www.cvm.gov.br/menu/internacional/organizacoes/fsb.html>. Acesso em: 12 jun. 2017.

Corazza, Gentil. Os Dilemas da Supervisão Bancária. In Sobreira, Rogério (org). Regulação Financeira e Bancária. São Paulo: Editora Atlas, 2005.

Cortez, Tiago Machado. O conceito de risco sistêmico e suas implicações para a defesa da concorrência no mercado bancário. In: Campilongo, Celso Fernandes. Rocha, Jean Paul C. Veiga da. Mattos, Paulo Todescan Lessa. (coords). **Concorrência e regulação no sistema financeiro**. São Paulo: Editora Max Limonad, 2002.

Covello, Sergio Carlos. **Contratos Bancários**. São Paulo: Livraria e Editora Universitária de Direito, 2001.

________. **O sigilo bancário**. São Paulo: LEUD – Livraria e Editora Universitária de Direito, 2001.

Douglas, John L. Cyberbanking: legal and regulatory considerations for banking organizations. **North Carolina Banking Institute**, v. 4, p. 57-82. 2010.

Duarte, Francisco Carlos; Herbst, Kharen Kelm. A nova regulação do sistema financeiro face à crise econômica mundial de 2008. Rev. Direito Econômico Socioambiental, v. 4, n. 2, p. 16-38, jul/dez 2013.

EIZIRIK, Nelson; GAAL, Ariádna Bohomoletz; PARENTE, Flavia; HENRIQUES, Marcus de Freitas. **Mercado de Capitais – Regime Jurídico**. Rio de Janeiro: Renovar, 2008.

FRAGA, Nayara. O fenômeno Fintech: a nova leva de startups que invadiu o sistema financeiro. **Época Negócios**, São Paulo, 27 jan. 2016. Dinheiro. Disponível em: <http://epocanegocios.globo.com/Dinheiro/noticia/2016/01/o-fenomeno-fintech-nova-leva-de-startups-que-invadiram-o-sistema-financeiro.html>. Acesso em: 20. set. 2016.

FEBRABAN. **Novas tecnologias elevam eficiência e exigem controle sobre novos tipos de risco**. Disponível em: <https://portal.febraban.org.br/noticia/3063/pt-br/>. Acesso em: 23 abr.2017.

__________. **Pesquisa Febraban de Tecnologia Bancária 2015**. Realização Deloitte. Disponível em: <https://cmsportal.febraban.org.br/Arquivos/documentos/PDF/Relatorio%20-%20Pesquisa%20FEBRABAN%20de%20Tecnologia%20Banc%C3%A1ria%202015.pdf>. Acesso em: 15 mar. 2017.

__________. **Blockchain: Desafios e Oportunidades**. Ciab Febrabam 2016. Realização Deloitte. Disponível em: <https://cmsportal.febraban.org.br/Arquivos/documentos/PDF/Oportunidades%20com%20Blockchain%20-%20Paschoal%20Pipolo%20Baptista%20-%2023_06_2016.pdf>. Acesso em 12 jun. 2017.

FINANCIAL CONDUCT AUTHORITY. **Fintech and innovative businesses**. Disponível em <https://www.fca.org.uk/firms/fintech-and-innovative-businesses>. Acesso em: 22 abr. 2017.

FINANCIAL STABILITY BOARD. **FSB Chair Letter to G-20 Ministers and Governors, dated of February 22th, 2016**. Disponível em: <http://www.fsb.org/wp-content/uploads/FSB-Chair-letter-to-G20-Ministers-and-Governors-February-2016.pdf>. Acesso em: 22 abr. 2017.

FINTECHLAB. [Report] Fintechs no Brasil: uma revolução que já é realidade. Disponível em: <http://fintechlab.com.br/index.php/2016/04/14/report-fintechs -no-brasil-uma-revolucao-que-ja-e-realidade/>. Acesso em: 01 jun. 2017.

GREENSPAN, A. **O mapa e o território: risco, natureza humana e o futuro das previsões**. 1 ed. São Paulo: Portfolio-Penguin, 2013.

HERTOG, Johan den. **Review of Economic Theories of Regulation**. Tjalling C. Koopmans Research Institute, Utrecht School of Economics. Utrecht University. The Netherlands. December 2010. Pg. 3.

HORN, Guilherme. **Goldman Sachs quer atropelar fintechs. O Estado de São Paulo**, São Paulo, 17 out. 2016. Blogs e colunas. Disponível em:

<http://link.estadao.com.br/blogs/seu-bolso-na-era-digital/goldman-sachs-quer-atropelar-fintechs/>. Acesso em: 17 out. 2016.

HORN, Guilherme. **O que é Fintech**. Disponível em <http://finnovation.com.br/o-que-e-fintech/#sthash.PLtGJaXg.dpuf>. Acesso em: 05 mar. 2017.

INTERNATIONAL MONETARY FUND. **About the IMF**. Disponível em: <http://www.imf.org/external/about.htm>. Acesso em: 27 mai. 2017.

INSTITUTO DE PESQUISA ECONÔMICA APLICADA. **História – Bretton Woods**. Revista Desafios do Desenvolvimento. 2009. Ano 6. Ed. 50 – 21/05/2009. Disponível em: <http://desafios.ipea.gov.br/index.php?option=com_content&view=article&id=2247:catid=28&Itemid=23>. Acesso em: 03 jun. 2017.

JELF, Owen; SEIBOLD, Sigrid. **A tecnologia blockchain pode revolucionar o mercado de capitais?** Disponível em: <http://www.executivosfinanceiros.com.br/financas/mercadodecapitais/item/1245-a-tecnologia-blockchain-pode-revolucionar-o-mercado-de-capitais.html>. Acesso em: 05 mar. 2017.

LUCCA, Newton. Novas fronteiras dos contratos eletrônicos nos bancos. **Revista de Direito Bancário, do Mercado de Capitais e da Arbitragem,** nº 21, p. 162 – 180, jul.-set. 2003.

MADALENA, Pedro; OLIVEIRA, Álvaro Borges de. **Organização & Informática no Poder Judiciário**. Curitiba: Juruá, 2003.

MANS, Matheus. **Primeiros casos de sucesso abrem caminho para expansão de 'fintechs'. O Estado de São Paulo**, São Paulo, 22 ago. 2016. Link. Disponível em: <http://link.estadao.com.br/noticias/empresas,primeiros-casos-de-sucesso-abrem-caminho-para-expansao-de-fintechs,10000071161>. Acesso em: 22 ago. 2016.

MANZI, Vanessa Alessi. **Compliance no Brasil: Consolidação e perspectivas**. São Paulo: Saint Paul Editora, 2008.

MARQUES, Claudia Lima. Sociedade da informação e serviços bancários: primeiras observações. **Revista de Direito do Consumidor**, nº 39, p. 49-71, jul. – set. 2001.

MARTINS, Ricardo Marcondes. **Regulação Administrativa à Luz da Constituição Federal**. São Paulo: Malheiros, 2011.

MESQUITA, Mário; TORÓS, Mário. Gestão do Banco Central no pânico de 2008. In: GARCIA, Marcio; GIAMBIAGI, Fabio (org). **Risco e Regulação: por que o Brasil enfrentou bem a crise financeira e como ela afetou a economia mundial**. Rio de Janeiro: Elsevier, 2010.

NAKAMOTO, Satoshi. **Bitcoin: A Peer-to-Peer Electronic Cash System**. Disponível em: <www.bitcoin.org/bitcoin.pdf>. Acesso em: 05 mar. 2017.

NASH, Ryan M; BEARSDLEY, Eric. **The future of finance: The rise of the new Shadow Bank**. Goldman Sachs, 2015.

NUBANK. **A evolução dos serviços financeiros**. Disponível em: <https://www.nubank.com.br/evolucao/>. Acesso em: 05 mar. 2017.

OROY. **¿Qué es y qué significa FinTech?** Disponível em: <https://www.oroyfinanzas.com/2015/03/que-significa-fintech/>. Acesso em: 05 mar. 2017.

PEDRAS, Guilherme Binato Villela; VENCESLAU, Helena Mulim. **Organização do Mercado Financeiro no Brasil**. Disponível em: <http://www3.tesouro.gov.br/divida_publica/downloads/Parte%203_3.pdf>. Acesso em: 27 mai. 2017.

PINTO, Gustavo Mathias Alves. **Regulação sistêmica e prudencial no setor bancário brasileiro**. São Paulo: Almedina, 2015.

SADDI, Jairo. **Crise e Regulação, Inovação Financeira e Algoritmos** *in* NUSDEO, Fabio (coord). O Direito econômico na atualidade. São Paulo: Editora Revista dos Tribunais, 2015.

SADDI, J. **Crise e Regulação Bancária – Navegando mares revoltos**. São Paulo: Textonovo, 2001.

SALOMÃO FILHO. Calixto. **Regulação da Atividade Econômica**. São Paulo: Malheiros, 2001.

SALOMÃO NETO, Eduardo. **Direito Bancário**. 2ª ed. rev. e ampliada. São Paulo: Atlas, 2014.

SANTIAGO, Fernando. TAMANAHA, Rodolfo. Caso Uber: como a tecnologia disruptiva afeta a regulação no Brasil. Disponível em: <https://jota.info/artigos/uber-como-a-tecnologia-disruptiva-afeta-regulacao-no-brasil-14042015> JOTA – notícias jurídicas que fazem a diferença, São Paulo 14 abr. 2015. Artigos. Acesso em 16 out.2016.

SYMANTEC. **Internet Security Threat Report. Volume 21, April 2016**. Disponível em: <https://resource.elq.symantec.com/LP=2899>. Acesso em: 22 abr. 2017.

THE WORLD BANK. **What do we do**. Disponível em: <http://www.worldbank.org/en/about/what-we-do>. Acesso em: 27 mai.2017.

TRELEAVEN, Philip. Financial regulation of Fintech. **The Journal of Financial Perspectives**, Volume 3 – Issue 3, p. 4-14, winter. 2015

TURCZYN, Sidnei. **O Sistema Financeiro Nacional e a regulação bancária**. São Paulo: RT, 2005.

U.S. SECURITIES AND EXCHANGE COMISSION. **Fintech: The evolving Financial Marketplace**. Disponível em: <https://www.sec.gov/spotlight/fintech>. Acesso em: 22 abr. 2017.

U.S. SECURITIES AND EXCHANGE COMISSION. **Examination Program Priorities for 2017. Office of Compliance Inspections and Examinations.** Disponível em: <https://www.sec.gov/about/offices/ocie/national-examination-program-priorities-2017.pdf>. Acesso em: 22 abr.2017.

Wald, Arnoldo. In: Greco, Marco Aurélio; Martins, Ives Gandra da Silva (Coord.). **Direito e Internet: relações jurídicas na sociedade informatizada**. São Paulo: Revista dos Tribunais, 2001. Pg. 15.

Willians, John C. **Fintech: The power of the possible and potential pitfalls**. Presentation to the LendIt USA 2016 Conference, 2016. San Francisco, California. Disponível em: <http://www.frbsf.org/our-district/press/presidents-speeches/williams-speeches/2016/april/fintech--power-of-the-possible-potential-pitfalls/>. Acesso em: 21 abr. 2017.

Yazbek, Otávio. Regulação do mercado Financeiro e de Capitais. Rio de Janeiro: Elsevier Editora, 2007.

Referências

BANCO CENTRAL DO BRASIL. **Sistema Financeiro Nacional – 1988 a 2000**. Disponível em: <www.bcb.gov.br/htms/Deorf/e88-2000/texto.asp?idpai=relsfn19882000>. Acesso em: 27 mai. 2017.

Calado, Luiz Roberto. **Regulação e Autorregulação do Mercado Financeiro: conceito, evolução e tendências num contexto de crise**. São Paulo: Saint Paul Editora, 2009.

Carneiro, Dionísio O que a crise atual revelou sobre as deficiências regulatórias? In: Bolle, Mônica Baumgarten e Carneiro, Dionísio Dias (organizadores). **A reforma do Sistema Financeiro Americano: Nova Arquitetura Internacional e o Contexto Regulatório**. E-book. Rio de Janeiro: Instituto de Estudos de Política Econômica Casa das Garças, 2009.

Coelho, Alexandre Zavaglia P.; Mendes, Gilmar Ferreira; Sarlet, Ingo Wolfgang (coordenadores). **Série Direito, Inovação e Tecnologia**. São Paulo: Saraiva, 2015.

Curry, Thomas J. The trick taste of regulating Fintech. **Wall Street Journal**, Nova York, 19 jun. 2016. Business. Disponível em <http://www.wsj.com/articles/the-tricky-task-of-regulating-fintech-1466388122>. Acesso em: 04 abr. 2017.

Dantas, Rodrigo. **Economia de acesso e os modelos de negócio baseados em compartilhamento, recorrência e assinatura**. São Paulo: Ed. Casa do Código Digital, 2016.

De Lucca, Newton; Simão Filho, Adalberto. **Direito & Internet – Aspectos Jurídicos Relevantes.** 2ª edição. São Paulo: Ed. Quartier Latin, 2005.

Eizirik, Nelson Laks; IBMEC. **O papel do Estado na regulação do mercado de capitais.** Rio de Janeiro: Ibmec – SP, 1977.

Ferraz, João Carlos M. **O manual da crise: entendendo melhor a crise financeira de 2008, suas origens e consequências para o Brasil e o mundo.** São Paulo: Alfa – Ômega, 2009.

Kocianski, Sarah. The fintech regulation report: **How European regulators are creating fertile ground for fintech growth.** Disponível em: <http://www.businessinsider.com/the-fintech-regulation-report-2016-4>. Acesso em: 02 fev. 2017.

Shiller, Robert J. **A Solução Para o Subprime: saiba o que gerou a atual crise financeira e o que fazer a respeito.** Rio de Janeiro: Elsevier, 2009.

Soros. George. **O novo paradigma para os mercados financeiros: a crise de crédito de 2008 e as suas implicações.** São Paulo: Almedina Brasil, 2008.

Toigo, Daiille Costa. **Internet banking: A responsabilidade civil das instituições financeiras.** São Paulo: Agwn Editora, 2016.

Extensão dos Efeitos da Falência para as Companhias Investidas de Fundos de Investimento em Participações

Ana Racy Parente

Introdução

Os fundos de investimento são veículos de investimento coletivos, regulados pelos normativos expedidos pela Comissão de Valores Mobiliários-CVM. Essa modalidade de investimento está inserida no âmbito do mercado de capitais e apresenta elevada discussão doutrinária acerca da natureza jurídica, especialmente com relação à existência ou não de personalidade jurídica própria.

Observa-se a crescente utilização de fundos de investimento, seja como forma de planejamento sucessório, tributário, ou meramente para buscar retorno a investimentos por meio de carteira de ativos que, isoladamente, não obteriam a mesma rentabilidade, mitigando os riscos envolvidos na concentração do investimento em um só ativo.

Os fundos de investimento em participações, espécie de fundos de investimento regulados pela Instrução CVM nº 578, de 30 de agosto de 2016 ("Instrução CVM nº 578/16"), possuem como principal objetivo a aquisição de valores mobiliários emitidos por companhias, abertas ou fechadas, passando os referidos fundos a ter participação no processo decisório da companhia investida. Os fundos de investimento em participações admitem, ainda, a aquisição de títulos e valores mobiliários representativos de participação em sociedades limitadas.

Com a aquisição de ações das companhias investidas, os fundos de investimento em participações passam a ser seus acionistas, participando do processo decisório da sociedade investida, com efetiva influência na definição de sua política estratégica e na sua gestão, nos termos da Instrução CVM nº 578/16. A participação no processo decisório poderá ocorrer pela detenção do bloco de controle de ações ou pela celebração de instrumentos jurídicos que atribuam ao fundo a participação na gestão das companhias e tomadas de decisões estratégicas. Assim, o fundo de investimento em participação poderá sujeitar-se aos efeitos da responsabilidade civil atribuída aos sócios controladores e/ou administradores da sociedade, devendo ser analisada sob a égide também da teoria de desconsideração da personalidade jurídica.

No cenário econômico atual, alguns indicadores apontam para uma sensível crise nas empresas nacionais, com aumento do número de falências e empresas que encerraram suas atividades. A Serviço Central de Proteção ao Crédito[1] (Boa Vista SCPC) constatou que em 2016 houve aumento de 12,2% dos pedidos de falência, se compararmos ao mesmo período de 2015, ao passo que a pesquisa elaborada pelo Sebrae e pela Fundação Getúlio Vargas[2], utilizada para verificar o desempenho dos pequenos e médios negócios, indicou uma aumento no índice das empresas que fecharam as portas, diante da atual recessão econômica enfrentada pelo país.

[1] Disponível em https://www.boavistaservicos.com.br/noticias/indicadores-economicos/falencias-e-recuperacoes-judiciais/pedidos-de-falencia-encerram-o-ano-com-alta-de-122-segundo-boa-vista-scpc/

[2] Disponível em http://datasebrae.com.br/sobrevivencia-das-empresas/

Nesse contexto e com o crescente aumento do número de processos falimentares, deve-se também analisar os efeitos produzidos pela decretação da falência nas companhias investidas e eventual desconsideração da personalidade jurídica, bem como a extensão dos seus efeitos, especialmente com relação à responsabilização dos sócios com seu patrimônio próprio, levando-se ainda em consideração a corrente doutrinária que entende que os fundos de investimentos não possuem personalidade jurídica própria.

A Lei nº 11.101, de 09 de fevereiro de 2005 ("Lei nº 11.101/05"), que trata da falência e da recuperação judicial, trouxe em seu artigo 81 a regra no tocante à extensão dos efeitos da falência para os sócios, que estarão sujeitos aos mesmos efeitos jurídicos produzidos em relação à sociedade falida. Nesse diapasão, com base nessa problemática trazida pela extensão dos efeitos da falência e a responsabilidade pessoal dos sócios, inclusive por meio de recentes decisões judiciais proferidas, é que se desenvolverá o presente artigo, de modo a delimitar a efetiva responsabilidade dos sócios-fundos de investimentos no processo falimentar, abordando os principais pontos destacados pela doutrina.

Para tanto, o primeiro capítulo será destinado aos conceitos, natureza jurídica e principais características dessa modalidade de investimento no cenário nacional, com o escopo de possibilitar o entendimento dessas estruturas, dando um enfoque aos fundos de investimento em participações.

Por conseguinte, após a compreensão das estruturas dos referidos fundos, serão apresentados, no segundo capítulo, o conceito, modalidades de sociedades empresárias, sem prejuízo da análise dos grupos econômicos que poderão se formar uma vez que tais sociedades poderão ser objeto dos investimentos direcionados pelos fundos de investimento em participações, e que podem vir a sofrer uma falência.

Nesse diapasão, o enfoque do terceiro capítulo será o conceito de responsabilidade civil, distinção entre responsabilidade objetiva e subjetiva, elementos para sua distinção e sua aplicação para fins de responsabilização pelos efeitos causados pela falência, abordados nos capítulos seguintes, que abordarão a responsabilidade dos sócios e/ou administradores de sociedades falidas. O último capítulo também aprofundará a extensão dos efeitos da falência para as companhias investidas dos fundos de investimento em participações, ponto nevrálgico deste artigo.

Por fim, concluir-se-á o artigo.

1. Fundos de Investimento

1.1. Conceito de Fundos de Investimento

O Mercado de Capitais visa à canalização de recursos para entidades emissoras de valores mobiliários[3], por meio de operações realizadas em mercado de balcão ou bolsa:

> A função econômica essencial do mercado de capitais é a de permitir às empresas, mediante a emissão pública de seus valores mobiliários, a captação de recursos não exigíveis para o financiamento de seus projetos de investimento ou mesmo para alongar o prazo de suas dívidas; como não se tratam de empréstimos, a companhia não está obrigada a devolver os recursos aos investidores (exceto no caso de debêntures ou de commercial papers, que também integram o mercado de capitais), mas, isto sim, a remu-

[3] São valores mobiliários: (i) todos os listados nos incisos I ao VIII do artigo 2º da Lei 6385/76; (ii) quaisquer outros criados por lei ou regulamentação específica, como os certificados de recebíveis imobiliários – CRI's, os certificados de investimentos audiovisuais e as cotas de fundos de investimento imobiliário – FII, entre outros; e (iii) quaisquer outros que se enquadrem no inciso IX da Lei, conforme citado acima. Disponível em http://www.portaldoinvestidor.gov.br/menu/Menu_Investidor/valores_mobiliarios/introducao.html

> nerá-los, sob forma de dividendos, caso apresente lucros em suas demonstrações financeiras. Daí decorre a natureza do mercado de capitais como um mercado de "risco", uma vez que os investidores não têm qualquer garantia de retorno de seus investimentos, que dependerá dos resultados do empreendimento econômico desenvolvido pela companhia. Embora as ações constituam investimento de risco, são, usualmente, dotadas de liquidez, isto é, podem ser rapidamente transformadas em dinheiro, particularmente quando admitidas à negociação em bolsa de valores[4].

O Mercado Financeiro e de Capitais apresenta dinâmica própria, estando em constante adaptação ao longo do tempo. Por outro lado, diante das crises mundiais, bem como da busca pela maximização de retorno ao capital investido, observou-se a crescente procura por investimentos que permitissem a reunião de recursos, diversificando os riscos envolvidos e tornando os investimentos mais eficientes. Nesse cenário, destaca-se o expressivo aumento da utilização de fundos de investimento, especialmente na última década.

> O elemento característico comum aos empresários de cada país era a busca por uma estrutura que permitisse maior facilidade operacional para o seu produto, possibilitando: (i) que os recursos aplicados fossem resgatáveis com relativa facilidade; (ii) que o risco do investimento fosse diluído entre os participantes em função de uma diversificação das aplicações; e (iii) que a carga fiscal incidente sobre a estrutura não inviabilizasse a operação[5].

[4] EIZIRIK, Nelson; Gaal, Ariádna B.; Parente, Flávia; Henriques, Marcus de Freitas **Mercado de Capitais – regime jurídico.** 3ª. ed. revista e ampliada. Rio de Janeiro: Renovar, 2008. pgs. 8 e 9.

[5] FREITAS, Ricardo de Santos. **Natureza jurídica dos fundos de investimento.** São Paulo: Quartier Latin, 2006. p. 45

Os fundos de investimento, no contexto nacional, tiveram sua origem ligada às sociedades de investimentos e encontram embasamento jurídico na Lei nº 4.728, de 14 de julho de 1965, e Lei nº 6.385, de 07 de dezembro de 1976, que, dentre outras matérias, confere à Comissão de Valores Mobiliários-CVM a competência para regulamentá-los. Atualmente, o conceito de fundo de investimento está definido no artigo 3º da Instrução CVM nº 555/14, e pode ser entendido como *uma comunhão de recursos, constituído sob a forma de condomínio, destinado à aplicação em ativos financeiros*. Essa comunhão é constituída com o escopo de captar recursos de diversos investidores, que, após a aquisição de cotas, passam a ser denominados de "cotistas", destinando o produto do investimento à aquisição de diversos valores mobiliários, desde que respeitadas as diretrizes fixadas pela política de investimento de cada fundo, estabelecida em seu regulamento.

Conforme mencionado, os fundos de investimentos reúnem recursos de diversos investidores, possibilitando o alcance a investimentos que, individualmente, não teriam capacidade de adquirir, ou ainda, permitindo a diversificação dos investimentos, de modo a balizar os riscos envolvidos nos mercados e propiciando que o melhor rendimento de um ativo compense eventual queda de retorno de outro ativo.

Outro atrativo dos fundos de investimento é a profissionalização da administração da sua carteira de ativos, composta pelos títulos e valores mobiliários adquiridos.

> Os fundos de investimento podem ser conceituados como uma comunhão de recursos aportados – por meio da aquisição de quotas de participação – por investidores que, reunidos, almejam obter rendimentos sobre o capital investido, mediante a realização, pela gestão do fundo, de operações com ativos financeiros, títulos e valores mobiliários, as quais se concretizam no âmbito dos mercados financeiros e de capitais.

Os investidores são levados a aderir à aludida comunhão de recursos, pois, com a soma destes, fica menos oneroso o processo de contratação de administradores e gestores para o fundo. Por outro lado, a comunhão de recursos tende a proporcionar ganhos que o investidor dificilmente obteria se, isoladamente e por conta própria, resolvesse aplicar sua poupança. Ademais, a formação regular de um fundo de investimento gera, para o respectivo administrador, uma extensa lista de obrigações regulamentares, que atreladas à sua especialização tendem a minorar o risco que o investidor experimentaria caso se dirigisse separadamente aos mercados financeiro e de capitais[6].

Vale ressaltar que administração profissional e especializada dos fundos de investimento é obrigatória, sendo que o administrador e gestor devem ser pessoas jurídicas, admitindo também pessoas físicas apenas para a hipótese específica de prestação de serviços de gestão da carteira. Todos deverão ser devidamente autorizados pela CVM para o exercício profissional de administração de carteiras de valores mobiliários.

Destaca-se, de um modo geral, que os fundos de investimento possuem como características principais: a governança corporativa, profissionalização da gestão, possibilidade de organização sucessória, proteção patrimonial, segregação de resgates e possibilidade de eventual postergação de pagamento de tributos, em determinadas situações, como, por exemplo, no caso de fundos fechados.

Nos termos da regulamentação em vigor, os fundos de investimento podem ser constituídos mediante duas formas de condomínio, quais sejam: abertos ou fechados. O artigo 4º da Instrução CVM 555 traz a diferença das duas modalidades, ao definir da seguinte forma: *O fundo pode ser constituído sob a forma*

[6] DOTTA, Eduardo Montenegro. **A Responsabilidade das Administradoras de Fundos de Investimento no Novo Código Civil**. São Paulo: Texto Novo, 2005.pgs. 95 e 96

de condomínio aberto, em que os cotistas podem solicitar o resgate de suas cotas conforme estabelecido em seu regulamento, ou fechado, em que as cotas somente são resgatadas ao término do prazo de duração do fundo.

A possibilidade de resgate das cotas estará definida no regulamento de cada fundo, sendo que em algumas hipóteses, por definição regulatória e conforme se verá adiante, somente poderão ser constituídos na forma de condomínio fechado. Neste caso, os cotistas apenas poderão ter as cotas resgatadas ao término do prazo de duração do fundo ou por deliberação da Assembleia Geral de Cotistas que tenha por objeto aprovar pela liquidação antecipada do fundo.

Nota-se que, ainda que não haja a possibilidade de resgate de cotas, os cotistas poderão receber amortização de cotas, assim entendida como pagamento uniforme realizado pelo fundo, a todos os seus cotistas, de parcela do valor de suas cotas sem que ocorra a redução do número de cotas emitidas e integralizadas, de acordo com os respectivos percentuais de participação.

A regulamentação dos fundos de investimento vem passando por inúmeras inovações, de modo a contemplar a constante evolução e crescimento dessa modalidade de investimento coletivo. Há ainda a preocupação com a tutela dos investidores, agrupando-os de acordo com seu perfil e capacidade de suportar riscos e impondo cada vez mais regras de transparência de informações.

1.2. Natureza Jurídica de Fundos de Investimento

Conforme conceito visto acima, os fundos de investimento são constituídos na forma de condomínio, destinados à captação de recursos e aplicação em carteira compostas por ativos financeiros. Todavia, a doutrina não é uníssona acerca da definição de sua natureza jurídica.

Ricardo de Santos Freitas, em sua obra *Natureza Jurídica dos Fundos de Investimento*, apresenta as principais teorias acerca da natureza jurídica, que, em linhas gerais, se diferenciam da seguinte forma:

a. Teoria Condominial: os defensores dessa teoria entendem que os cotistas são coproprietários dos bens que integram o patrimônio do fundo;
b. Teoria da Comunidade de Bens não condominial: comunhão de caráter *sui generis*, distinta da ideia de copropriedade clássica, uma vez que não há, necessariamente copropriedade. Tal doutrina encontra respaldo na legislação lusitana. No Brasil, seria entendida como um condomínio atípico, ou comunhão não condominial;
c. Teoria da propriedade em mão comum: caracterizada pela prevalência absoluta do interesse do grupo sobre o indivíduo;
d. Teoria da Propriedade Fiduciária: a propriedade fiduciária do fundo pertence ao seu administrador, que detém poderes de titular do direito de domínio. Os cotistas não possuem direito real sobre o fundo e conferem ao administrador poderes para o exercício dos direitos inerentes à propriedade;
e. Teoria da organização associativa: os fundos de investimentos possuem uma estrutura organizacional associativa. Os fundos de investimento seriam uma verdadeira e típica sociedade, de acordo com o Código Civil Brasileiro. Ademais, reconhecem que o fundo possui personalidade jurídica, pois a lei confere conjunto de capacidade para o exercício de direitos e obrigações.

O referido doutrinador[7], ao concluir o tema, assevera:

> Mas independentemente das características específicas que cada fundo venha a adotar, sempre estarão presentes alguns elementos essenciais que podemos afirmar compor o conceito da

[7] Freitas, Op. cit., p. 269

figura dos fundos de investimentos. São eles a contribuição de bens, para o desenvolvimento de atividade econômica com fim lucrativo, objetivando a partilha dos resultados.

Estes elementos essenciais coincidem com os da figura da sociedade, tal qual conceituada no art. 981 do Código Civil de 2002 e permitem que, com apoio no art. 983, parágrafo único, se possa reconhecer que a natureza jurídica dos fundos de investimento é efetivamente a de sociedade.

Nelson Eizirik[8], por sua vez, defende que os fundos de investimentos não possuem personalidade jurídica própria, apresentando-se com uma:

> (...) feição contratual e não societária, uma vez que não há entre os investidores relação interpessoal associativa – 'affectio'. Ao contrário, a relação dos investidores entre si é irrelevante para a constituição e funcionamento de um fundo, uma vez que, ao aderirem o fundo, estes vinculam-se ao administrador, que lhes presta serviços de administração e gestão de recursos.

Eduardo Montenegro Dotta[9], ao debater o tema, também conclui:

> Isso nos permite afirmar que os fundos de investimento possuem como semelhança ao condomínio tradicional o fato de representar uma propriedade coletiva, adotando, contudo, uma disciplina jurídica que não se confunde com o referido instituto civil, melhor caracterizando-se juridicamente, tal qual ponderado pelo Professor Arnoldo Wald, como uma estrutura jurídica por intermédio da qual os investidores admitem um administra-

[8] Eizirik, op. cit., p. 83

[9] Dotta, op. cit., p. 100

dor – investido na capacidade de adquirir e transmitir direitos ao fundo, bem como de representá-lo -, que passa, por intermédio de seu gestor, a realizar operações nos mercados financeiro e de capitais, obrigando-se, de acordo com as especificações constantes do regulamento do fundo e das normas regentes da sua atividade, a envidar os melhores esforços para obter a maior rentabilidade possível ao capital investido, dentro do perfil de exposição – indicado no regulamento do fundo – aos possíveis elementos de risco.

Em que pese a elevada discussão doutrinária, a ausência de personalidade jurídica dos fundos de investimentos se torna mais evidente diante da necessidade de existência de um administrador profissional, devidamente autorizado pela CVM para exercício dessa atividade. Isto, somado ao fato de que não há o elemento essencial das sociedades, qual seja, *affectio societatis*, por parte dos cotistas, que apenas investem almejando retorno do investimento, sem existir intenção de associar-se para determinado fim, permite caracterizar os fundos de investimentos como comunhão de recursos *sui generis*, desprovida de personalidade jurídica própria.

1.3. Organização e Funcionamento

A CVM possui diversas instruções normativas que regulam o funcionamento das espécies de fundos de investimento, dentre as quais: tipo de condomínio, público alvo, política de investimentos, quóruns para votação em assembleias gerais, dentre outros. Todavia, ainda que existam regras específicas, a Instrução CVM nº 555/14, em seu art. 1º define que: “A presente Instrução aplica-se a todo e qualquer fundo de investimento registrado junto à CVM, observadas as disposições das normas específicas aplicáveis a estes fundos”.

Dessa forma, trataremos neste tópico as regras comuns a todas as espécies e abordaremos a classificação dos fundos no próximo tópico.

Os fundos de investimentos são constituídos inicialmente por meio da elaboração do seu regulamento, que deverá conter, no mínimo, as disposições obrigatórias constantes da instrução CVM pela qual são reguladas. Dentre as principais regras que deverá conter o regulamento, podemos destacar:

a. Público alvo: identificando a classe de investidores que poderá adquirir cotas do fundo[10];

[10] Os fundos de investimentos, de acordo com sua classificação, podem ser destinados ao: (i) público geral, assim entendidas todas as pessoas físicas e jurídicas; (ii) investidores profissionais, definidos no art. 9º-A da Instrução CVM nº 539, como: I – instituições financeiras e demais instituições autorizadas a funcionar pelo Banco Central do Brasil; II – companhias seguradoras e sociedades de capitalização; III – entidades abertas e fechadas de previdência complementar; IV – pessoas naturais ou jurídicas que possuam investimentos financeiros em valor superior a R$ 10.000.000,00 (dez milhões de reais) e que, adicionalmente, atestem por escrito sua condição de investidor profissional mediante termo próprio, de acordo com o Anexo 9-A; V – fundos de investimento; VI – clubes de investimento, desde que tenham a carteira gerida por administrador de carteira de valores mobiliários autorizado pela CVM; VII – agentes autônomos de investimento, administradores de carteira, analistas e consultores de valores mobiliários autorizados pela CVM, em relação a seus recursos próprios; VIII – investidores não residentes; e (iii) investidores profissionais, definidos no art. 9º-B da Instrução CVM nº 539, como: I – investidores profissionais; II – pessoas naturais ou jurídicas que possuam investimentos financeiros em valor superior a R$ 1.000.000,00 (um milhão de reais) e que, adicionalmente, atestem por escrito sua condição de investidor qualificado mediante termo próprio, de acordo com o Anexo 9-B; III – as pessoas naturais que tenham sido aprovadas em exames de qualificação técnica ou possuam certificações aprovadas pela CVM como requisitos para o registro de agentes autônomos de investimento, administradores de carteira, analistas e consultores de valores mobiliários, em relação a seus recursos próprios; e IV – clubes de investimento, desde que tenham a carteira gerida por um ou mais cotistas, que sejam investidores qualificados. Por fim, o a art. 9º-C da mesma instrução trata dos regimes próprios de previdência social instituídos pela União, pelos Estados, pelo Distrito Federal ou por Municípios, considerando-os investidores profissionais ou investidores qualificados apenas se reconhecidos como tais conforme regulamentação específica do Ministério da Previdência Social.

b. Condomínio: aberto, se admitido o resgate de cotas a qualquer tempo, respeitadas as regras dispostas no regulamento, ou fechado, se admitido o resgate apenas ao término do prazo de duração do fundo ou por deliberação dos cotistas, reunidos em assembleia geral convocada para esse fim.
c. Política de investimento: regras para aplicação dos recursos do fundo, inclusive com a definição dos limites para aplicação em ativos financeiros, observando o perfil do investidor e espécie do fundo.
d. Regras para aplicação e resgate de cotas;
e. Definição da remuneração dos prestadores de serviços e encargos que serão suportados pelo fundo.

Diante da necessidade de acompanhamento profissional e periódico, o fundo contará com prestadores de serviços devidamente autorizados para tais finalidades, quais sejam: administrador, gestor, custodiante, distribuidor, escriturador, auditor independente, entre outros.

A indicação do administrador, gestor e custodiante, conforme o caso, também deverá estar disposta no regulamento do fundo. Ao administrador compete a prática de todos os atos necessários à administração do fundo, inclusive deliberar sobre a aprovação do regulamento, que dará início à constituição do fundo. O administrador será responsável pela divulgação das informações, fatos relevantes, editais de convocação aos cotistas e à CVM, sem prejuízo do envio de informações ao mercado, quando aplicáveis, bem como contratará, em nome do fundo, prestadores de serviços listados no artigo 78, parágrafo 2, da Instrução CVM nº 555/14.

O gestor de investimentos será responsável pela compra e venda de ativos constantes da carteira do fundo, observadas as limitações impostas pelo regulamento do fundo e pelos normativos expedidos pela CVM. Ademais, deverá observar o enquadramento da carteira e, em alguns casos, deterá poderes de representação do fundo, especialmente para exercer direitos e deveres relacionados à carteira de ativos do fundo, como, por exemplo, a participação em assembleia de fundos nos quais o fundo invista.

O custodiante, por sua vez, será responsável pela guarda dos ativos, que deverá ser realizada de forma segregada ao seu patrimônio e do administrador do fundo, sendo ainda responsável pela liquidação financeira das operações realizadas.

Por fim, temos ainda a figura do distribuidor, a quem compete a distribuição pública das cotas de fundos de investimentos, cuja oferta pública será regida nos termos da Instrução CVM nº 400, de 29 de dezembro de 2003, ou na modalidade de esforços restritos, destinada exclusivamente para investidores profissionais, consoante o disposto na Instrução CVM nº 476, de 16 de janeiro de 2009. Para a prestação desse serviço, a instituição deverá ser membro do sistema de distribuição de valores mobiliários.

Ressalta-se que a diferenciação dos serviços não impede que sejam prestados pela mesma instituição, desde que autorizada para a realização desses serviços. A segregação das atividades, por outro lado, confere ao fundo maiores garantias, ao passo que as atividades são conferidas por outros prestadores de forma a assegurar aos cotistas o cumprimento das regras dispostas no regulamento e no ordenamento jurídico. Há a fiscalização de um prestador sobre o outro, evitando a tomada de decisão com potencial conflito de interesses e verificando o atendimento das normas e disposições contidas no regulamento.

Em linhas gerais, os passos para criação de um fundo serão sempre adotados pelo administrador do fundo e seguirão o seguinte fluxo: (i) registro do regulamento no Cartório de Registro de Títulos e Documentos; (ii) inscrição no Cadastro Nacional de Pessoas Jurídicas – CNPJ; (iii) obtenção da prévia autorização da CVM para o seu funcionamento, que, em alguns casos, se dará de forma automática.

1.4. Classificação dos Fundos de Investimentos

Os fundos de investimentos são classificados de acordo com a composição de sua carteira, com características próprias e, em alguns casos (os chamados fundos estruturados), estarão sujeitos à normas específicas.

Os fundos de investimento regulamentados pela Instrução CVM nº 555, de 17 de dezembro de 2014, podem ser divididos de acordo com as seguintes classificações: renda fixa; de ações; multimercado; e cambial.

As principais características de cada um deles, de acordo com a própria instrução, são:

a. Fundos de Renda Fixa: principal fator de risco é a variação da taxa de juros e/ou do índice de preços, ou de ambos. Deverá possuir, no mínimo, 80% da carteira aplicados em ativos relacionados diretamente, ou sintetizados via derivativos, aos fatores de risco indicados acima.
b. Fundos de Ações: o principal fato de risco deve ser a variação dos preços das ações admitidas à negociação em bolsa ou em mercado de balcão organizado. Sua carteira será preponderantemente composta por ações, ou seja, 67% do patrimônio líquido deverá estar concentrado em ações, bônus e/ou recibos de subscrição e certificados de depósitos de ações, cotas de fundos de ações e cotas de fundos de índice de ações e, ainda, em Brazilian Depositary Receipts (BDRs) de II e III.
c. Fundos Cambiais: Caracterizam-se por possuírem ao menos 80% dos ativos de sua carteira de investimentos atrelados à variação de preços de moeda estrangeira ou a variação de cupom cambial.

d. Fundos Multimercados: São aqueles que possuem políticas de investimentos que englobem diversos fatores de riscos, sem o compromisso de concentração em nenhum fator em especial.

A carteira dos fundos regulados pela Instrução CVM nº 555/14 deverá ainda observar os limites por emissor e por modalidade de ativos, descritos na própria instrução, excetuadas as hipóteses ali previstas, dentre elas a emissão de cotas do fundo ser destinada exclusivamente a investidores profissionais, dispensando-se a observância de tais limites.

Os fundos de investimento estruturados, por sua vez, são classificados de acordo com suas normas específicas, destacando-se os Fundo de Investimento em Direitos Creditórios (FIDC), Fundo de Investimento Imobiliário (FII) e o Fundo de Investimento em Participações (FIP).

Os FIDCs são regulados pela Instrução CVM nº 356, de 17 de dezembro de 2001, e tem como principal objetivo a aplicação em direitos creditórios, assim entendidos, nos termos do artigo 2, inciso I, da referida instrução, como os direitos e títulos representativos de crédito, originários de operações realizadas em diversos segmentos, de hipotecas, de arrendamento mercantil e de prestação de serviços, e os *warrants*, contratos e títulos referidos na Instrução.

Os FIDCs poderão ser classificados como não padronizados, sendo, neste caso, também regulados pela Instrução CVM nº 444, de 8 de dezembro de 2006[11].

[11] "Art. 1º A presente Instrução dispõe sobre a constituição e o funcionamento dos Fundos de Investimento em Direitos Creditórios Não-padronizados – FIDC-NP. § 1º Para efeito do disposto nesta Instrução, considera-se Não-Padronizado o FIDC cuja política de investimento permita a realização de aplicações, em quaisquer percentuais de seu patrimônio líquido, em direitos creditórios: I – que estejam vencidos e pendentes de pagamento quando de sua cessão para o fundo;

Os Fundos de Investimento em Direitos Creditórios Padronizados serão destinados de forma exclusiva a investidores qualificados, podendo ser constituídos sob a forma de condomínio aberto ou fechado. Já os Não-Padronizados somente poderão receber aplicação de investidores profissionais.

Essa espécie de fundo ainda conta como uma especificidade, a possibilidade de classes distintas de cotas, que conferirão aos seus titulares direitos políticos e garantias distintas, conforme o artigo 11 da Instrução CVM nº:

> Tais cotas são divididas em duas classes distintas: classe sênior e classe subordinada. As cotas de classe sênior são aquelas que não se subordinam às demais para efeitos de amortizações e resgates. Em caso de fundos fechados, as cotas de classe sênior podem ser divididas em diferentes séries, com base em valores e prazos distintos para amortização, resgate e remuneração. As cotas de classe subordinada, a seu turno, são aquelas que se subordinam às demais para fins de amortizações e resgates (artigo 11 da Instrução CVM nº 356/11)[12].

II – decorrentes de receitas públicas originárias ou derivadas da União, dos Estados, do Distrito Federal e dos Municípios, bem como de suas autarquias e fundações; III – que resultem de ações judiciais em curso, constituam seu objeto de litígio, ou tenham sido judicialmente penhorados ou dados em garantia; IV – cuja constituição ou validade jurídica da cessão para o FIDC seja considerada um fator preponderante de risco; V – originados de empresas em processo de recuperação judicial ou extrajudicial; VI – de existência futura e montante desconhecido, desde que emergentes de relações já constituídas; e VII – de natureza diversa, não enquadráveis no disposto no inciso I do art. 2º da Instrução CVM nº 356, de 17 de dezembro de 2001. § 2º Será igualmente considerado Não-Padronizado: I – o FIDC cuja carteira de direitos creditórios tenha seu rendimento exposto a ativos que não os créditos cedidos ao fundo, tais como derivativos de crédito, quando não utilizados para proteção ou mitigação de risco; ou II – o Fundo de Investimento em Cotas de FIDC que realize aplicações em cotas de FIDC-NP".

[12] Eizirik. op. cit. p. 104

Os Fundos de Investimento Imobiliários-FII, por sua vez, são veículos de investimento destinados à aplicação em empreendimentos imobiliários e regulados pela Instrução CVM 472, de 31 de outubro de 2008. O regulamento deverá dispor sobre o objetivo dos investimentos imobiliários (ganho de capital, obtenção de renda ou ambos), bem como deverá descrever os segmentos em que atuará e a natureza dos investimentos ou empreendimentos imobiliários que poderão ser realizados.

Admite-se, ainda, que a participação nos empreendimentos imobiliários se dê por meio da aquisição, nos termos do artigo 45 da Instrução CVM nº 472/08, de:

> I – quaisquer direitos reais sobre bens imóveis; II – desde que a emissão ou negociação tenha sido objeto de registro ou de autorização pela CVM, ações, debêntures, bônus de subscrição, seus cupons, direitos, recibos de subscrição e certificados de desdobramentos, certificados de depósito de valores mobiliários, cédulas de debêntures, cotas de fundos de investimento, notas promissórias, e quaisquer outros valores mobiliários, desde que se trate de emissores cujas atividades preponderantes sejam permitidas aos FII; II – ações, debêntures, bônus de subscrição, seus cupons, direitos, recibos de subscrição e certificados de desdobramentos, certificados de depósito de valores mobiliários, cédulas de debêntures, cotas de fundos de investimento, notas promissórias, e quaisquer outros valores mobiliários, desde que se trate de emissores registrados na CVM e cujas atividades preponderantes sejam permitidas aos FII; III – ações ou cotas de sociedades cujo único propósito se enquadre entre as atividades permitidas aos FII; IV – cotas de fundos de investimento em participações (FIP) que tenham como política de investimento, exclusivamente, atividades permitidas aos FII ou de fundos de investimento em ações que sejam setoriais e que invistam exclusivamente em construção civil ou no mercado imobiliário; V – certificados de potencial adicional de

construção emitidos com base na Instrução CVM nº 401, de 29 de dezembro de 2003; VI – cotas de outros FII; VII – certificados de recebíveis imobiliários e cotas de fundos de investimento em direitos creditórios (FIDC) que tenham como política de investimento, exclusivamente, atividades permitidas aos FII e desde que estes certificados e cotas tenham sido objeto de oferta pública registrada na CVM ou cujo registro tenha sido dispensado nos termos da regulamentação em vigor; VIII – letras hipotecárias; IX – letras de crédito imobiliário; e X – letras imobiliárias garantidas.

Destarte, o Fundo de Investimento Imobiliário-FII será constituído, obrigatoriamente, na forma de condomínio fechado. Diante da possibilidade de admissão da negociação de suas cotas no mercado de bolsa, os cotistas poderão contar com certa liquidez de seus investimentos. Os rendimentos dos fundos imobiliários, no percentual de 95%, deverão ser distribuídos mensalmente, ou em periodicidade inferior, aos cotistas, de acordo com o critério de regime de caixa. Trata-se de disposição mandatária da lei, não havendo possibilidade de não distribuição, salvo se aprovado em Assembleia Geral de Cotistas.

Por outro lado, destacamos ainda a possibilidade de benefício tributário dessa espécie de fundo, pois poderá contar com a isenção de imposto de renda para pessoas físicas incidente sobre a distribuição de rendimentos, nos termos da Lei 11.033, de 21 e dezembro de 2004, desde que: (a) as cotas do fundo fossem admitidas à negociação exclusivamente em bolsas de valores ou no mercado de balcão organizado; (b) o fundo possuísse, no mínimo, 50 cotistas; e (c) a pessoa física não fosse titular de cotas que representassem 10% (dez por cento) ou mais da totalidade das cotas emitidas pelo fundo ou cujas cotas lhe dessem direito ao recebimento de rendimento superior a 10% (dez por cento) do total de rendimentos auferidos pelo fundo.1.5 Fundos de Investimento em Participações – FIP

Os Fundos de Investimento em Participações, objeto deste estudo, são constituídos na forma de condomínio fechado, ou seja, permitindo o resgate apenas após o término do prazo de duração ou por deliberação da Assembleia Geral de Cotistas acerca da sua liquidação antecipada, destinado exclusivamente a investidores qualificados.

As recentes inovações normativas, advindas com a entrada em vigor da Instrução CVM nº 578/16, que ab-rogou a antiga Instrução CVM nº 391, de 16 de julho de2003 ("Instrução CVM nº 391/03"), ampliaram o rol de ativos que podem ser objeto de investimento dos FIPs, podendo investir em ações, bônus de subscrição, debêntures simples, outros títulos e valores mobiliários conversíveis ou permutáveis em ações de emissão de companhias, abertas ou fechadas, bem como títulos e valores mobiliários representativos de participação em sociedades limitadas, desde que assegurada a efetiva influência no processo decisório da companhia objeto de investimento.

Nos termos do artigo 6º da referida ICVM 578/16:

> A participação do fundo no processo decisório da sociedade investida pode ocorrer: I – pela detenção de ações que integrem o respectivo bloco de controle; II – pela celebração de acordo de acionistas; ou III – pela celebração de qualquer contrato, acordo, negócio jurídico ou a adoção de outro procedimento que assegure ao fundo efetiva influência na definição de sua política estratégica e na sua gestão, inclusive por meio da indicação de membros do conselho de administração.
>
> Parágrafo único. Fica dispensada a participação do fundo no processo decisório da sociedade investida quando: I – o investimento do fundo na sociedade for reduzido a menos da metade do percentual originalmente investido e passe a representar parcela inferior a 15% do capital social da investida; ou II – o valor contábil do investimento tenha sido reduzido a zero e haja deliberação

dos cotistas reunidos em assembleia geral mediante aprovação da maioria das cotas subscritas presentes, caso o regulamento não estipule um quórum mais elevado.

Denota-se, portanto, a preocupação do regulador em, além de definir quais ativos poderão ser objeto de investimento dos fundos de investimento em participações, assegurar os mecanismos de governança que o administrador e gestor deverão observar, de modo a proteger os investidores e permitir maior acesso às informações dos ativos.

1.4.1. Companhias Investidas: Conceitos e Tipos Societários Admitidos

As companhias investidas podem ser entendidas como as companhias abertas ou fechadas, bem como sociedades limitadas nas quais sejam identificados sólidos fundamentos, excelência de gestão e perspectiva de rentabilidade significativa, em que o fundo poderá realizar seus investimentos, observados os critérios do regulamento e dos normativos em vigor.

A antiga Instrução CVM nº 391/03 admitia que os fundos de investimento em participações adquirissem participação acionária ou título e valores mobiliários conversíveis em ações de titularidade de companhias, abertas ou fechadas, excluindo a possibilidade de investimento em sociedades limitadas e debêntures que não pudessem ser convertidas em ações.

Conforme mencionado anteriormente, a Instrução CVM nº 578, que entrou em vigor no dia 30 de agosto de 2016, inovou ao permitir, expressamente, o investimento em sociedades limitadas. Nesse sentido, o relatório de audiência pública da nova norma destacou:

> A CVM ressalta que a permissão para o investimento do FIP em sociedades limitadas tem como objetivo o desenvolvimento

> de startups e empreendedores de pequeno porte em diferentes segmentos de negócios, motivo pelo qual, uma vez ultrapassado o limite máximo de receita bruta, a empresa deve adotar dispositivos de governança previstos no art. 8º, o que, necessariamente, enseja que a sociedade limitada se transforme em sociedade anônima aberta ou fechada.

Claramente se observa que a intenção do regulador foi possibilitar o desenvolvimento de pequenos negócios e atividades. A vedação por investimentos em sociedades limitadas ocorria essencialmente porque nesse tipo societário as práticas de governança são reduzidas, se comparadas às sociedades anônimas, que se sujeitam aos dispositivos da Lei nº 6.404, de 15 de dezembro de 1976.

Em que pese a inovação trazida pela norma, destacamos que os investimentos em sociedades limitadas deverão ser realizados com cautela, uma vez que, caso o fundo invista mais de 33% em cotas de sociedades limitadas, no momento da distribuição de recursos ao cotista, nos termos da Instrução Normativa RFB nº 1585, de 31 de agosto de 2015 ("IN RFB 1585"), ele perderá o tratamento tributário conferido aos fundos de investimento em participações[13].

[13] "Art. 32. Os rendimentos auferidos no resgate de cotas de FIP, FIF FIP e FIEE, inclusive quando decorrentes da liquidação do fundo, ficam sujeitos ao imposto sobre a renda na fonte à alíquota de 15% (quinze por cento) incidente sobre a diferença positiva entre o valor de resgate e o custo de aquisição das cotas.
§ 1º Os ganhos auferidos na alienação de cotas de fundos de investimento de que trata o caput serão tributados à alíquota de 15% (quinze por cento):
I – como ganho líquido, quando auferidos:
a) por pessoa física em operações realizadas em bolsa;
b) por pessoa jurídica em operações realizadas dentro ou fora de bolsa;
II – de acordo com as regras aplicáveis aos ganhos de capital na alienação de bens ou direitos de qualquer natureza, quando auferidos por pessoa física em operações realizadas fora de bolsa.

Nota-se que a IN RFB 1585 não acompanhou as recentes alterações referidas. Para que não haja a incidência do tributo, conforme destacado acima, a Receita Federal do Brasil deverá atualizar a norma, para que reflita as novas disposições da Instrução CVM nº 578/16, estendendo os benefícios tributários para os investimentos em cotas de sociedade limitada.

1.4.2. Participação no Processo Decisório e Governança Corporativa

Os fundos de investimento em participações deverão, obrigatoriamente, participar do processo decisório das companhias investidas, por meio de uma, ou mais, das seguintes opções: (i) detenção de ações que integrem o bloco de controle; (ii) celebração de acordo de acionistas; e (iii) celebração de qualquer contrato, acordo, negócio jurídico ou procedimento que assegure a efetiva influência na definição da política estratégica e gestão da companhia.

§ 2º No caso de amortização de cotas, o imposto sobre a renda na fonte incidirá sobre o valor que exceder o respectivo custo de aquisição, à alíquota de 15% (quinze por cento).
§ 3º O disposto neste artigo aplica-se somente aos fundos referidos no caput que cumprirem os limites de diversificação e as regras de investimento constantes da regulamentação estabelecida pela CVM.
§ 4º Sem prejuízo da regulamentação estabelecida pela CVM, além do disposto no § 3º, os fundos deverão ter o patrimônio líquido composto de, no mínimo, 67% (sessenta e sete por cento) de ações de sociedades anônimas, debêntures conversíveis em ações e bônus de subscrição.
§ 5º Na hipótese de inobservância dos critérios estabelecidos nos §§ 3º e 4º, os rendimentos distribuídos aos cotistas, correspondentes a esse período, sujeitam-se ao imposto sobre a renda na fonte às alíquotas previstas no art. 6º, mantida a contagem do prazo da aplicação.
§ 6º Ressalvada a responsabilidade do próprio contribuinte pelo pagamento do imposto de que trata o § 1º, a instituição administradora do fundo fica responsável pela retenção e pelo recolhimento do imposto até o 3º (terceiro) dia útil subsequente ao decêndio de ocorrência dos fatos geradores".

A efetiva influência deverá ser assegurada pelo gestor e pelo administrador, que, em razão dessa atividade estarão sujeitos a riscos de difícil mensuração, ainda que exerçam adequadamente o seu dever de diligência e monitoramento das atividades do fundo.

Adicionalmente, as companhias investidas deverão adotar as seguintes práticas de governança, nos termos do artigo 8º da Instrução CVM nº 578/16:

i. Proibição de emissão de partes beneficiárias e inexistência de tais títulos em circulação;
ii. Mandato unificado de 2 (dois) anos para todo o Conselho de Administração, quando existente;
iii. Disponibilização para os acionistas de contratos com partes relacionadas, acordos de acionistas e programas de opções de aquisição de ações ou de outros títulos ou valores mobiliários de emissão da companhia;
iv. Adesão à câmara de arbitragem para resolução de conflitos societários;
v. No caso de obtenção de registro de companhia aberta categoria A, obrigar-se, formalmente, perante o fundo, a aderir a segmento especial da bolsa de valores ou entidade mantenedora de mercado de balcão organizado que assegure, no mínimo, níveis diferenciados de práticas de governança corporativa previstos nos itens anteriores; e
vi. Auditoria anual das demonstrações contábeis por auditores independentes registrados na CVM, com permissão de pleno acesso pelo Comitê de Investimentos aos relatórios anuais de auditoria independente.

Ademais, deve-se assegurar que a companhia investida não participe de atividades ilegais nos termos das leis ou regulamentos brasileiros ou convenções e acordos internacionais, inclusive nos termos de regulamentos brasileiros relativos a aspectos ambientais, de saúde, segurança e trabalhistas, bem como observe o estrito cumprimento de princípios trabalhistas e direitos de trabalho fundamentais[14].

A instrução ainda trouxe a possibilidade de dispensa da observância, parcial ou total, das práticas acima listas, nas hipóteses listadas nos artigos 15 e 16:

> Art. 15. As companhias ou sociedades limitadas investidas pelo FIP – Capital Semente: I – devem ter receita bruta anual de até R$ 16.000.000,00 (dezesseis milhões de reais) apurada no exercício social encerrado em ano anterior ao primeiro aporte do fundo, sem que tenha apresentado receita superior a esse limite nos últimos 3 (três) exercícios sociais; e II – estão dispensadas de seguir as práticas de governança previstas no art. 8º. § 1º Nos casos em que, após o investimento pelo fundo, a receita bruta anual da sociedade investida exceda ao limite referido no inciso I, a investida deve, em até 2 (dois anos) contados a partir da data de encerramento do exercício social em que apresente receita bruta anual superior ao referido limite: I – atender ao disposto no art. 8º, incisos III, V e VI, enquanto a sua receita bruta anual não exceder à R$ 300.000.000,00 (trezentos milhões de reais); ou II – atender integralmente ao art. 8º, caso a sua receita supere o montante referido no inciso I.

[14] Princípios Fundamentais e Direitos no Trabalho significam: (a) liberdade de associação e reconhecimento efetivo do direito a negociação coletiva; (b) proibição de qualquer forma de trabalho forçado ou compulsório; (c) proibição do trabalho infantil, incluindo sem limitação a proibição de pessoas com menos de 18 anos trabalharem em condições perigosas, de pessoas com menos de 18 anos trabalharem à noite e necessidade de pessoas com menos de 18 anos serem consideradas aptas ao trabalho via exames médicos; (d) eliminação de discriminação no que se referir a emprego, definida discriminação como qualquer distinção, exclusão ou preferência baseada em raça, cor, sexo, religião, opinião política, nacionalidade ou origem social (Organização Internacional do Trabalho: www.ilo.org).

> (...)
>
> Art. 16. As companhias investidas pelo FIP – Empresas Emergentes: I – devem ter receita bruta anual de até R$ 300.000.000,00 (trezentos milhões de reais) apurada no exercício social encerrado em ano anterior ao primeiro aporte do fundo, sem que tenha apresentado receita superior a esse limite nos últimos 3 (três) exercícios sociais; e II – estão dispensadas de seguir as práticas de governança de que trata o art. 8º, incisos I, II e IV.

A dispensa não significa que o fundo estará isento da participação no processo decisório ou acompanhamento das atividades da sociedade investida. Ao gestor, incumbe a tarefa de zelar pelos investimentos do fundo de modo a viabilizar a rentabilidade esperada para aquele ativo.

1.4.3. Papel do Administrador e do Gestor

O Administrador é responsável pela representação legal do fundo e pela prática de todo e qualquer ato necessário para o seu regular funcionamento. O administrador é prestador de serviços, cabendo a ele assegurar o cumprimento das regras previstas no regulamento do fundo e nos normativos da CVM. Conforme acentua Eduardo Montenegro Dotta[15]:

> Portanto, o administrador de fundos de investimento ao captar poupança mediante a venda de cotas e, posteriormente, aplicar os recursos em ativos financeiros diversos, deverá atentar, de acordo com o fundo modelado, ao respectivo emaranhado normativo, emergindo daí suas obrigações tanto para com as entidades regulatórias quanto para o público poupador, para com terceiros e para com o próprio mercado.
>
> (...)

[15] Dotta, op. cit., pg. 106

> Dentre os seus deveres, o administrador de fundos de investimento tem obrigação de exercer, ou diligenciar para o que o exercício ocorra, dos direitos decorrentes do patrimônio e das atividades do fundo. Deve o administrador, caso obtenha qualquer proveito ou vantagem, em razão do seu encargo, transferi-las ao fundo.

A remuneração do administrador constará do regulamento do fundo e poderá equivaler a um percentual do patrimônio líquido do fundo, calculado *pro rata temporis*. Ademais, vale ressaltar que o administrador exerce função de fidúcia[16], portanto, a confiança é inerente a sua prestação de serviços, que deverá ser praticada com zelo e dedicação, tal qual estivesse na administração de seu próprio patrimônio.

O gestor, por sua vez, será responsável, pela gestão profissional da carteira de ativos do fundo, devendo ser exercida por pessoa jurídica credenciada como administrador de carteiras de valores mobiliários pela CVM, sendo atribuído a ele todos os poderes necessários para defesa dos interesses inerentes ao patrimônio do fundo, em especial com relação aos ativos que compõem a carteira, podendo negociá-los e firmar contratos em nome do fundo. Ao gestor competirá também celebrar acordos de acionistas e adotar as medidas necessárias para participar do processo decisório das companhias investidas.

A antiga norma que disciplina os fundos de investimento de participações trazia a exigência de cláusula de responsabilidade solidária no contrato de gestão, a ser celebrado entre gestor e administrador. Todavia, a Instrução CVM nº 578/16 inovou ao tratar o tema, excluindo tal obrigatoriedade. No relatório de audiência pública, a CVM asseverou:

[16] Conforme definição trazida pelo dicionário Aurélio, fidúcia significa: 1. Confiança em si mesmo.2 – Comportamento vaidoso.c3 – Negócio que implica confiança.

> A obrigação de se incluir cláusula de solidariedade no contrato firmado entre o administrador e o gestor foi excluída, tendo em vista o fato de que a carteira de investimento do FIP é significativamente diferente da carteira dos fundos regulados pela Instrução CVM nº 555, de 2014, e o fato das particularidades presentes na atuação do gestor e do administrador do FIP quando comparada com a sua atuação para os demais fundos.
>
> O gestor do FIP deve se fazer presente na administração da sociedade investida, tendo em vista a obrigação de o fundo influenciar na gestão dessa sociedade, o que não ocorre para os fundos da Instrução CVM nº 555, de 2014. Em algumas ocasiões, essa influência exercida na investida pode embutir determinados riscos para o gestor, os quais o administrador, em sendo solidário, também se sujeitaria. Entretanto, esse risco pode ser de difícil mensuração pelo administrador, ainda que exerça adequadamente o seu dever de diligência e monitoramento das atividades do FIP.

Logo, ressalta-se o papel fundamental do gestor nessa espécie de fundo de investimento, vez que participará ativamente da gestão da companhia e do seu processo decisório. Importante ressaltar que o gestor também é prestador de serviços do fundo, devendo agir com boa-fé e lealdade, sendo remunerado por meio do pagamento de taxa de gestão, que poderá ser composta ainda pelo pagamento de taxa de performance, a ser calculada de acordo com o retorno do investimento e de acordo com os critérios previamente fixados no regulamento do fundo.

2. Sociedades Empresárias

2.1. Sociedades Empresariais

O Direito empresarial pode ser entendido como a evolução histórica e jurídica do direito comercial. Inicialmente, o direito comercial tratava da relação jurídica decorrente dos atos de comércio[17]. No entanto, com as inovações trazidas principalmente pelo Código Civil de 2002, que revogou o antigo Código Comercial, o direito empresarial passou a definir o conjunto de normas jurídicas do direito privado, voltado a regular as atividades empresariais.

Nesse sentido, as sociedades tiveram seu conceito definido pelo artigo 44 do Código Civil, passando a serem consideradas pessoas jurídicas de direito privado, compostas pela união de pessoas, com objetivo de auferir resultados, por meio da combinação de seus esforços. Para a constituição das sociedades empresárias, mister se faz que os seus sócios ou acionistas contribuam com o capital social e todos participem nos lucros e perdas, na proporção detida por cada um.

> Sociedade empresária é a pessoa jurídica que explora uma empresa. Atente-se que o adjetivo "empresária" conota ser a própria sociedade (e não os seus sócios) a titular da atividade

[17] Segundo o prof. Sérgio Campinho, "não se restringiu o Direito Comercial a disciplinar mera intermediação de produtos entre produtor e consumidor. Ele contemplou outras atividades conexas, para impor seu campo de incidência a alcançar atividades industriais, de transporte, securitárias, de banco, dentre outras relações de cunho econômico que viessem a integrar a intitulada matéria de comércio, isto é, definidas como comerciais pela lei. Modernamente, a doutrina já vinha pugnando pela consideração do Direito Comercial como Direito de Empresa, o que, com o substrato legal trazido pelo Código Civil de 2002, passou a ser realidade consolidada. Definitivamente incorporou-se à legislação codificada a teoria da empresa que já se desenhava em algumas legislações esparsas, como na Lei nº 8.245/91 (Lei de Locações), na parte relativa à renovação compulsória da locação, e na Lei nº 8.934/94 (Lei de Registro Público de Empresas Mercantis e Atividades Afins). O modelo do Novo Código Civil brasileiro inspira-se no perfil do Código Civil italiano de 1942, reunindo numa única lei as regras de direito privado (regras civis e mercantis), como reforço à superação de ideia do Direito Comercial como direito dos comerciantes e dos atos de comércio, passando o seu núcleo ser a empresa". O Direito de Empresa à Luz do Novo Código Civil, p. 4

> econômica. Não se trata, com efeito, de sociedade empresarial, correspondente à sociedade de empresários, mas da identificação da pessoa jurídica como agente econômico. Essa sutileza terminológica, na verdade, justifica-se para o direito societário, em razão do princípio da autonomia da pessoa jurídica, o seu mais importante fundamento. Empresário, para todos os efeitos de direito, é a sociedade, e não os seus sócios. É incorreto considerar os integrantes da sociedade empresária como os titulares da empresa, porque essa qualidade é da pessoa jurídica, e não dos seus membros[18]

De tal sorte, cumpre-nos reiterar que um dos elementos essenciais à personificação da sociedade empresária é a existência do *affectio societatis*, que nada mais é do que o elemento psicológico consubstanciado na vontade pessoal de cada sócio em assumir os efeitos decorrentes da constituição da sociedade, sejam positivos ou negativos. Nesse sentido, a inexistência da vontade comum entre os sócios poderá, inclusive, ensejar a dissolução da sociedade.

Tratando-se de elemento subjetivo, a definição gera divergência na doutrina:

> O que pode ser vago ou impreciso é a definição de *affectio*, esta sim carente da clareza reclamada. Esta indefinição resulta do caráter extraordinariamente abstrato e, portanto, subjetivo da *affectio societatis* em si mesma e sua origem genética (...). Resulta daí a certa perplexidade da doutrina, ao deparar com palavras divergentes, sem possibilidade de apontar qual está errada nem ser capaz de reconhecer a correção de todas essas proposições. Entra numa crise de aporia (...)[19].

[18] Coelho, Fabio Ulhôa. **Curso de Direito Comercial, volume 2.** 14. ed. São Paulo: Saraiva, 2010. p. 5.

[19] Leite Jr., Carlos Antonio Goulart, **Affectio Societatis Na Sociedade Civil e na Sociedade Simples**, Rio de Janeiro: Forense, 2006, p.112

Em que pese a existência de divergência quanto ao conceito, temos como inconteste o reconhecimento dos nossos tribunais acerca da possibilidade de dissolução da sociedade, uma vez verificada a inexistência de *affectio societatis*. A ministra Nancy Andrighi, no voto condutor do Recurso Especial 646221/PR, asseverou:

> A doutrina classifica as causas dissolutórias de sociedade em causas de pleno direito, que atuam *ipso jure*, operando automaticamente a dissolução, e em causa dependentes de decisão judicial. Segundo esclarece José Waldecy Lucena, em sua obra Das Sociedades Limitadas, a possibilidade de o sócio exercer o direito de retirada de sociedade estabelecida por tempo indeterminado, como se afigura no processo em exame, está entre as causas de dissolução de pleno direito. Assim, nesta hipótese, o vínculo singular que prendia o sócio à sociedade é rompido independentemente da prolação da sentença, que irá somente declarar a dissolução parcial já ocorrida, produzindo seus efeitos *ex tunc*, com retroação à data da efetiva retirada. Não há como compelir o sócio a manter-se indefinidamente na sociedade estabelecida por tempo indeterminado, principalmente quando há ruptura da *affectio societatis*, como ocorreu na hipótese sob julgamento. Neste caso, permite-se que o sócio deixe espontaneamente a sociedade, com a preservação do ente social e apuração de seus haveres, levando em conta a situação patrimonial da sociedade verificada na data da retirada. Com estes fundamentos, conclui-se que a data base para apuração dos haveres coincide com a manifestação da vontade do sócio de se retirar da sociedade limitada estabelecida por tempo indeterminado, o que, na hipótese, se deu com o ajuizamento da ação de dissolução parcial. Ressalte-se que, mesmo com a retirada do sócio, a sociedade continua a existir, prosseguindo com suas atividades, sendo previsível a alteração de seu patrimônio, que poderá ser valorizado ou esvaziado pelo comportamento exclusivo

> dos sócios remanescentes, não sendo possível, portanto, admitir que o sócio retirante, que não mais participa ativamente da sociedade, seja beneficiado ou prejudicado no recebimento de seus haveres. Por fim, para corroborar com os argumentos apresentados, aponta-se dispositivo do Novo Código Civil (art. 1.029) que estabelece o Documento: 630678 – Inteiro Teor do Acórdão – Site certificado – DJ: 19/06/2006 Página 4 de 7 Superior Tribunal de Justiça direito do sócio se retirar de sociedade por tempo indeterminado mediante notificação aos demais sócios, o que deixa claro a possibilidade de retirada extrajudicial e o caráter meramente declaratório da sentença que reconhece, neste caso, a dissolução parcial da sociedade[20].

Presente o *affectio societatis* e cumpridas as formalidades legais de cada tipo societário, as sociedades serão revestidas do manto da personalidade jurídica e objetivarão auferir lucros decorrentes do desenvolvimento de sua atividade, constituindo patrimônio autônomo do pertencente aos sócios.

2.1.1. Tipos Societários

As sociedades empresárias podem ser classificadas quanto ao: (i) regime de constituição e dissolução; (ii) condições para alienação de participação societária; e (iii) responsabilidade dos sócios. Todavia, abordaremos apenas os tipos societários que poderão ser objeto de investimento dos fundos de investimento em participações, em especial os de sociedade limitada e anônima.

As sociedades anônimas são reguladas por lei especial, a Lei nº 6.404/76, sendo comumente denominadas "companhias", constituídas por meio de um estatuto social, cuja responsabili-

[20] Superior Tribunal de Justiça. Terceira Turma. REsp 646.221/Rel. rel. Min. Humberto Gomes de Barros. Data do julgamento: 19/04/2005

dade do sócio é limitada. Conforme ensinamento do Prof. Fabio Ulhôa Coelho[21]:

> Anônima é a sociedade empresária com capital social divido em valores mobiliários representativos de um investimento (as ações), cujos sócios têm, pelas obrigações sociais, responsabilidade limitada ao preço de emissão das ações que titularizam.

Conhecidas como sociedade de capital, dependerão da efetiva contribuição dos acionistas para formação do seu capital social, formado por meio da emissão de ações e permitindo-se a sua livre negociação sem que haja qualquer forma de pessoalidade de seus acionistas.

As sociedades anônimas poderão ser classificadas em: (i) aberta, cujas ações são admitidas à negociação de valores mobiliários; ou (ii) fechadas, em que não há admissão para negociação em mercado de bolsa ou balcão.

As sociedades anônimas abertas podem captar recursos de todos os tipos de investidores, por meio da emissão de títulos de investimentos ou valores mobiliários, tais como: ações, partes beneficiárias[22], debêntures, bônus de subscrição e *commercial paper*. Em virtude dessa peculiaridade, deverão se sujeitar às normas impostas pela Comissão de Valores Mobiliários – CVM, órgão responsável pela regulamentação do mercado de capitais.

[21] Coelho, op. cit., p. 70

[22] Partes beneficiárias são títulos negociáveis, sem valor nominal e estranhos ao capital social, emitidos por sociedades anônimas fechadas, que conferem ao seu titular direito de crédito contra a companhia, consistente na participação nos lucros anuais, limitadas ao percentual de 10% (artigo 46 da Lei 6.404/76). A lei das sociedades anônimas permite a emissão de tais títulos. Todavia, dentre as práticas de governança aplicáveis aos Fundos de Investimento em Participação, há proibição expressa de aquisição de valores mobiliários que emitam tais títulos, exigindo-se ainda que não haja tais títulos em negociação (Artigo 8º, I, da Instrução CVM 578/16).

Do ponto de vista de governança, podemos afirmar que as sociedades anônimas poderão contar com os seguintes órgãos:

a. Assembleia Geral: com previsão legal no artigo 121 e seguintes da Lei 6.404/76, possui "poderes para decidir todos os negócios relativos ao objeto da companhia e tomar as resoluções que julgar convenientes à sua defesa e desenvolvimento". Deverá reunir-se anualmente para aprovar as contas e balanços da companhia, destinação dos lucros líquidos e eleição dos administradores e membros do Conselho Fiscal, se aplicável, e, extraordinariamente, quando for necessária a tomada de decisão de que a competência lhe seja privativa. A legislação disporá sobre a forma de convocação e deliberação;
b. Conselho de Administração: composto por membros eleitos pelos acionistas, fixará e determinará, de forma colegiada, a orientação dos negócios da companhia, bem como fiscalizará a atuação dos diretores. Trata-se de órgão cuja organização e funcionamento serão definidos pelo estatuto social. Sua criação só se mostra obrigatória nos casos de sociedades anônimas abertas de capital autorizado ou de economia mista;
c. Diretoria: os membros serão eleitos em assembleia ou pelo Conselho de Administração, se houver, e serão responsáveis pela administração da companhia, respeitando o dever de diligência, lealdade e de informar; e
d. Conselho Fiscal: órgão de criação obrigatória (artigo 161) poderá ser de funcionamento permanente ou temporário, fiscalizará os atos administração, bem como opinará sobre o relatório anual da administração.

As sociedades limitadas, por sua vez, são reguladas pelo Código Civil Brasileiro e constituídas por meio de contrato social, com capital social dividido por cotas. Aos sócios, será atribuída responsabilidade subsidiária limitada, ou seja, restrita ao montante do capital eventualmente subscritos e não integralizados. Caso a dívida seja superior a esse capital, os credores arcarão com prejuízos, excetuadas as hipóteses de desconsideração da personalidade jurídica, adiante mencionadas.

A administração desse tipo societário será realizada por uma ou mais pessoa física, devidamente indicada no contrato social, pessoas essas que deverão diligenciar para que todos os atos sejam feitos em total acordo com o ordenamento jurídico. Aos administradores, será ainda atribuída a responsabilidade pessoal e solidária perante terceiros, conforme determina o artigo 1016 do Código Civil.

As deliberações dos sócios poderão ser tomadas por reunião de sócios e/ou assembleia geral de cotistas. Ordinariamente, os sócios se reunirão anualmente para aprovar as contas dos administradores e aprovar balanço patrimonial, sem prejuízo da necessidade de eventual indicação dos administradores, se aplicável.

2.1.2. Grupo Econômico – Conceito e Características

O conceito de grupo econômico carece de definição jurídica apropriada, utilizando-se da interpretação do texto da lei para caracterização. A Lei 6.404/76, define como:

> Art. 243. O relatório anual da administração deve relacionar os investimentos da companhia em sociedades coligadas e controladas e mencionar as modificações ocorridas durante o exercício.
>
> § 1º São coligadas as sociedades nas quais a investidora tenha influência significativa.
>
> § 2º Considera-se controlada a sociedade na qual a controladora, diretamente ou através de outras controladas, é titular de direitos de sócio que lhe assegurem, de modo permanente, pre-

> ponderância nas deliberações sociais e o poder de eleger a maioria dos administradores.
>
> § 3º A companhia aberta divulgará as informações adicionais, sobre coligadas e controladas, que forem exigidas pela Comissão de Valores Mobiliários.
>
> § 4º Considera-se que há influência significativa quando a investidora detém ou exerce o poder de participar nas decisões das políticas financeira ou operacional da investida, sem controlá-la.
>
> § 5º É presumida influência significativa quando a investidora for titular de 20% (vinte por cento) ou mais do capital votante da investida, sem controlá-la
>
> (...)
>
> Art. 265. A sociedade controladora e suas controladas podem constituir, nos termos deste Capítulo, grupo de sociedades, mediante convenção pela qual se obriguem a combinar recursos ou esforços para a realização dos respectivos objetos, ou a participar de atividades ou empreendimentos comuns.
>
> § 1º A sociedade controladora, ou de comando do grupo, deve ser brasileira, e exercer, direta ou indiretamente, e de modo permanente, o controle das sociedades filiadas, como titular de direitos de sócio ou acionista, ou mediante acordo com outros sócios ou acionistas.
>
> § 2º A participação recíproca das sociedades do grupo obedecerá ao disposto no artigo 244.

As sociedades coligadas, portanto, serão identificadas pela influência significativa da principal sociedade empresária nas decisões políticas financeira ou operacionais da investida, presumindo-se essa coligação sempre que a principal detiver 20% ou mais do capital votante. A doutrina conceitua essa coligação como grupos de fato. Suzy Elizabeth Cavalvante Koury preceitua:

> Tem-se, assim, duas modalidades básicas de grupos: os de coordenação, caracterizados pela unidade de direção entre empresas juridicamente autônomas, as relações estabelecidas entre elas têm índole igualitária, no sentindo de igualdade de forças econômicas, de paridade de possibilidade de decisão, sem que isto implique em unidade de controle. O objetivo principal dessa modalidade de grupo é a harmonização da política empresarial e das questões fundamentais da direção social de uma empresa com as outras.
>
> Por sua vez, os grupos de subordinação caracterizam-se fundamentalmente pela unidade de controle, ou seja, pela preeminência de uma empresa sobre a outra, com a possibilidade e exercício de dominação, controle da atividade subordinada.
>
> De fato, a noção de controle é essencial aos grupos de subordinação, pois é o controle que assegura a sua coesão. Desse modo, levando em conta o fato de os grupos caracterizarem-se pela reunião, sob uma mesma forma de influência dominante, de várias empresas, dominação esta que é exercida conforme as modalidades jurídicas emprestadas pelo Direito de sociedades[23].

A lei das sociedades anônimas ainda trouxe em seu bojo (artigo 265) a possibilidade das sociedades controladas e controladoras estabelecerem, por meio de convenção própria, grupo, cujos recursos ou esforços serão destinados para a realização dos respectivos objetos, ou a participar de atividades ou empreendimentos comuns, mantendo cada uma sua própria personalidade jurídica. Estamos, portanto, diante dos chamados grupo de direito, posto que são formalmente constituídos (convenção).

A legislação trabalhista, por sua vez, nos termos do parágrafo 2º do artigo 2º da CLT, define que pertencerão ao mesmo

[23] Koury, Suzy Elizabeth Cavalcante. **A desconsideração da personalidade jurídica (disregard doctrine) e os grupos de empresas. 2. ed. Rio de Janeiro: Forense, 2003.** p. 59

grupo econômico todas as empresas que, ainda que tenham personalidade jurídica própria, estejam sob a direção, controle ou administração de outra, respondendo solidariamente pelo pagamento das obrigações trabalhistas.

De tal sorte, observamos que a legislação trabalhista possui uma definição mais ampla, de modo a tutelar os interesses do trabalhador e garantir o adimplemento das verbas decorrentes da relação de trabalho. Do ponto de vista societário, a caracterização de grupo econômico levará em consideração a efetiva influência a partir de uma gerência efetiva e coordenada das atividades.

Para Fábio Konder Comparato[24]:

> Ao nosso ver, o grupo econômico constitui, em si mesmo, uma sociedade. Os três elementos fundamentais de toda relação societária – a saber, a contribuição individual com esforços ou recursos, a atividade para lograr fins comuns e a participação em lucros ou prejuízos – encontram-se em todo grupo. Ainda que o legislador não reconheça a personalidade jurídica dessa sociedade de segundo grau, que é um grupo personalizado, a relação societária que se estabelece entre essas empresas ou sociedades agrupadas implica, necessariamente, uma unidade de direção e uma intercomunicação patrimonial. O reconhecimento legal do grupo, mesmo que não personalizado, demanda, pois, o estabelecimento de mecanismos jurídicos de adequada compensação dos interesses particulares, que essa intercomunicação patrimonial, sob direção unitária, é suscetível de lesar: os dos sócios ou acionistas não-controladores de cada uma das sociedades do grupo, os de terceiros credores e os da coletividade nacional como um

[24] COMPARATO, Fábio Konder; FILHO, Calixto Salomão. **O poder de controle na sociedade anônima.** 6. Ed. ver. atual – Rio de Janeiro: Ed. Forense, 2014. p. 360.

> todo. É esta de resto, a nosso ver, a melhor maneira de tratar, juridicamente, o fenômeno das sociedades multinacionais, pois elas constituem um grupo econômico, perseguindo um interesse empresarial comum.

Os grupos econômicos estão cada vez mais presentes no mundo empresarial e viabilizam o desenvolvimento econômico em maior escala. O Código Civil trata apenas das sociedades de fato, caracterizando como coligada ou filiada a sociedade que participa em 10% ou mais do capital social de outra sociedade, sem controlá-la. Para configuração de sociedade controlada, deverá haver participação no capital social que lhe confira direito de sócios, assegurando, ainda, a maioria de votos em assembleias ou reunião de sócios. Samuel Max Gabbay e Thiago de Lucena Motta[25], ao discorrerem sobre o assunto, asseveram:

> Conforme preconiza o art. 265 da Lei nº 6.404/76, controladora e controladas podem constituir formalmente um grupo de sociedades, com o intuito de facilitar o atingimento de finalidades comuns. O ordenamento pátrio positivou, portanto, um modelo contratual para a formação de grupos econômicos, através da união convencional entre controladora e controladas. Todavia, a doutrina reconhece que os grupos podem, também ter origem meramente fática, não necessitando de formalização contratual e bastando a configuração de uma das situações previstas nos parágrafos do art. 243 da Lei nº 6.404/76. Afinal, há uniões de fato entre sociedades que não podem ser ignoradas pelo direito. Caso contrário, estar-se-ia abrindo espaço para o cometimento de irregularidades sob o manto da independência entre as pessoas jurídicas, quando estas na verdade agiram sob comando único.

[25] Revista semestral de direito empresarial – nº 16 (janeiro/junho 2015). Rio de Janeiro: Processo, 2007, pgs. 269 e 270.

Acertadamente, portanto, o STJ reconhece que a configuração do grupo societário é satisfeita pela ingerência fática de uma sociedade em outra ainda que não haja convenção específica entre elas.

2.1.3. Desconsideração da Personalidade Jurídica

A personalidade jurídica tem como objetivo facilitar o desenvolvimento da atividade empresarial, protegendo o sócio ou acionista de eventuais riscos decorrentes da exploração da atividade. A teoria da desconsideração da personalidade jurídica surgiu na jurisprudência norte-americana, sendo abarcada pela nossa legislação civil, que é expressa ao determinar a desconsideração da personalidade jurídica nos casos de desvio de finalidade:

> Art. 50. Em caso de abuso da personalidade jurídica, caracterizado pelo desvio de finalidade, ou pela confusão patrimonial, pode o juiz decidir, a requerimento da parte, ou do Ministério Público quando lhe couber intervir no processo, que os efeitos de certas e determinadas relações de obrigações sejam estendidos aos bens particulares dos administradores ou sócios da pessoa jurídica.

Por desvio de finalidade, entendemos a utilização de meios que contrariem os interesses da pessoa jurídica, prestigiando os interesses dos sócios, que, através do manto da personalidade jurídica, não cumpre com as obrigações por ela assumidas, prejudicando terceiros de boa-fé, Sérgio Campinho, ao citar os ensinamentos de Rubens Requião, consigna[26]:

> Tal doutrina, como esclarece o mesmo autor, não cuida de declarar nula a personificação, mas torná-la episodicamente ineficaz para a apuração de determinados atos. Autoriza, assim, ao

[26] Campinho, Sérgio. **Falência e Recuperação de Empresa:** O novo regime da insolvência empresarial. 3ª ed. Rio de Janeiro: Renovar, 2008. p. 70

> juiz, no caso concreto sob sua análise, que desconsidere a personalidade jurídica para reprimir a fraude ou abuso, sem que isso importe na dissolução da pessoa jurídica.
>
> Não se nega, com sua aplicação, a autonomia da personalidade jurídica da sociedade; ao revés, reafirma o princípio. Somente não se admite de modo absoluto e inflexível, como forma de abrigar a fraude e o abuso de direito. Não se nulifica a personalidade a qual apenas será episodicamente desconsiderada, isto é, no caso *sub judice* tão-somente, permanecendo, destarte, válida e eficaz em relação a outros negócios da sociedade.

Logo, para que ocorra a desconsideração da personalidade jurídica, mister se faz o reconhecimento judicial do desvio de finalidade, por meio do abuso da estrutura. Para Fábio Konder Comparato[27], "essa desconsideração da personalidade jurídica é sempre feita em função do poder do controle societário. É este o elemento fundamental, que acaba predominando sobre a consideração da personalidade jurídica, como ente distintivo dos seus componentes". Para o jurista, desconsiderar-se-á a personalidade jurídica apenas quando houver desvio de função, resultante de abuso ou fraude, sem que muitas vezes se constitua um ato ilícito. Nesse sentindo também já se posicionou nossa jurisprudência[28]:

[27] Comparato, op. cit., p. 355

[28] "Nos termos dos arts 1023 e 1024 do CC/2002, aplica-se a teoria da desconsideração da personalidade jurídica se houver encerramento irregular da sociedade e diante da inexistência de bens sociais para garantir a penhora". (TACSP RT 825/274)

"Execução de sentença dirigida à sociedade comercial ameaçada de frustração por notícia de inatividade empresarial e inexistência de bens penhoráveis – Oportunidade de se aplicar a desconsideração da personalidade jurídica, encaminhando-se os atos executórios ao patrimônio do sócio (artigo 50 do novo Código Civil).

A teoria da desconsideração da personalidade tem auxiliado credores a receber as obrigações que lhes são devidas. Ademais, essa teoria não pretende reduzir os direitos da pessoa jurídica e deve ser utilizada com cautela, não se admitindo a aplicação para todo e qualquer caso de inadimplemento da pessoa jurídica, mas apenas coibir práticas fraudulentas e abuso do direito do instituto da personalidade jurídica em benefícios de interesses pessoais e ilícitos dos sócios.

3. Responsabilidade Civil

3.1. Conceito

A ideia de responsabilidade civil está relacionada ao dever de reparação pelos danos causados, decorrente da ação ou omissão voluntária, negligência ou imprudência, assim caracterizado o ato ilícito, conforme dispõe o artigo 186 do Código Civil.

Destaca-se, portanto, que o conceito de ato ilícito é de suma importância para a responsabilidade civil, vez que é a partir dele que nasce a obrigação de reparar o dano. Ary Brandão de Oliveira, ao abordar o tema[29], destaca:

> Na definição de Savatier, responsabilidade civil é a obrigação que pode incumbir a uma pessoa a reparar o prejuízo a outra, por fato próprio, ou por fato de pessoas ou coisas que dela dependam.

Não poderá o Judiciário permitir que a sociedade curta a vida comercial de forma irresponsável, como se fosse lícito produzir-se para o comércio para sair dele de forma furtiva, deixando apenas rastros da sua desastrada administração. Os direitos de uma passagem nociva não se perdem em lamentações inócuas. É preciso agir para restabelecer a ordem jurídica, que, internacionalmente, privilegia o cumprimento das obrigações, sempre com respeito aos limites da responsabilidade patrimonial dos sócios".
(JTJ 274/312)

[29] NERY JUNIOR, Nelson; NERY, Rosa Maria Andrade (Org.). **Doutrinas essenciais: responsabilidade civil: direito de empresa e o exercício da livre iniciativa.** São Paulo: Revista dos Tribunais, 2010. p. 76

O problema da responsabilidade sói aparecer em variegadas atividades humanas, como *exempli gratia*, na moral, nas relações internacionais, no Direito Público e também no Direito Privado.

A teoria da responsabilidade civil procura disciplinar os seguintes assuntos: *a)* se o prejuízo sofrido pela vítima deve ou não ser reparado por quem lhe deu causa; *b)* em que condições e de que maneira far-se-á a reparação.

Em suma: a *responsabilidade civil* se resume essencialmente a dois pólos: o ativo: a vítima de um dano; o passivo: a pessoa obrigada ao ressarcimento.

O doutrinador continua[30]:

"O indivíduo é inteiramente livre para praticar quaisquer atos, de forma a desenvolver a sua personalidade, desde que respeite os limites fixados pela ordem jurídica, no afã de bem direcionar a coexistência social.

Ao se afastar dos preceitos contidos nas normas jurídicas, adverte Eduardo Espínola, todo comportamento do indivíduo não mais recebe a proteção legal. Cercando e garantindo o Direito subjetivo, o ordenamento impõe ao ser humano a responsabilidade pelos danos ou prejuízos causados por sua iniciativa. Tais os atos chamados ilícitos.

Ato ilícito é o fato violador de obrigação ou dever preexistente, que o agente podia ou devia observar. O Código Civil brasileiro desprezou a superada distinção entre *delitos* e *quase delitos*, que se prestava a intermináveis polêmicas, sem qualquer alcance prático".

Forma-se, pois, a seguinte antinomia: os atos jurídicos_visam à aquisição, modificação ou extinção de direitos subjetivos, em benefício próprio ou de terceiros; os atos ilícitos não aproveitam

[30] OLIVEIRA, op. cit, p. 89 e 90

a seus autores. As relações jurídicas produzidas têm o escopo de reparar a injúria e danos sofridos pelo titular do direito violado.

Temos que, na responsabilidade civil, o autor do ilícito tem por obrigação a reparação do dano causado, seja ele patrimonial ou moral, visando sempre a restauração do *status quo ante*, reparação esta que, caso não seja possível, será substituída pelo pagamento de uma indenização (caso possível uma avaliação pecuniária do dano) ou de uma compensação (caso não se possa presumir patrimonialmente tal dano).

Observa-se uma iminente necessidade de diferenciarmos responsabilidade e obrigação. Quanto a responsabilidade, podemos determinar como um dever jurídico subsequente, originário da violação de uma obrigação. Por outro lado, podemos identificar por obrigação como um dever jurídico originário.

Na mesma esteira, vem os dizeres de Washington de Barros Monteiro, *in verbis:*

> ... a responsabilidade civil tem como extremos legais: *a)* a existência de um dano contra um direito; *b)* a relação de causalidade entre esse dano e o fato imputável ao agente; a culpa deste, isto é, que o mesmo tenha obrado com dolo ou culpa (negligência, imprudência ou imperícia)[31].

Podemos então, identificar como requisitos ensejadores da responsabilidade civil a existência de um ato que tenha causado danos a outrem e que, entre o ato e dano, haja nexo de causalidade inconteste da conduta do agente. Portanto, a análise do caso concreto é que demonstrará a responsabilidade em arcar com os prejuízos decorrentes dessa conduta, dentre

[31] MONTEIRO, Washington de Barros. **Curso de Direito Civil, Direito das obrigações – 2ª parte, 5º Volume, Editora Saraiva, 33ª edição.** Editora Saraiva, 33ª edição, p. 402

eles a existência de dolo ou culpa *strictu sensu*. Fábio Henrique Podestá[32] ensina:

> Para verificação de culpa não se pode prescindir da ideia de previsibilidade e comportamento do *homo medium*, ou seja, só se pode cogitar de culpa quando o evento é previsível.
>
> O mencionado dispositivo legal sempre cogita da culpa *lato sensu* que abrange o dolo (intenção de causar o dano) e culpa *strictu sensu* ou aquiliana (violação de um dever por imperícia: inobservância de regra técnica; negligência: falta de atenção, preguiça psíquica; ou imprudência: agir sem cautelas necessárias).
>
> Por dolo entende-se a conduta voluntária do agente que já tem ínsita a intenção de prejudicar, entenda-se, a vontade é direcionada para causar o dano, por isso que o juízo axiológico incide sobre a própria conduta.
>
> Basicamente, a culpa considerada em seu aspecto estrito tem referência com a inobservância do dever de cuidado objetivo, o que coloca em destaque o fato de que na culpa não importa o fim do agente, que no mais das vezes é lícito, mas forma inadequada do agir que resultou o dano antijurídico.

Temos, portanto, que responsabilidade está intrinsicamente ligada ao dever de reparar o dano decorrente de fato e/ou ato originado pelo seu autor, seja de forma omissiva ou comissiva.

3.2. Responsabilidade Subjetiva e Objetiva

O artigo 187 do Código Civil estende a responsabilidade pela reparação do dano a todo e qualquer titular de direito, que exceder "manifestamente os limites impostos pelo seu fim econômico ou social, pela boa-fé e pelos bons costumes".

[32] Podestá, Fábio Henrique. **Direito das obrigações: teoria geral e responsabilidade civil,** São Paulo: Atlas, 2008. p. 240

O Código Civil Brasileiro é expresso ao determinar a obrigação de reparação dos danos comprovadamente causados, conforme relatado acima. A culpa é fator determinante para a existência da obrigação do dever de reparar.

Estamos, portanto, diante da aplicação da teoria da responsabilidade subjetiva nos casos de reparação pela prática de ato ilícito, frise-se, na esfera do direito civil.

Para a teoria subjetiva, a culpa é elemento intrínseco de sua verificação. Desta forma, para existir responsabilidade, é obrigatória a presença simultânea de quatro fatores essenciais, identificados pela: (a) ação ou omissão; (b) dano; (c) nexo causal entre a conduta e o dano; e (d) culpa. Eduardo Montenegro Dotta[33] acentua:

> Como visto, a responsabilidade subjetiva, aquela arrimada na necessidade de reprovação de um comportamento irregular, consistente no exercício de uma ação ou omissão culposa ou dolosa teve como fim, dada a amplitude dos princípios informadores do Novo Código Civil, não só a recomposição material ou moral daquele que restou ofendido pelo agir ilícito, mas também a criação e a cobrança da necessidade de adoção dos padrões voltados para uma conduta ética, imbuída de boa-fé, socialmente correta, que não implique abuso de direito, que esteja dotada de perícia, que seja devidamente aprimorada, cercada de prudência, enfim, mais exímia e cautelosa, a ser fielmente seguida por parte dos integrantes da sociedade brasileira.

A aplicação da responsabilidade objetiva, ou seja, que prescinde da ideia de culpa, está prevista apenas no artigo 927, parágrafo único, do Código Civil, que impõe a reparação, independentemente de culpa, para casos expressamente definidos

[33] Dotta, op. cit., p. 67

por lei, não podendo ser presumidos. Dotta[34], ao tratar desse ponto mais adiante, destaca:

> O argumento principal para a adoção da responsabilidade objetiva encontra seu fundamento na teoria do risco criado, pela qual aquele que se dispõe a explorar a atividade potencialmente geradora de riscos para terceiros aceita o encargo de responder independentemente da sua culpabilidade, pelos danos gerados. Nesses casos, tem-se que dado o jaez da atividade em questão, não haveria porque se exigir do lesado, inclusive em face da dificuldade probatória a ser imposta ao mesmo, que comprove o agir irregular do agente. Como a atividade é em si perigosa, sendo daquelas por demais arriscadas, justifica-se, em caso de dano, a atribuição da responsabilidade sem culpa ao agente.

Na responsabilidade objetiva não haverá observância do elemento subjetivo (culpa), ou seja, provados o dano e o evento danoso, haverá imposição do dever de indenizar, independentemente da existência de culpa.

Logo, identifica-se que a teoria objetiva, em anteposição à anteriormente exposta, que o dever de reparar a vítima, de acordo com casos específicos em lei, independe da sua culpa, mas está intrinsecamente relacionada a atividade desenvolvida pelo autor do dano, que por sua natureza, impõe riscos aos direitos de outrem.

4. Falência

As sociedades empresariais podem ser extintas, dentre outras causas, pela decretação de sua falência, que, conforme ensina o prof. Sérgio Campinho, "revela-se como o conjunto de atos

[34] Dotta, op. cit., p. 69 e 70

ou fatos jurídicos que exteriorizam, ordinariamente, um desequilíbrio no patrimônio do devedor"[35].

O procedimento falimentar está regulado pela Lei 11.101, de 09 de fevereiro de 2005 e busca a solução judicial do devedor insolvente, por meio da reunião de todas as suas dívidas em um só processo, com vistas a permitir maior equidade entre credores, respeitadas as classes creditícias em que estão inseridos[36]. Como bem acentua Fábio Ulhôa Coelho[37]:

[35] Campinho, op. cit., p. 4

[36] Art. 83. A classificação dos créditos na falência obedece à seguinte ordem: I – os créditos derivados da legislação do trabalho, limitados a 150 (cento e cinqüenta) salários-mínimos por credor, e os decorrentes de acidentes de trabalho; II – créditos com garantia real até o limite do valor do bem gravado; III – créditos tributários, independentemente da sua natureza e tempo de constituição, excetuadas as multas tributárias; IV – créditos com privilégio especial, a saber: *a)* os previstos no art. 964 da Lei nº 10.406, de 10 de janeiro de 2002; *b)* os assim definidos em outras leis civis e comerciais, salvo disposição contrária desta Lei; *c)* aqueles a cujos titulares a lei confira o direito de retenção sobre a coisa dada em garantia; *d)* aqueles em favor dos microempreendedores individuais e das microempresas e empresas de pequeno porte de que trata a V – créditos com privilégio geral, a saber: *a)* os previstos no art. 965 da Lei nº 10.406, de 10 de janeiro de 2002; *b)* os previstos no parágrafo único do art. 67 desta Lei; *c)* os assim definidos em outras leis civis e comerciais, salvo disposição contrária desta Lei; VI – créditos quirografários, a saber: *a)* aqueles não previstos nos demais incisos deste artigo; *b)* os saldos dos créditos não cobertos pelo produto da alienação dos bens vinculados ao seu pagamento; *c)* os saldos dos créditos derivados da legislação do trabalho que excederem o limite estabelecido no inciso I do caput deste artigo; VII – as multas contratuais e as penas pecuniárias por infração das leis penais ou administrativas, inclusive as multas tributárias; VIII – créditos subordinados, a saber: *a)* os assim previstos em lei ou em contrato; *b)* os créditos dos sócios e dos administradores sem vínculo empregatício. § 1º Para os fins do inciso II do caput deste artigo, será considerado como valor do bem objeto de garantia real a importância efetivamente arrecadada com sua venda, ou, no caso de alienação em bloco, o valor de avaliação do bem individualmente considerado. § 2º Não são oponíveis à massa os valores decorrentes de direito de sócio ao recebimento de sua parcela do capital social na liquidação da sociedade. § 3º As cláusulas penais dos contratos unilaterais não serão atendidas

> Se alguém não possui bens suficientes para pagar todas as suas dívidas, o mais justo é a instauração de uma execução única, envolvendo todos os credores e abrangendo a totalidade dos bens do patrimônio do devedor. A série de execuções singulares não permite o tratamento paritário dos credores, com o atendimento preferencial aos mais necessitados e ao interesse público. Esses objetivos só se alcançam numa execução concursal.

A falência poderá ser requerida em face de qualquer sociedade empresária, com exceção das empresas públicas e sociedade de economia mista, câmaras ou prestadores de serviços de compensação e liquidação financeira e entidades de previdência complementar. Há ainda aquelas empresas em que a sua decretação poderá ser relativa, tais como companhias de seguros, operadoras de planos privados de assistência à saúde e instituições financeiras, que dependerão de procedimento específico.

Para que haja a decretação da falência, mister se faz a verificação de seu requisito primordial, qual seja, a constatação da insolvência jurídica da sociedade empresária, conforme ensina Fábio Ulhôa Coelho: "para se decretar a falência da sociedade empresária, é irrelevante a 'insolvência jurídica', que se caracteriza, no direito falimentar brasileiro, pela impontualidade injustificada (LF, art. 94, I), pela execução frustrada (art. 94, II), ou pela prática de ato de falência"[38].

A impontualidade injustificada pode ser definida como a ausência de pagamento de obrigação líquida, representada por título executivo passível de ensejar a propositura de execução. Esse título, devidamente protestado e representando valor

se as obrigações neles estipuladas se vencerem em virtude da falência. § 4º Os créditos trabalhistas cedidos a terceiros serão considerados quirografários.

[37] COELHO, op. cit., p. 242

[38] COELHO, op. cit., p. 251

superior a 40 (quarenta) salários mínimos, poderá instruir o pedido falimentar.

Por execução frustrada, passível de decretação de falência, nos termos da Lei de Falência, entende-se o processo executivo judicial em que, esgotados os atos processos, deixa de ser pago ou indicado bens à penhora suficientes para satisfazer integralmente o débito da ação[39].

Os atos de falência, por sua vez, quando praticados pela sociedade empresária, demonstram que a empresa pode estar insolvente economicamente, tais como: (i) liquidação precipitada de ativos não circulantes indispensáveis ao exercício de sua atividade; (ii) negócio simulado; (iii) alienação irregular do estabelecimento; (iv) transferência simulada do principal estabelecimento; (v) abandono do estabelecimento comercial; e (vi) descumprimento de obrigação assumida no plano de recuperação judicial.

Qualquer dessas situações poderá dar início ao processo falimentar, com a adoção dos respectivos procedimentos determinados pela Lei. 11.101/05.

4.1. Efeitos da Falência

4.1.1. Efeitos da Falência com Relação ao Falido

A decretação da falência acarretará a dissolução da sociedade empresária, com a consequente paralisação de suas atividades econômicas:

> (...) A falência é hipótese de dissolução *total judicial*. A sentença declaratória da falência desfaz todos os vínculos existentes entre os sócios ou acionistas e inaugura o processo judicial de

[39] Art. 94. Será decretada a falência do devedor que:
(...)
II – executado por qualquer quantia líquida, não paga, não deposita e não nomeia à penhora bens suficientes dentro do prazo legal;

> terminação da personalidade jurídica da sociedade. É portanto *total*. De outro lado, não existe falência como ato de vontade dos integrantes da sociedade falida. Mesmo quando se trata de autofalência, quem a decreta – quando presentes os seus pressupostos – é sempre o Poder Judiciário. A falência é, assim dissolução *judicial* sempre[40].

Dentre os principais efeitos da falência, podemos indicar a extinção da pessoa jurídica, conforme mencionado acima, a inabilitação empresarial dos sócios e a impossibilidade deles em administrar seus bens. Do ponto de vista da inabilitação empresarial, a Lei 11.101/05 ("Lei de Falências")[41] determina

[40] Coelho, Fábio Ulhôa., op. cit., p. 285.

[41] Art. 81. A decisão que decreta a falência da sociedade com sócios ilimitadamente responsáveis também acarreta a falência destes, que ficam sujeitos aos mesmos efeitos jurídicos produzidos em relação à sociedade falida e, por isso, deverão ser citados para apresentar contestação, se assim o desejarem.
§ 1º O disposto no **caput** deste artigo aplica-se ao sócio que tenha se retirado voluntariamente ou que tenha sido excluído da sociedade, há menos de 2 (dois) anos, quanto às dívidas existentes na data do arquivamento da alteração do contrato, no caso de não terem sido solvidas até a data da decretação da falência.
§ 2º As sociedades falidas serão representadas na falência por seus administradores ou liquidantes, os quais terão os mesmos direitos e, sob as mesmas penas, ficarão sujeitos às obrigações que cabem ao falido.
Art. 82. A responsabilidade pessoal dos sócios de responsabilidade limitada, dos controladores e dos administradores da sociedade falida, estabelecida nas respectivas leis, será apurada no próprio juízo da falência, independentemente da realização do ativo e da prova da sua insuficiência para cobrir o passivo, observado o procedimento ordinário previsto no Código de Processo Civil.
§ 1º Prescreverá em 2 (dois) anos, contados do trânsito em julgado da sentença de encerramento da falência, a ação de responsabilização prevista no **caput** deste artigo.
§ 2º O juiz poderá, de ofício ou mediante requerimento das partes interessadas, ordenar a indisponibilidade de bens particulares dos réus, em quantidade compatível com o dano provocado, até o julgamento da ação de responsabilização.
(...)

que o falido ficará inabilitado para exercer qualquer atividade empresarial desde a data da decretação da falência até a sentença que extinguir suas obrigações.

A inabilitação não tem o condão de tornar o falido incapaz, permanecendo com direitos civis e políticos. Ademais, permanecerá proprietário do patrimônio arrecado, apenas não podendo dispor sobre ele, mas devendo zelar por sua proteção e conservação, se assemelhando aos deveres do depositário fiel em relação à guarda do bem que lhe é conferido. A inabilitação também poderá decorrer na condenação pela prática de crime falimentar, conforme preceitua o artigo 181, I, da Lei de Falências. Sérgio Campinho[42], ao abordar o tema, destaca:

> A partir da decretação da falência, preceitua o artigo 102, fica o falido inabilitado para exercer qualquer atividade empresarial. Os efeitos se estendem até que se verifique o trânsito em julgado da sentença extintiva de suas obrigações. Entretanto, se foi ele condenado a crime previsto na Lei de Recuperação e Falência, é possível também decorrer como efeito desta condenação a sua inabilitação, consoante prevê o inciso I, do artigo 181. Mas dito efeito não é automático. O juiz, ao proferir a sentença condenatória, deverá motivá-lo e declará-lo. Uma vez imposta a restrição, a inabilitação para o exercício de atividade empresarial perdurará até cinco anos após a extinção da punibilidade, podendo, contudo, antes cessar por força de reabilitação penal.

O artigo 104 da Lei de Falência ainda impõe obrigações legais ao falido[43], sejam eles de ordem pessoal, administrativa

Art. 190. Todas as vezes que esta Lei se referir a devedor ou falido, compreender-se-á que a disposição também se aplica aos sócios ilimitadamente responsáveis.

[42] Campinho, op. cit., p. 316

[43] Art. 104. A decretação da falência impõe ao falido os seguintes deveres: I – assinar nos autos, desde que intimado da decisão, termo de comparecimento,

e processual. O falido poderá responder por crime de desobediência em caso de inobservância de tais deveres.

Em se tratando de falência de sociedade anônima e limitada, haverá a arrecadação apenas dos bens pertencentes à sociedade, exceto se houver a declaração da desconsideração da personalidade jurídica, hipótese em que o patrimônio pessoal dos sócios ou acionistas poderá responder pelas dívidas contraídas

com a indicação do nome, nacionalidade, estado civil, endereço completo do domicílio, devendo ainda declarar, para constar do dito termo: *a)* as causas determinantes da sua falência, quando requerida pelos credores; *b)* tratando-se de sociedade, os nomes e endereços de todos os sócios, acionistas controladores, diretores ou administradores, apresentando o contrato ou estatuto social e a prova do respectivo registro, bem como suas alterações; *c)* o nome do contador encarregado da escrituração dos livros obrigatórios; *d)* os mandatos que porventura tenha outorgado, indicando seu objeto, nome e endereço do mandatário; *e)* seus bens imóveis e os móveis que não se encontram no estabelecimento; *f)* se faz parte de outras sociedades, exibindo respectivo contrato; *g)* suas contas bancárias, aplicações, títulos em cobrança e processos em andamento em que for autor ou réu; II – depositar em cartório, no ato de assinatura do termo de comparecimento, os seus livros obrigatórios, a fim de serem entregues ao administrador judicial, depois de encerrados por termos assinados pelo juiz; III – não se ausentar do lugar onde se processa a falência sem motivo justo e comunicação expressa ao juiz, e sem deixar procurador bastante, sob as penas cominadas na lei; IV – comparecer a todos os atos da falência, podendo ser representado por procurador, quando não for indispensável sua presença; V – entregar, sem demora, todos os bens, livros, papéis e documentos ao administrador judicial, indicando-lhe, para serem arrecadados, os bens que porventura tenha em poder de terceiros; VI – prestar as informações reclamadas pelo juiz, administrador judicial, credor ou Ministério Público sobre circunstâncias e fatos que interessem à falência; VII – auxiliar o administrador judicial com zelo e presteza; VIII – examinar as habilitações de crédito apresentadas; IX – assistir ao levantamento, à verificação do balanço e ao exame dos livros; X – manifestar-se sempre que for determinado pelo juiz; XI – apresentar, no prazo fixado pelo juiz, a relação de seus credores; XII – examinar e dar parecer sobre as contas do administrador judicial. Parágrafo único. Faltando ao cumprimento de quaisquer dos deveres que esta Lei lhe impõe, após intimado pelo juiz a fazê-lo, responderá o falido por crime de desobediência.

pela sociedade. Neste caso, deverá haver um comando judicial específico determinando a arrecadação dos bens dos sócios, diante do desvio de finalidade e/ou abuso de direito da sociedade, conforme mencionamos no capítulo 2.

Há, ainda, que se mencionar que os efeitos da falência poderão ser estendidos para os grupos societários, sejam eles grupos de fato ou de direito, uma vez verificada a ocorrência de desvio de finalidade ou ocorrência de confusão patrimonial. Trata-se a extensão dos efeitos da falência para grupos econômicos de construção jurisprudencial, que inclusive reconhece a desnecessidade de instauração de procedimento autônomo para apuração dos requisitos acima, conforme decisões proferidas pelo Superior Tribunal de Justiça e Tribunais de Justiça estaduais, que seguem o entendimento da Ministra Nancy Andrighi, da Terceira Turma do Superior Tribunal de Justiça proferido em acórdão utilizado como paradigma das decisões que versam sobre a mesma matéria[44].

4.1.2. Responsabilidade dos Sócios e/ou Administradores

A Lei de Falência também inovou o ordenamento jurídico ao trazer expressamente em seu texto a extensão dos efeitos da falência, com a responsabilização pessoal dos sócios. O artigo 81 determina que a decisão que decreta a falência da sociedade com sócios ilimitadamente responsáveis também acarreta a falência destes. Tal dispositivo será igualmente aplicado aos administradores da sociedade.

> Em outros termos, não decorre do dispositivo em questão nenhuma responsabilidade objetiva dos administradores e liqui-

[44] Superior Tribunal de Justiça. 3ª Turma. Recurso Especial nº 1.259.020/SP (2010/0134557-7). Relatora: Ministra Nancy Andrighi. Brasília, 2011. Disponível em www.stj.jus.br. Acesso em 20.05.2016

dantes pelo passivo da sociedade falida. A responsabilidade dos administradores e liquidantes está exaustivamente delineada pelas leis societárias. Do mesmo modo, não deriva do preceito de qualquer direito. Ao mencionar que, pagos todos os credores, o saldo é entregue ao falido, a lei não concede aos representantes legais da sociedade falida nenhum direito de crédito. Não se pode extrair tal alcance da equiparação procedida pelo §2º. Em suma, a legislação falimentar cuida, nesse dispositivo, apenas do processo de falência, dos direitos e obrigações processuais do devedor que, em caso de falência de sociedade empresária, cabem aos representantes legais desta[45].

O artigo 82, por sua vez, dispõe que a responsabilidade pessoal dos sócios de responsabilidade limitada, dos controladores e dos administradores da sociedade falida, (...) será apurada no próprio juízo da falência, independentemente da realização do ativo e da prova da sua insuficiência para cobrir o passivo.

O doutrinador Sergio Campinho, em sua obra Falência e Recuperação Judicial de Empresa, ao tratar sobre o tema, afirma:

> A vedação à livre disposição de seus bens, por exemplo, resulta do próprio sistema legal de liquidação falimentar e não de eventual incapacidade. Seus efeitos são, guardadas as devidas proporções, semelhantes aos que decorrem da penhora na execução singular. A extensão e a intensidade são mais sensíveis porque recai o ato de privação sobre a totalidade de seu patrimônio[46].

A legislação trouxe para o juízo falimentar a atribuição para responsabilizar os sócios, independentemente do tipo societário ao qual faça parte, estendendo os efeitos decorrentes da

[45] Coelho, op. cit., p. 206
[46] Campinho, op.. cit., p. 315

decretação da falência para esfera personalíssima deles. Consoante os ensinamentos de Fabio Ulhôa Coelho[47], o artigo 82 da Lei 11.101/05 aplica-se "a quatro sujeitos: o sócio da sociedade limitada, administrador da sociedade limitada, acionista controlador da sociedade anônima e administrador da sociedade anônima".

4.2. Extensão dos Efeitos da Falência Para as Companhias Investidas dos Fundos de Investimento em Participações

O Código Civil Brasil determina, no parágrafo único do artigo 927, a obrigação de reparação por ato dano, independentemente de culpa, nos casos especificados em lei, ou quando a atividade normalmente desenvolvida pelo autor do dano implicar, por sua natureza, risco para os direitos de outrem.

O referido diploma legal ainda dispõe que os bens do responsável pela ofensa ou violação do direito de outrem ficam sujeitos à reparação do dano causado; e, se a ofensa tiver mais de um autor, todos responderão solidariamente pela reparação (artigo 942).

A responsabilidade civil dos sócios deverá ser reconhecida judicialmente, como já mencionado, principalmente porque deverão ser verificados os requisitos para sua aplicação: conduta humana, nexo de causalidade, dano e culpa/dolo do agente. Ademais, a responsabilização independente de culpa só será admitida nos casos expressamente definidos em lei.

Outrossim, sem prejuízo da verificação dos requisitos para responsabilidade civil, deverá ainda ser observado as regras para desconsideração da personalidade jurídica, estampadas no artigo 50 da Código Civil, qual seja, o abuso da personalidade jurídica, caracterizado pelo desvio de finalidade, ou pela confusão patrimonial.

[47] Coelho, op. cit., p. 207.

Portanto, a responsabilização por danos causados por pessoas jurídicas não decorre da mera responsabilidade por danos causados, independente de dolo ou culpa, conforme acima explanado, mas da verificação da conduta ensejadora do dano, praticada pela pessoa jurídica, sócios e/ou administradores, atrelada aos requisitos legais que permitem a desconsideração da personalidade jurídica: abuso de personalidade jurídica, por meio de desvio de finalidade ou confusão patrimonial. Diva Carvalho de Aquino, ao abordar o tema, traz a seguinte explanação[48]:

> A análise da desconsideração da personalidade jurídica no âmbito falimentar há de ser feita, necessariamente, em face das disposições do Código Civil, estatuto que regula a personalidade jurídica das pessoas naturais e jurídicas.
>
> O Código Civil de 2002 não repetiu o disposto no artigo 20 do estatuto civil de 1916, segundo o qual "as pessoas jurídicas têm existência distinta da dos seus membros", o que mereceu a crítica de alguns doutrinadores.
>
> Em que pese tal omissão, porém, foi mantido o princípio clássico da autonomia da pessoa jurídica, em relação aos sócios que a compõem, sendo expressamente reconhecida a existência da personalidade jurídica da sociedade, adquirida com a inscrição dos seus atos constitutivos no registro próprio e na forma da lei, conforme preceito estabelecido no artigo 985 do Código Civil em vigor.
>
> Também é assegurada à pessoa jurídica, no que couber, a proteção dos direitos da personalidade, conforme previsão do artigo 52 do mesmo diploma legal.

[48] AQUINO, Diva Carvalho de. **Direito Falimentar e a Nova Lei de Falências e Recuperação de Empresas.** Luiz Fernando Valente de Paiva (coord) São Paulo: Quartier Latin, 2005, p. 386 e 387.

> Assim, dúvida não pode haver quanto à manutenção da separação entre pessoa jurídica e seus membros, como regra geral, preferindo o legislador civil, no artigo 50, disciplinar as hipóteses e as condições em que a exceção se opera:
>
> (....)
>
> Portanto, a regra vigente continua sendo a do artigo 20 do Código Civil de 1916, permitida a aplicação da desconsideração da personalidade jurídica, para atingir as pessoas dos sócios, sejam pessoas naturais ou jurídicas, somente em casos excepcionais, quando houver abuso de personalidade.

A admissibilidade de estender-se os efeitos da falência para os grupos econômicos, conforme entendimento jurisprudencial[49], decorre da aplicação, por nosso ordenamento jurídico, da teoria da desconsideração da personalidade jurídica.

A magistrada Marcia Cunha Silva Araújo de Carvalho, em artigo publicado no Suplemento Especial da Associação dos Magistrado do Estado do Rio de Janeiro[50], aborda a questão do

[49] Agravos de instrumento. Falência. Decisão que estendeu os efeitos da quebra às agravantes. Autorizada a extensão, quando havida fraude, abuso ou confusão patrimonial, além da formação de grupo econômico, como medida de arrecadação de patrimônio único e satisfação aos credores. No caso, havida ligação de parentesco entre os sócios das empresas, bem como o funcionamento da empresa Logística Integrada Eireli no mesmo endereço da falida, o que, inclusive, impossibilitou a arrecadação de bens. Transferida, ademais, a logomarca, utilizada pela falida, de uma agravante à outra, bem assim verificado que sócio da agravante tem procuração para gerir a outra recorrente. Alterado o objeto social e endereço da agravante Di Biazzi Incorporação e Construção Ltda., antes semelhantes aos da falida, quando já em curso a ação na origem. Decisão mantida. Agravos desprovidos, prejudicado o regimental (AI. n. 2199298-80.2016.8.26.0000, rel. Des. Claudio Godoy, j. 11.3.2017);

[50] Carvalho, Marcia Cunha Silva Araújo de. A extensão dos efeitos da falência. Disponível em: http://www.amaerj.org.br/wp-content/uploads/2010/11/Doutrina-19.pdf. Acesso em 27.10.2016

abuso da personalidade jurídica da falida. Segundo a magistrada:

> Caracteriza-se o abuso de personalidade jurídica entre sociedades do mesmo grupo, sempre que presentes, entre outros: (i) confusão patrimonial; (ii) controle e administração concentrados nas mesmas pessoas; (iii) inexistência, de fato, de pessoas jurídicas diversas, mas apenas uso de denominações diferentes; (iv) transferência da sociedade controlada para a controladora de ativos a preço vil; (v) concessão de mútuos, em favor da controladora, gratuitos ou em condições aviltantes para a controlada; (vi) comodato ou locação de bens da controlada para a controladora por preço insignificante. E, uma vez presente o abuso de ofício ou a requerimento do administrador judicial ou do Ministério Público, o juiz, na própria ação de falência, com suporte na teoria da desconsideração da personalidade jurídica, deve estender a falência às demais sociedades do grupo, unificando os ativos e os passivos.

O Superior Tribunal de Justiça também já se manifestou a respeito:

> PROCESSO CIVIL. FALÊNCIA. EXTENSAO DE EFEITOS. SOCIEDADES COLIGADAS. POSSIBILIDADE. AÇAO AUTÔNOMA. DESNECESSIDADE. DECISAO "INAUDITA ALTERA PARTE". VIABILIDADE. RECURSO IMPROVIDO.
>
> 1. Em situação na qual dois grupos econômicos, unidos em torno de um propósito comum, promovem uma cadeia de negócios formalmente lícitos, mas com intuito substancial de desviar patrimônio de empresa em situação pré-falimentar, é necessário que o Poder Judiciário também inove sua atuação, no intuito de encontrar meios eficazes de reverter as manobras lesivas, punindo e responsabilizando os envolvidos.

2. É possível ao juízo antecipar a decisão de estender os efeitos de sociedade falida a empresas coligadas na hipótese em que, verificando claro conluio para prejudicar credores, há transferência de bens para desvio patrimonial. Não há nulidade no exercício diferido do direito de defesa nessas hipóteses.

3. A extensão da falência a sociedades coligadas pode ser feita independentemente da instauração de processo autônomo. A verificação da existência de coligação entre sociedades pode ser feita com base em elementos fáticos que demonstrem a efetiva influência de um grupo societário nas decisões do outro, independentemente de se constatar a existência de participação no capital social.

4. Na hipótese de fraude para desvio de patrimônio de sociedade falida, em prejuízo da massa de credores, perpetrada mediante a utilização de complexas formas societárias, é possível utilizar a técnica da desconsideração da personalidade jurídica com nova roupagem, de modo a atingir o patrimônio de todos os envolvidos.

5. Recurso especial não provido[51].

PROCESSUAL CIVIL. AUSÊNCIA DE OMISSÃO, OBSCURIDADE, CONTRADIÇÃO OU FALTA DE MOTIVAÇÃO NO ACÓRDÃO A QUO. EXECUÇÃO FISCAL. ALIENAÇÃO DE IMÓVEL. DESCONSIDERAÇÃO DA PESSOA JURÍDICA. GRUPO DE SOCIEDADES COM ESTRUTURA MERAMENTE FORMAL. PRECEDENTE. 1. Recurso especial contra acórdão que manteve decisão que, desconsiderando a personalidade jurídica da recorrente, deferiu o aresto do valor obtido com a alienação de imóvel. 2. Argumentos da decisão a quo que são claros e nítidos, sem haver omissões, obscuridades, contradições ou ausência

[51] Superior Tribunal de Justiça. 3ª Turma. Recurso Especial nº 1.259.020/SP (2010/0134557-7). Relatora: Ministra Nancy Andrighi. Brasília, 2011. Disponível em www.stj.jus.br. Acesso em 20.05.2016

de fundamentação. O não-acatamento das teses contidas no recurso não implica cerceamento de defesa. Ao julgador cabe apreciar a questão de acordo com o que entender atinente à lide. Não está obrigado a julgar a questão conforme o pleiteado pelas partes, mas sim com o seu livre convencimento (art. 131 do CPC), utilizando-se dos fatos, provas, jurisprudência, aspectos pertinentes ao tema e da legislação que entender aplicável ao caso. Não obstante a oposição de embargos declaratórios, não são eles mero expediente para forçar o ingresso na instância especial, se não há omissão a ser suprida. Inexiste ofensa ao art. 535 do CPC quando a matéria enfocada é devidamente abordada no aresto a quo. 3. "A desconsideração da pessoa jurídica, mesmo no caso de grupos econômicos, deve ser reconhecida em situações excepcionais, onde se visualiza a confusão de patrimônio, fraudes, abuso de direito e má-fé com prejuízo a credores. No caso sub judice, impedir a desconsideração da personalidade jurídica da agravante implicaria em possível fraude aos credores. Separação societária, de índole apenas formal, legitima a irradiação dos efeitos ao patrimônio da agravante com vistas a garantir a execução fiscal da empresa que se encontra sob o controle de mesmo grupo econômico" (Acórdão a quo). 4. "Pertencendo a falida a grupo de sociedades sob o mesmo controle e com estrutura meramente formal, o que ocorre quando diversas pessoas jurídicas do grupo exercem suas atividades sob unidade gerencial, laboral e patrimonial, é legítima a desconsideração da personalidade jurídica da falida para que os efeitos do decreto falencial alcancem as demais sociedades do grupo. Impedir a desconsideração da personalidade jurídica nesta hipótese implicaria prestigiar a fraude à lei ou contra credores. A aplicação da teoria da desconsideração da personalidade jurídica dispensa a propositura de ação autônoma para tal. Verificados os pressupostos de sua incidência, poderá o Juiz, incidentemente no próprio processo de execução (singular ou coletiva), levantar o véu da personalidade jurídica para que o ato de expropriação atinja terceiros envolvidos, de forma a impedir a concretização de fraude à lei ou contra terceiros" (RMS nº 12872/SP, Relª Minª Nancy Andrighi, 3ª Turma, DJ de 16/12/2002). 5. Recurso não-provido[52]

Da análise do primeiro julgado acima, Samuel Max Gabbay e Thiago de Lucena Motta[53] criticam a aplicação da teoria da desconsideração da personalidade jurídica em processo falimentar adotada pelo STJ:

> Em verdade, o acórdão do STJ limitou-se a importar os requisitos exigidos pela teoria maior da desconsideração, sem atentar para a grande diferença existente entre os efeitos da responsabilização direta da sociedade causadora da fraude e a decretação de sua falência. Na primeira, a execução de créditos que não pudessem ser satisfeitos pelo patrimônio do falido seria simplesmente redirecionada às sociedades do grupo econômico praticantes do ilícito. Na segunda, por execução concursal de seus patrimônios. Estes não são os objetivos da desconsideração da personalidade jurídica; o acórdão aqui criticado fez uso inadequado desse mecanismo legal e ignorou as finalidades de sua aplicação.

As decisões ora mencionadas, ainda que proferidas há pouco mais de 06 anos, norteiam o convencimento dos magistrados que julgam casos análogos, sendo utilizadas como paradigma e referência para embasar as decisões que versam sobre a extensão dos efeitos da falência.

Resta claro, a partir da análise das decisões acima, que a nossa jurisprudência busca aplicar a teoria da desconsidera-

[52] Superior Tribunal de Justiça. Recurso Especial nº 767.021. Relator: José Delgado. Disponível em www.stj.jus.br. Acesso em 30.11.2016

[53] Gabbay, op. cit., pg. 274

ção da personalidade jurídica através dos critérios definidos pela lei, de forma excepcional, e desde que demonstrado claramente o abuso da personalidade jurídica. Para os grupos econômicos, deve haver a efetiva influência de um grupo societário nas decisões do outro, independentemente de sua participação societária.

Conforme explicado no capítulo 1, os fundos de investimento em participações são uma comunhão de recursos destinados a investir na aquisição de títulos e valores mobiliários emissão de companhias, abertas ou fechadas e/ou em sociedades limitadas. Esse requisito poderá impor ônus aos fundos, especialmente ao analisarmos a referida construção jurisprudencial adotada pelo STJ, já que eles acabam por ser tornar acionistas e/ou cotistas dessas sociedades e participam do processo decisório, com efetiva influência, podendo ser entendidos, logo, como parte do grupo econômico. Ademais, frise-se que, consoante o que determina o inciso VI do artigo 45 da Instrução CVM nº 578/16, constituem encargos do fundo, "honorários de advogados, custas e despesas correlatas incorridas em razão de defesa dos interesses do fundo, em juízo ou fora dele, inclusive o valor da condenação, imputada ao fundo, se for o caso".

Nesse diapasão, podemos destacar que a própria CVM, ao regular a constituição e funcionamento dos fundos de investimento em participações, impôs a participação no processo decisório da companhia pelos fundos, trazendo consequências do ponto de vista da responsabilidade civil. Mais do que isso, a CVM, ao também estabelecer que a condenação em processos judiciais é reconhecida como encargo do fundo reconheceu a obrigatoriedade de seus condôminos serem responsabilizados pelos efeitos da condenação judicial, favorecendo a tese dos defensores da aplicação dos efeitos da falência aos fundos de investimento em participações. Logo, quer pelo reconhecimento da necessidade da efetiva participação no processo decisório, quer pela atribuição da responsabilidade do fundo em arcar com a condenação judicial, a regulamentação dos fundos de investimento em participações permitiu a inserção da discussão acerca da aplicabilidade dos efeitos da falência aos investidores titulares das cotas desse tipo de fundo.

Em contrapartida, no relatório da audiência pública da Instrução CVM nº 578/16, a responsabilidade dos sócios pelas dívidas da companhia investida foi alvo de debate, sendo sugerido pela PREVI, entidade fechada de previdência, a inclusão de dispositivo acerca da não responsabilização dos cotistas dos FIPs pelas dívidas da companhia investida, bem como que os cotistas apenas respondessem individualmente perante o FIP por eventual patrimônio líquido negativo até limite do valor integralizado das cotas. A CVM entendeu ser incompetente para impedir eventual responsabilização dos cotistas, eventualmente reconhecida judicialmente[54].

Nota-se que, para os fundos de investimento em participações, não se constata a existência dos requisitos mencionados pela magistrada Marcia Cunha Silva Araújo de Carvalho. O fundo será representado por administrador e/ou gestor profissional, que não se confunde com a pessoa do cotista, destinatário final do investimento. Não nos cabe aqui discutir a questão da responsabilização dos administradores e/ou gestores por eventuais efeitos da falência, ainda que se tratem de meros prestadores de serviços.

Do ponto de vista do processo falimentar, há ainda que se observar qual será a extensão dos efeitos da falência aos fundos de investimento em participações.

Afirmamos, porém, que os fundos de investimento em participação não podem ser considerados como pertencentes ao grupo econômico da sociedade falida, pois, como já mencio-

[54] Relatório Audiência Pública SDM 05/2015. Disponível em www.cvm.org.br

nado, não possuem um dos elementos básicos das sociedades, o *affectio societatis*. A efetiva influência no processo decisório, imposto por norma regulamentar, não pode ter o condão de alçar efeitos jurídicos tão extensos como os aplicados nos procedimentos falimentares. Os fundos buscam apenas o retorno do investimento aos cotistas. Adquirem participação acionária das companhias investidas não para explorá-la indefinidamente, mas tão-somente para atingir o *benchmark* almejado pelo fundo.

Os cotistas entre si também não possuem intenção de associação e muitas vezes sequer sabem quem são os demais cotistas que participam do investimento. Não podem ser atribuídos a eles a decisões do cotidiano da empresa e muito menos a prática de eventuais ilícitos ou atos que justifiquem a responsabilidade civil falimentar e a teoria da desconsideração da personalidade jurídica. Em muitos casos temos ainda entidades de previdência complementar como cotistas, que sequer podem ser objeto de falência nos termos propostas pela Lei nº 11.101/05.

Com relação aos efeitos para os fundos de investimento em participações, também já se manifestou nossa jurisprudência[55]:

> AGRAVO DE INSTRUMENTO. SENTENÇA QUE DECRETA FALÊNCIA E ATRIBUIU AO ACIONISTA A RESPONSABILIDADE PELA PRESTAÇÃO DAS DECLARAÇÕES DO ART.104 DA LEI Nº 11.101/2005. Do acervo documental deflui que o instituto Agravante não tinha acesso aos atos de gestão da falida e não participou da assembleia em que se deliberou pelo encerramento do fundo em que era investidor. Nessa toada, não

[55] Agravo de Instrumento nº 0060710-93.2014.8.19.0000. Tribunal de Justiça do Estado do Rio de Janeiro. 9ª Câmara. Rel. Des. Carlos Azeredo de Araújo, data do julgamento: 09/06/2016. Disponível em www.tjrj.jus.br
Recurso Ordinário nº 0002069-12.2014.5.02.0041, Tribunal Regional do Trabalho – 2ª Região, Relator Desembargador Nelson Nazar, 3 turma, publicado no DEJT em 16/06/2015, disponível em www.trt2.jus.br

> há como prosperar a decisão que responsabilizou aquele que não tem como responder pelos atos de gestão da falida. RECURSO PROVIDO PARA EXCLUIR A AGRAVANTE DA DEMANDA, EXTINGUINDO O FEITO EM RELAÇÃO À MESMA NOS TERMOS DO ART.267, IV, DO CÓDIGO DE PROCESSO CIVIL.
>
> GRUPO ECONÔMICO. ILEGITIMIDADE DE PARTE. FUNDO DE INVESTIMENTO EM PARTICIPAÇÕES. Comprovado nos autos que a Contestante era mero Fundo de Investimento, constituído com a finalidade de captar e investir recursos nos mercados financeiros e de capitais, nada justifica a sua inclusão no polo passivo como integrante de grupo econômico a que pertence eventual empresa quotista/investidora. Recurso Ordinário provido para reconhecer a ilegitimidade passiva da Contestante.

Observa-se, portanto, especialmente da análise do último julgado, que o requisito de participação nos atos de gestão da companhia investida serviu de base para afastar a incidência da extensão dos efeitos aos seus sócios.

Conforme explanado, os fundos de investimento, modalidade de investimento coletivo, possuem, como uma de suas características principais, a gestão profissionalizada, praticada por terceiro independente, devidamente habilitado para essa finalidade. Dentre as obrigações regulatórias a serem observadas, está a participação no processo decisório, exercida através da detenção do bloco de controle de ações ou pela celebração de instrumentos jurídicos que atribuam ao fundo a participação na gestão das companhias e tomadas de decisões estratégicas.

Por outro lado, resta evidenciado que ainda que haja investimento nas companhias investidas, não se verifica, por parte dos cotistas desses fundos, o elemento essencial das sociedades, qual seja, *affectio societatis*, já que apenas investem almejando retorno do investimento, sem existir intenção de associar-se para determinado fim. Vale destacar que a efetiva influência não será necessariamente verificada por meio da participação na decisão dos atos de gestão e administração das companhias, conforme já mencionado. Ademais, caberá ao gestor do Fundo a prática de tais atos.

Já se analisarmos a aplicação da teoria da desconsideração da personalidade, constataremos que sua utilização se dará de modo excepcional e desde que verificado o abuso da personalidade jurídica pelos seus sócios e/ou administradores. Portanto, para aplicação da extensão dos efeitos da falência, mister se faz a desconsideração de sua personalidade jurídica. Mais do que isso, no caso dos grupos societários, sejam eles grupos de fato ou de direito, deverá ainda ser verificada a quem competia a tomada de decisão e a prática do desvio de personalidade e/ou abuso do direito.

De tal sorte, quer pela não participação dos atos de gestão, quer pela necessidade de participação ativa em eventual conluio com fim específico de abusar de personalidade jurídica, nos parece que não caberá aos cotistas suportar quaisquer efeitos decorrentes da decretação da companhia investida, uma vez que não são acionistas diretos e muitas vezes sequer participam do cotidiano da companhia investida.

Conclusão

Resta evidente que os fundos de investimento em participação ganharam nova visão com a entrada em vigor da Instrução CVM nº 578/16, prestigiando as necessidades da sociedade atual, de modo a possibilitar o investimento em sociedades limitadas e, com isso, desenvolver projetos de startups e de empreendedores de pequeno porte em diferentes segmentos de negócios.

O direito societário e o mercado financeiro e de capitais sofreram constantes alterações nos passar dos anos, sem que o Poder Judiciário acompanhasse tais inovações, possuindo dificuldades para aplicar corretamente a legislação em vigor e o seu caráter teleológico

A falta de conhecimento específico na área de Mercado Financeiro e de Capitais e, principalmente, sobre fundos de investimentos por grande parte dos juízes resultam em decisões vagas e problemáticas, que não abordam adequadamente a problemática do assunto. As sociedades empresárias, bem como seus sócios são os maiores prejudicados, além de gerar insegurança jurídica e receio na utilização deste veículo de investimento, que, dentre outras coisas, fomenta a atividade econômica.

Parece correto concluir que, ainda que estejamos diante de uma nova Lei de Falência, que permite a extensão dos efeitos da falência aos sócios e administradores das sociedades, bem como da aplicação do instituto da responsabilidade civil e da teoria da desconsideração, a preponderância de sua utilização não se mostra favorável à sociedade. Qualquer exercício de atribuição concedida pela Constituição que impeça ou atrapalhe o pleno desenvolvimento do outro poder, pode mitigar a democracia existente em nosso país a um viés de autoritarismo.

Não nos cabe defender posicionamento contrário ao instituto falimentar e tampouco com relação às inovações trazidas no campo da responsabilidade civil e extensão dos seus efeitos, diante da sua relevância para adimplemento das dívidas contraídas pela sociedade de modo a garantir a ordem jurídica e satisfação, ainda que parcial, dos credores. O que se busca discutir é o abuso da utilização da teoria da desconsideração da personalidade jurídica, em detrimento da verificação dos requisitos pelo qual ela foi criada, quais sejam: desvio de finalidade e abuso de direito.

Reiteramos o posicionamento de que fundos de investimento em participação não podem ser considerados como pertencentes ao grupo econômico da sociedade falida e que a efetiva influência no processo decisório, por si só, não pode ser único elemento de modo a embasar a aplicação das restrições impostas pela Lei nº 11.101/05, especialmente para os cotistas, reais proprietários dos fundos, quer por não atuarem diretamente nos atos de gestão da companhia, quer por não estar presentes os elementos ensejadores da responsabilidade civil.

Referências

ASSAF NETO, Alexandre. **Mercado financeiro.** 12. ed. São Paulo: Atlas, 2014

BALBINO, Paulo de Carvalho. **A extensão dos Efeitos da Sentença Falimentar: Pressupostos e Aplicação.** 2009. 88f. Dissertação (Mestrado em Direito Empresarial), Universidade Federal de Minas Gerais, Curso de Pós-Graduação, Belo Horizonte.

BARBOSA, Hélio de Oliveira. **Teoria da Desconsideração da Personalidade Jurídica no Código Civil de 2002 e suas implicações nas Sociedades Empresárias.** 2003. 100 F. Dissertação. (Mestrado em Direito Empresarial) – Faculdade de Direito Milton Campos. Nova Lima. 2008.

BARRETO, Zacarias. **A Lei das S/A e as leis do novo mercado de capitais.** São Paulo: Juarez de Oliveira, 2003.

CAMPINHO, Sérgio. **Direito de Empresa à Luz do Novo Código Civil.** 9ª edição revisada e atualizada de acordo com a Lei 11.638/2007. Rio de Janeiro: Renovar, 2008.

__________. **Falência e Recuperação de Empresa:** O novo regime da insolvência empresarial. 3ª ed. Rio de Janeiro: Renovar, 2008.

CARVALHO, Marcia Cunha Silva Araújo de. **A extensão dos efeitos da falência.** Disponível em: http://www.amaerj.org.br/wp-content/uploads/2010/11/Doutrina-19.pdf.

CARVALHO, Mário Tavernard Martins de. **Regime jurídico dos fundos de investimentos.** São Paulo, SP: Quartier Latin do Brasil, 2012

CARVALHOSA, Modesto. **Comentários à lei de sociedades anônimas.** 4. ed., rev. e atual. São Paulo: Saraiva, 2011.

COELHO, Fábio Ulhôa. **Comentários à nova lei de falências e recuperação de empresas:** doutrina e prática, Lei 11.101 de 9/2/2005. 6. ed. São Paulo: Saraiva, 2007.

__________. **Curso de Direito Comercial, volumes 2 e 3: direito de empresa.** 14. ed. São Paulo: Saraiva, 2010.

COMPARATO, Fábio Konder; FILHO, Calixto Salomão. **O poder de controle na sociedade anônima**. 6. Ed. ver. atual – Rio de Janeiro: Ed. Forense, 2014.

DIREITO falimentar e a nova Lei de Falências e recuperação de empresas: Lei 11.101 de 9 de fevereiro de 2005 e LC 118 de 9 de fevereiro de 2005. São Paulo: Quartier Latin, 2005.

DOTTA, Eduardo Montenegro. **A Responsabilidade das Administradoras de Fundos de Investimento no Novo Código Civil**. São Paulo: Texto Novo, 2005.

EIZIRIK, Nelson; Gaal, Ariádna B.; Parente, Flávia; Henriques, Marcus de Freitas **Mercado de Capitais – regime jurídico.** 3ª. ed. revista e ampliada. Rio de Janeiro: Renovar, 2008.

FREITAS, Ricardo de Santos. **Natureza jurídica dos fundos de investimento.** São Paulo: Quartier Latin, 2006.

FURTANA, Eduardo. **Mercado Financeiro: produtos e serviços.** 20ª ed. rev. e atual. Rio de Janeiro: Qualitymark, 2015.

GAMA, Guilherme Calmon Nogueira da (Coord.). **Desconsideração da personalidade da pessoa jurídica:** visão crítica da jurisprudência. São Paulo: Atlas, 2009.

KOURY, Suzy Elizabeth Cavalcante. **A desconsideração da personalidade jurídica (disregard doctrine) e os grupos de empresas.** 2. ed. Rio de Janeiro: Forense, 2003.

LAZZARESCHI NETO, Alfredo Sérgio. **Lei das Sociedades por Ações Anotada.** 2ª ed. rev., atual. e ampl. São Paulo: Saraiva, 2008.

LEITE JR., Carlos Antonio Goulart. ***Affectio Societatis* na Sociedade Civil e na Sociedade Simples,** Rio de Janeiro: Forense, 2006.

NERY JUNIOR, Nelson; NERY, Rosa Maria Andrade (Org.). **Doutrinas essenciais: responsabilidade civil:** direito de empresa e o exercício da livre iniciativa. São Paulo: Revista dos Tribunais, 2010.

MONTEIRO, Washington de Barros. **Curso de Direito Civil, Direito das obrigações – 2ª parte, 5º Volume**, Editora Saraiva, 33ª edição

NORONHA, Fernando. **Direito das obrigações:** fundamentos do Direito das Obrigações: introdução à responsabilidade civil – v. 1. 2. ed. rev. e atual. São Paulo: Saraiva, 2007

PAIVA. Luiz Fernando Valente de (coord.). **Direito Falimentar e a Nova Lei de Falências e Recuperação de Empresas.** São Paulo: Quartier Latin, 2005.

PAPINI, Roberto. **Sociedade anônima e mercado de valores mobiliários.** 4. ed. Rio de Janeiro: Forense, 2004.

PERRICONE, Sheila. **Fundos de Investimento: A política de investimento e a responsabilidade dos administradores.** São Paulo. Revista de Direito Bancário, do Mercado de Capitais e da Arbitragem.

PODESTÁ, Fábio Henrique. **Direito das obrigações: teoria geral e responsabilidade civil** São Paulo: Atlas, 2008.

QUATTRINI, Larissa Teixeira. **Os deveres dos administradores de sociedades anônimas abertas:** estudo de casos. 1. ed. São Paulo, SP: Saraiva, 2015

REQUIÃO, Rubens. **Abuso de Direito e Fraude Através da Personalidade Jurídica.** São Paulo, Revista dos Tribunais, Volume 410, 1969.

RESTIFFE NETTO, Paulo; RESTIFFE, Paulo Sérgio. **Propriedade fiduciária imóvel:** nas modalidades de financiamento mercadológico e autofinanciamento consorcial e transmissão dos novos direitos fiduciários e seus reflexos na recuperação judicial ou falência (regime jurídico – questionamento – jurisprudência). São Paulo: Malheiros, 2009.

REVISTA DO ADVOGADOS. A Nova lei de falência e de recuperações judiciais. Coordenadação Renato Luz de Macedo Mange. São Paulo, 2005

REVISTA SEMESTRAL DE DIREITO EMPRESARIAL – nº 16 (janeiro/junho 2015) – Rio de Janeiro: Processo, 2007

RIBEIRO, Milton Nassau. **Aspectos jurídicos da governança corporativa**. São Paulo: Quartier Latin, 2007

SLATTER, Stuart; LOVETT, David; LEMOS, Eduardo; FELSBERG, Thomas. **Como recuperar uma empresa:** a gestão da recuperação do valor e da performance. São Paulo Atlas, 2009

WALD, Arnoldo (Org.). **Doutrinas essenciais: direito empresarial:** recuperação empresarial e falência. São Paulo: Revista dos Tribunais, 2011.

__________. **Doutrinas essenciais: direito empresarial:** sociedade anônima. São Paulo: Revista dos Tribunais, 2011.

ZACLIS, Lionel. **Proteção coletiva dos investidores no mercado de capitais.** São Paulo: Revista dos Tribunais, 1992.

Relatório Audiência Pública SDM 05/2015. Disponível em www.cvm.org.br

Serviço de Proteção ao Crédito – Boa Vista. Disponível em https://www.boavistaservicos.com.br/noticias/indicadores-economicos/falencias-e-recuperacoes-judiciais/pedidos-de-falencia-encerram-o-ano-com-alta-de-122-segundo-boa-vista-scpc/

Sebrae. Disponível em http://datasebrae.com.br/sobrevivencia-das-empresas/

Superior Tribunal de Justiça. 4ª Turma. Recurso Especial nº 331.478 – RJ (2001/0080829-0). Relator: Ministro Jorge Scartezzini. Brasília, 2006. Disponível em www.stj.jus.br

Superior Tribunal de Justiça. 3ª Turma. Recurso Especial nº 1.259.020/SP (2010/0134557-7). Relatora: Ministra Nancy Andrighi. Brasília, 2011. Disponível em www.stj.jus.br

Superior Tribunal de Justiça. Recurso Especial nº 767.021. Relator: José Delgado. Disponível em www.stj.jus.br.

Tribunal de Justiça do Estado do Rio de Janeiro. 9ª Câmara. Agravo de Instrumento nº 0060710-93.2014.8.19.0000. Rel. Des. Carlos Azeredo de Araújo; Disponível em www.tjrj.jus.br

Riscos de Lavagem de Dinheiro Associados a Tecnologias "Peer-To-Peer": os Desafios do Facebook Messenger

Gabriela Nicacio Lima de Souza Dias

Introdução

Os avanços tecnológicos estão constantemente colocando à prova a eficiência dos controles de prevenção a fraudes, lavagem de dinheiro, e financiamento ao terrorismo.

Enquanto as medidas de combate a essas ilegalidades são precedidas por longos debates e estudos por parte dos reguladores de mercado e de organizações internacionais, as novas tecnologias evoluem muitas vezes à margem desta burocracia, e surgem sem indicar a quais normas estão submetidas ou a qual regulador devem prestar contas.

Resta aos órgãos públicos, às organizações internacionais e associações privadas de autorregulação enquadrar o "novo" dentro das normas já existentes, ou submeter à apreciação do legislador um regulamento que se adeque à nova realidade.

Neste sentido, as novas tecnologias por trás dos meios de pagamento eletrônicos sempre estarão à frente da regulamentação, o que torna necessário e bem-vindo o debate diante de sua insurgência.

Dentre as diversas tecnologias em voga, este artigo abordará a inovação trazida pela tecnologia "peer-to-peer" (P2P), que aproxima usuários de outros usuários (diferente das tecnologias B2B – que conecta negócios com outros negócios, ou B2C e C2B – que conectam usuários e negócios).

Observaremos em linhas gerais a estrutura de funcionamento das moedas digitais e dos serviços pré-pagos de pagamento online para que possamos compreender dentro desta última categoria, as novidades trazidas pelo produto oferecido pela mídia social Facebook, que permite que o usuário transfira valores aos seus "amigos" da rede através de seu Messenger utilizando um cartão de débito emitido nos Estados Unidos.[1]

Esta nova tecnologia não se enquadra nas já consolidadas classificações de métodos de pagamento via internet – internet banking (e.g. Itaú Banking), produtos pré-pagos de pagamento via internet (e.g. Paypal), e moedas digitais (e.g. Bitcoin) – mas têm como fator de risco comum a característica de serem não pessoais, ou seja, os usuários não se relacionam pessoalmente ao utilizar estas tecnologias ("non-face-to-face basis").

Nota-se que apesar dos esforços para combater os métodos clássicos de lavagem de dinheiro, propositalmente ou não, novas tecnologias são desenvolvidas diariamente viabilizando o cometimento de crimes como fraude, extorsão e a própria lavagem em escala global.

O anonimato, a possibilidade de acesso global e a alta negociabilidade promovida por estes prestadores de serviços de pagamentos tornam estas tecnologias muito atrativas a usuários que atuam à margem da lei.

Dentre os riscos mencionados, este artigo irá tratar especificamente sobre os riscos de lavagem de dinheiro, prática ilícita que encobre e fomenta outros crimes, que gera grandes perdas ao sistema financeiro mundial e enfraquece a confiança de seu usuário.

[1] No momento este produto só está disponível para usuários da rede em território americano.

Ao mesmo tempo, estas novas tecnologias diminuem custos de transação e tornam acessíveis novas possibilidades de financiamento e circulação de riquezas que antes não seriam possíveis em decorrência de embargos políticos, limitações burocráticas ou altas taxas praticadas no mercado.

Este trabalho buscará considerar além dos potenciais benefícios e avanços sociais que poderão ser alcançados por meio destas alternativas de pagamento para avaliar principalmente a exposição do usuário e do sistema financeiro aos riscos de lavagem de dinheiro trazidos pelas tecnologias "peer-to-peer".

Neste cenário, daremos especial enfoque à recém-inaugurada transferência de valores via Facebook Messenger, atualmente disponível apenas aos usuários residentes nos Estados Unidos, mas com grande potencial de expansão e adesão aos usuários brasileiros.

O tema selecionado tem grande capacidade para gerar debates, considerando que ainda é pouco discutido o potencial da utilização das tecnologias "peer-to-peer" para transferência de recursos.

Estas formas alternativas de envio de valores podem não apenas viabilizar pagamentos de bens e serviços, mas também estruturar empréstimos, financiamentos individuais e coletivos ("crowdfunding"), sendo realizados sempre sem a tradicional intermediação de uma instituição financeira e, portanto, trazendo tanto vantagens quanto riscos.

Eventual regulação de prevenção à lavagem de dinheiro aplicada à utilização destes serviços certamente restringirá seu alcance (e possivelmente seu uso indevido). Nesse sentido, este estudo buscará entender os riscos de lavagem de dinheiro associados ao uso destes serviços e de que maneira o enquadramento regulatório em normas novas ou pré-existentes poderá afetar sua finalidade e/ou efetivamente prevenir riscos.

1. Panorama Histórico da Evolução dos Meios de Pagamento

A necessidade de tornar mais ágeis as transações comerciais e facilitar o armazenamento de reservas acarretou na evolução dos meios de pagamento ao longo da história.

O primeiro "meio de pagamento" de que se tem notícia é o escambo, a troca de serviços ou produtos por ativos necessários. Essa permuta tinha por objetivo suprir as necessidades do que não se podia obter por meios próprios de cultivo ou produção.

Neste cenário, não havia entre os produtos e serviços trocados uma equivalência de valores. Os objetos intercambiados eram eleitos pelo que se podia prover em contrapartida do que se precisava. Assim, os permutantes que de um lado tivessem farinha e do outro tivessem um animal, realizariam a troca sem considerar os custos envolvidos para criação e cultivo dos produtos do acordo, pois o intuito maior seria o de satisfazer suas necessidades pessoais e de suas famílias ou negócios.[2]

Com o passar do tempo se foi reconhecendo que alguns produtos e serviços atraíam maior demanda, se encontravam em escassez, ou exigiam um maior tempo ou dedicação à sua obtenção, cultivo ou criação. Esse entendimento levou ao reconhecimento de alguns produtos e serviços como uma medida de valoração para as trocas, as chamadas mercadorias-moedas.

Neste contexto, o gado bovino tornou-se uma referência para valorar cobranças neste escambo, dando origem aos termos "pecúnia" e "valores pecuniários".[3] Da mesma forma o sal se tornou uma mercadoria-moeda e deixou como herança o vocábulo "salário".

[2] Pereira, Cesar et al. Regulação do Pagamento Eletrônico (e-payment) e da Moeda Eletrônica (e-money). **Informativo Justen, Pereira, Oliveira e Talamini**, Curitiba, n. 110, abr. 2016. p. 3. Disponível em: <http://www.justen.com.br/pdfs/IE110/IE%20110%20-%20Cesar%20-%20pagamento%20eletr%C3%B4nico_final%20limpo.pdf> Acesso em: 14 jun. 2017.

[3] Santos, Edson Luiz dos. **Do Escambo à Inclusão Financeira**: A Evolução dos Meios de Pagamento. 2ª ed, São Paulo: Linotipo Digital, 2014. p.22.

Com a necessidade de se utilizar bens que facilitassem a mobilidade e armazenagem e que instituíssem uma padronagem mais simples, adotou-se o uso de moedas representadas por conchas, utensílios e outros objetos feitos de metal, e por metais preciosos (como ouro, prata e cobre).

Na Idade Média, o costume de armazenagem destes metais preciosos com ourives que davam em garantia recibos de papel lastreados no valor guardado permitiram a circulação de mãos em mãos de papéis que se tornaram um novo meio de pagamento, o papel-moeda.

Com o desenvolvimento de um sistema bancário rudimentar surgiram as moedas bancárias ou escriturais, os chamados cheques, que representam ordens escritas de pagamentos à vista. No Brasil, o primeiro cheque foi emitido em 1845 pelo Banco Comercial da Bahia, mas a matéria só passou a ser regulada em 1912 pelo Decreto 2.591.[4]

A partir do cheque, a adoção de diversos títulos de crédito tornaram o sistema monetário mais refinado, mas foi o surgimento dos cartões de crédito que realmente revolucionou os meios de pagamento no século XX.

O Diners Club foi responsável por criar em 1955 nos Estados Unidos o primeiro cartão de crédito como conhecemos hoje, feito de plástico. A rápida evolução deste segmento se deu a partir da disputa de mercado travada entre operadoras de cartão que surgiam de forma independente como a Diners e a American Express e os bancos que se viram perdendo espaço para estas novas instituições.[5]

No Brasil, este segmento passou a ganhar espaço a partir do lançamento do Plano Real de 1994, com o aumento da oferta de

[4] BANCO CENTRAL DO BRASIL. **Museu de Valores do Banco Central.** Disponível em: <http://www.bcb.gov.br/htms/origevol.asp> Acesso em: 14 jun. 2017.

[5] Ibidem.

crédito e melhora da estabilidade econômica.[6] Entre os anos de 2000 e 2007, foi registrado pelo Sistema Financeiro Nacional um crescimento de 514% neste segmento.[7]

Este aumento significativo pode ser atribuído à entrada de bandeiras regionais no mercado, que surgiram suprindo a demanda de regiões mais afastadas do sudeste paulista e carioca.

Ao mesmo tempo, a ascensão de cartões *private label*, ligados a lojistas e com operação independente das bandeiras tradicionais[8], chegaram oferecendo crédito a ser gasto em suas próprias redes e abocanhando uma nova fatia de mercado ainda com grande potencial de exploração: a das classes C e D.

Mas as relações comerciais e as demandas que delas surgem são dinâmicas, e em pleno século XXI acompanhamos o desenrolar de mais uma revolução nos meios de pagamento: os e-payments, também conhecidos como pagamentos eletrônicos. Nesta nova fase, a necessidade de se ter fisicamente o cartão perde importância, pois passam a ser utilizados os números e códigos de segurança para realização de transações online.[9]

Em outros casos, os pagamentos eletrônicos dispensam o uso de quaisquer dados de cartões bancários e são realizados acessando diretamente a conta do usuário no ambiente online do banco (online banking e-payments).

Estas e outras formas de pagamentos eletrônicos serão abordadas em maiores detalhes a seguir.

[6] Camargo, Patrícia Olga. **A Evolução Recente do Setor Bancário no Brasil.** São Paulo: Editora UNESP; São Paulo: Cultura Acadêmica, 2009. p. 107.

[7] Ibidem, p. 104.

[8] Coelho, Marcelo Gonzalez. **Estratégia de Integração Vertical no Mercado de Cartões Private Label**. 2007. 81 f. Dissertação (Mestrado Profissional em Economia) – Faculdade Ibmec São Paulo, São Paulo. 2007. p. 11.

[9] Salomão Neto, Eduardo. **Direito Bancário.** 2ª ed, São Paulo: Atlas, 2014. p. 320.

2. Pagamentos Eletrônicos (E-Payments)

Os meios de pagamento eletrônicos trouxeram celeridade, simplicidade e menores custos às operações comerciais e assim ganharam espaço principalmente nas economias mais modernas.

Os Estados Unidos, países europeus e nórdicos lideram a promoção de reformas normativas sobre sistemas de pagamentos e também estão à frente de políticas de incentivo à adoção destas formas de pagamento, que garantem, entre outras vantagens, maior controle sobre a origem do dinheiro e sobre o recolhimento de impostos.[10]

Estas regiões com população altamente bancarizada caminham para uma economia cada vez mais independente do papel-moeda. Na Suécia, por exemplo, o montante de cédulas e moedas em circulação caiu 40% desde 2009.[11] O Banco Central da Suécia foi o primeiro a anunciar em 2016 que está estudando a emissão de moedas digitais, à frente da revolução digital dos pagamentos eletrônicos.

No Brasil, o comércio eletrônico teve um faturamento de R$ 41,3 bilhões em 2015 e, apesar da grave crise econômica que o país enfrenta, as previsões eram de que em 2016 o crescimento deste segmento ficaria em torno de 8%[12] e que em 2017 houvesse

[10] Stuttaford, Andrew. Governments Prefer E-Money; Citizens Should Not. **National Review**, 11 abr. 2016. Disponível em: <https://www.nationalreview.com/nrd/articles/433213/electronic-banking-regulations-another-power-grab> Acesso em: 14 jun. 2017.

[11] Milne, Richard. Sweden's Riksbank Eyes Digital Currency. **Financial Times**, 15 nov. 2016. Disponível em: <https://www.ft.com/content/0e37795c-ab33-11e6-9cb3-bb8207902122> Acesso em: 14 jun. 2017.

[12] Eugênio, Marco. Crescimento do comércio eletrônico no Brasil. **E-Commerce News**, 13 jan. 2017. Disponível em: <https://ecommercenews.com.br/artigos/tendencias-artigos/crescimento-do-comercio-eletronico-no-brasil> Acesso em: 17 jun. 2017.

novo aumento, desta vez de 10 a 15%[13]. O fechamento do primeiro semestre de 2018, com um reportado reaquecimento da economia, trouxe crescimento de 31% do comércio eletrônico[14].

Levantamentos da Pesquisa Conjuntural do Comércio Eletrônico FecomercioSP/Ebit mostram que em 2015 12% das compras do comércio eletrônico (e-commerce) no Brasil foram realizadas utilizando um dispositivo móvel[15]. Segundo dados do relatório Webshoppers, a participação das compras por dispositivos móveis no comércio eletrônico chegou perto de um terço do total em 2017. A expectativa, segundo o Conselho do Comércio Eletrônico da FecomercioSP é que, até 2020, as vendas por dispositivos móveis superem as feitas por computador e notebook no Brasil[16].

A massiva disseminação dos aparelhos smartphone entre os usuários de telefonia móvel em países desenvolvidos e nas grandes economias em desenvolvimento possibilitou o crescimento do uso do celular para realização de pagamentos. Ainda assim, o uso destes dispositivos móveis para acionar o pagamento das transações financeiras, os chamados mobile payments[17], ainda é um segmento pouco explorado no país.

[13] E-COMMERCE brasileiro deve crescer até 15% em 2017. **E-Commerce Brasil**, 12 jan. 2017. https://www.ecommercebrasil.com.br/noticias/e-commerce-brasileiro-crescer-15-2017/> Acesso em: 17 jun. 2017.

[14] E-COMMERCE cresce 31% no primeiro semestre de 2018. **E-Commerce Brasil**, 03 set. 2018. <https://www.ecommercebrasil.com.br/noticias/e-commerce-cresce-31-no-primeiro-semestre-de-2018/> Acesso em: 08 out. 2018.

[15] E-COMMERCE brasileiro deve crescer até 15% em 2017. E-Commerce Brasil, 12 jan. 2017. https://www.ecommercebrasil.com.br/noticias/e-commerce-brasileiro-crescer-15-2017/> Acesso em: 17 jun. 2017.

[16] FECOMERCIOSP. Sites responsivos são tendência do e-commerce. **FECOMERCIOSP**, 17 abr. 2018. <http://www.fecomercio.com.br/noticia/sites-responsivos-sao-tendencia-do-e-commerce> Acesso em: 08 out. 2018.

[17] Na definição encontrada no site do SEBRAE: "O mobile payment é o termo utilizado para todo tipo de operação financeira que envolva um dispositivo móvel para iniciar, ativar ou confirmar um pagamento decorrente de compra e

Mas os pagamentos eletrônicos e móveis não se resumem somente às transações de e-commerce, entre consumidores e empresas.

As rápidas transformações tecnológicas e nos modelos de negócios culminam em avanços nas plataformas e soluções de pagamentos para atender às exigentes expectativas de usuários e do mercado. Na nova configuração do nicho de meios de pagamento, surgem novos participantes como redes sociais, carteiras digitais e moedas digitais que exigem dos órgãos reguladores a mesma agilidade de mudanças no ambiente regulatório.

Neste sentido, os pagamentos eletrônicos podem ocorrer dentro das seguintes relações:

Tabela 1 – Tipos de relações entre usuários de pagamentos eletrônicos.

Categoria de Pagamento	Exemplo	Montante Movimentado
B2B (Business to Business) *Pagamentos entre empresas*	• Pagamentos entre fornecedores	Baixo
B2C (Business to Consumer) *Pagamentos de empresas para consumidores*	• Pagamentos de prêmio de seguro • Indenizações legais	Médio para Alto
C2B (Consumer to Business) *Pagamentos de consumidores para empresas*	• Pagamentos por serviços/produtos	Baixo para Médio

venda de mercadorias e serviços." SEBRAE. **O que são meios eletrônicos de pagamentos?** Disponível em: <https://www.sebrae.com.br/sites/PortalSebrae/artigos/o-que-sao-meios-eletronicos-de-pagamentos,3a085415e6433410VgnVCM1000003b74010aRCRD> Acesso em: 17 jun. 2017.

P2P (Domestic Peer to Peer) *Pagamentos entre usuários em âmbito nacional*	• Transferências de valores para amigos e familiares	Baixo para Alto
P2P (Cross Border Peer to Peer) *Pagamentos entre usuários em âmbito internacional*	• Remessa internacionais de valores para amigos e familiares	Médio para Alto

Fonte: Análise de dados da consultoria Delloite (2015).[18]

Comparando alguns dos maiores sistemas de pagamento online que realizam transações em tempo real no mundo, podemos observar quais são os tipos de transferências de valores que mais ocorrem:

Tabela 2 – Diferença entre volume de recursos movimentados em transações em tempo real por grandes companhiasde pagamento online em diversos países.

País	Companhia	Categoria de Pagamento				
		P2P Doméstico	C2B	B2C	B2B	P2P Internacional
México	SPEI	●	●	●	◐	◐
Índia	IMPS	●	●	●	○	○
Reino Unido	Faster Payments	●	●	◐	◐	◐
Suécia	Bankgirot	●	●	◐	◐	◐
Polônia	Express ELIXIR	●	●	◐	◐	◐

Legenda – Montante Movimentado: ● Alto ◐ Médio ○ Baixo
Fonte: Análise de dados da consultoria Delloite (2015).[19]

[18] DELLOITE. **Real-time payments are changing the reality of payments.** 2015. Disponível em: <https://www2.deloitte.com/content/dam/Deloitte/us/Documents/strategy/us-cons-real-time-payments.pdf> Acesso em: 18 jun. 2017.
[19] Ibidem.

3. Conceito "Peer-to-Peer" (P2P)

Primeiramente, é importante esclarecer que o conceito "peer-to-peer" está relacionado com a obtenção colaborativa de informações, dados e soluções em geral. Os meios de pagamento através de plataformas P2P são apenas uma das formas de expressão deste conceito tão amplo que trouxe novos modelos de conexão. Algumas das plataformas colaborativas P2P mais famosas fora do âmbito dos pagamentos eletrônicos são a Gnutella e o Napster.

Gnutella é uma rede de compartilhamento de arquivos que permite aos usuários do sistema solicitar e atender demandas de arquivos entre os participantes. Os usuários, no que lhes concerne, não conseguem identificar todos os participantes da rede a não ser que se conectem diretamente com um deles para compartilhar um arquivo e, ainda assim, as informações do usuário do outro lado estarão ocultadas por identidades numéricas.[20]

Não há hierarquia entre os usuários e todos os pedidos de arquivos são encaminhados para a rede inteira. Tampouco há um armazenamento central com todos os arquivos já compartilhados, e este é o grande diferencial desta rede.

As solicitações são enviadas para todos e aquele que responder à solicitação de compartilhamento de arquivo é que direcionará o arquivo para o demandante, ou seja, ocorre uma interação direta entre usuários sem um intermediador centralizador. Esta é a raiz do conceito peer-to-peer de compartilhamento, neste caso, aplicado ao compartilhamento de arquivos.

20 THE TECHTARGET. **Definition Gnutella**. Disponível em: <http://whatis.techtarget.com/definition/Gnutella> Acesso em: 18 jun. 2017.

Podemos observar o funcionamento deste processo de compartilhamento na figura abaixo:

Figura 1 – Processo de compartilhamento de informações entre usuários sem um servidor centralizador de dados e arquivos, também dito peer-to-peer "puro", utilizado pela Gnutella.

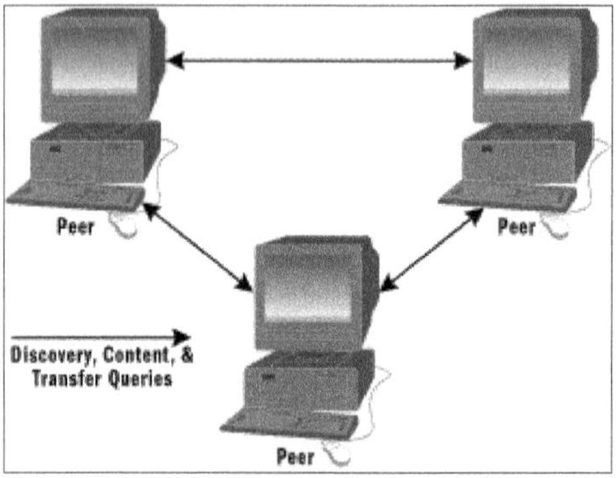

Fonte: Lance Olson, MSDN Magazine (2001).[21]

O Napster por sua vez é uma rede de compartilhamento de arquivos de música. À diferença da Gnutella, quando uma solicitação de arquivo é enviada à comunidade, ela é recebida pelo servidor central do Napster, que relaciona o pedido aos computadores conectados à rede que tenham o arquivo desejado[22].

Ainda assim, da mesma forma que na rede Gnutella, não há um servidor centralizador com todos os arquivos já solicitados e transferidos. Os arquivos são transferidos entre os usuários da plataforma que também não conseguem identificar todos os

[21] OLSON, Lance. **NET P2P: Writing Peer-to-Peer Networked Apps with the Microsoft.NET Framework**, MSDN Magazine, fev. 2001. Disponível em: <https://msdn.microsoft.com/en-us/library/bb985792.aspx> Acesso em: 18 jun. 2017.
[22] NAPSTER. **Napster Privacy Policy,** jun. 2017. Disponível em: <http://us.napster.com/privacy> Acesso em: 18 jun. 2017.

computadores ligados à rede e que só têm acesso aos usuários com quem se conectarem para compartilhar arquivos.

A figura abaixo demonstra como ocorre esta forma de compartilhamento que também não deixa de ser um processo peer-to-peer, apesar de não ser "puro" como o anterior. Observamos:

Figura 2 – Processo de compartilhamento de informações entre usuários no qual o servidor também não desempenha o papel de centralizar dados e arquivos, mas no qual exerce o papel de receber e distribuir as ordens de busca de informação entre os usuários. Uma outra forma de compartilhamento peer-to-peer, utilizado pelo Napster.

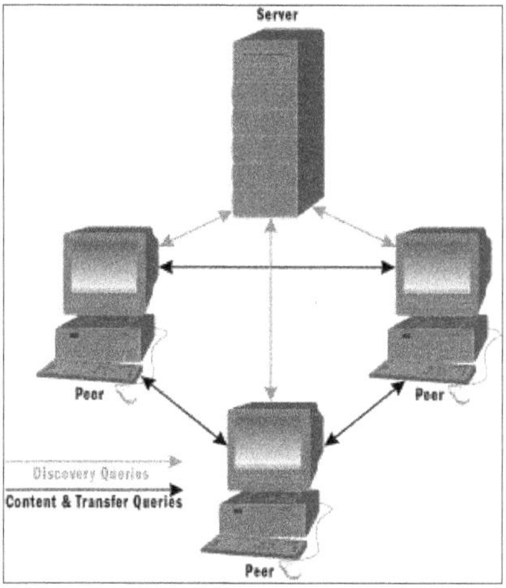

Fonte: Lance Olson, MSDN Magazine (2001).[23]

Esta forma de compartilhamento de dados direta e descentralizada é revolucionária à medida que os designers criadores e provedores de internet no início da criação da Web (como a AOL – America Online) tinham por objetivo centralizar e aglutinar todo o fluxo de informações que alimentasse a rede.

[23] Olson, Lance, op. cit.

Na figura abaixo podemos observar a forma convencional e ordinária de troca de informações na Web, onde um servidor central acumula os dados que são compartilhados com os usuários em relações exclusivas e independentes.

Figura 3 – Processo convencional de troca de informações e arquivos entre usuários e um servidor centralizador de dados, sem compartilhamento entre os usuários.

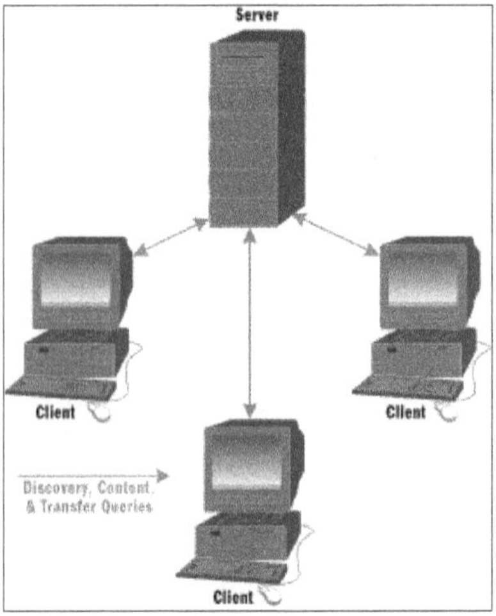

Fonte: Lance Olson, MSDN Magazine (2001).[24]

O método de funcionamento destas plataformas peer-to-peer concede o poder do gerenciamento de informações aos usuários, que são vistos ao mesmo tempo como cliente e provedores aos olhos destes aplicativos.[25]

Assim, considerando que as informações estão disseminadas em diversos computadores, não há a dependência de um servi-

[24] Ibidem.

[25] THE TECHTARGET, op. cit.

dor centralizador. Isto também faz com que a plataforma não seja altamente dependente de uma gigantesca fonte de energia para que sua estabilidade seja garantida. Ainda que os usuários mantenham uma conexão instável com a rede, enquanto houver pessoas dispostas a compartilhar dados, estes tipos de rede funcionarão.[26]

Neste sentido, a Gnutella pode ser considerada ainda mais independentemente sustentável, pois bastam apenas dois usuários conectados para funcionar. Por sua vez o usuário do Napster necessita que o servidor central busque as informações no catálogo de dados dos usuários, ainda assim, o compartilhamento destas informações será independente da estabilidade do servidor central.

Esta forma de funcionamento reduz custos significativos em armazenagem de dados e transmissão de informações, e este é mais um aspecto inovador das plataformas peer-to-peer de compartilhamento.

Em sua pesquisa acadêmica para a Universidade do Alabama[27], o Professor Amit Kumar Dutta relaciona os fatores determinantes para o custo de armazenagem de dados: custos de infraestrutura informática; custos de aluguel de espaço físico para a estrutura; custos com energia não apenas para o funcionamento dos servidores, mas também para a manutenção das estruturas de resfriamento e segurança que envolvem a infraestrutura; custos com manutenção técnica e outros serviços relacionados ao correto funcionamento do servidor; custos com destinação correta dos resíduos sólidos dispensados; custo ambiental agravado pelo uso de geradores massivos de energia à diesel para garantir o contínuo funcionamento dos servidores que contribuem

[26] MOORE, Dana; HEBELER, John. **Peer-to-peer:** Building Secure, Scalable, and Manageable Networks. California: McGraw-Hill, 2002. p. 4-7.

[27] DUTTA, Amit Kumar; HASAN, Ragib. **How much does storage really cost?** – Towards a full cost accounting model for data storage. University of Alabama at Birmingham. 2013. Disponível em: http://secret.cis.uab.edu/media/dutta-2013-full-cost-accounting-gecon.pdf> Acesso em: 18 jun. 2017.

com a emissão de gases tóxicos e agravam a poluição atmosférica, a água evaporada dos sistemas de calefação destas instalações também é uma das grandes causas de poluição hídrica.

Quando colocamos em perspectiva o volume de gastos e implicações ambientais inerentes ao funcionamento de grandes servidores de dados, passamos a compreender melhor porque precisamos evoluir para um futuro tecnológico sustentável. E considerando quão intrínseca é a relação da tecnologia com o desenvolvimento de nosso modelo globalizado de economia, entendemos então a importância da abordagem de novas formas de compartilhamento de dados como o peer-to-peer.

4. Riscos de Lavagem de Dinheiro Associados a Tecnologias P2P

Conforme abordamos anteriormente na sessão que traz o histórico evolutivo dos meios de pagamento, o dinamismo das relações comerciais e o alto grau de exigência dos consumidores e do mercado de fornecimento de produtos e serviços fez surgir uma imensa demanda por soluções tecnológicas mais rápidas e eficientes para as transações econômicas.

Diante deste cenário emergiram novos participantes, que inicialmente não pertenciam ao setor bancário, integrando novas ideias e plataformas para atender a essas necessidades. Estas são as chamadas FinTechs, empresas de tecnologia que aparecem no setor financeiro competindo com as tradicionais instituições bancárias por esta fatia de mercado.

As FinTechs trouxeram novos meios de pagamento eletrônico que não só inovaram a forma de se transacionar valores mas que também desafiaram as antigas regulações financeiras, às quais não se encaixam perfeitamente[28].

[28] A recente Resolução CMN nº 4.656, de 26 de abril de 2018, dispôs sobre a sociedade de crédito direto e a sociedade de empréstimo entre pessoas, âmbito

Assim, esses novos meios de pagamento online desenvolvidos pelas FinTechs podem operar utilizando uma conta bancária para efetuar transações ou de maneira independente. Neste caso, não estamos falando dos serviços de *online banking* oferecidos pelos bancos tradicionais para facilitar o acesso do cliente à movimentação de sua conta.

Os meios de pagamento eletrônicos em questão, oferecidos pelas FinTech e não pelas instituições bancárias, podem ser divididos basicamente entre duas categorias: as moedas digitais e os serviços pré-pagos de pagamento online[29], conforme veremos a seguir.

4.1. Moedas Digitais

O mercado de moedas digitais compreende todo um ambiente de armazenamento e negociação próprio onde estas moedas podem ser compradas e vendidas pelos participantes.

Estas moedas são armazenadas em carteiras digitais e têm um preço de cotação regido pela relação de oferta e demanda do mercado. Considerando que a quantidade destas moedas costuma ser escassa, a volatilidade destes produtos é alta, não sendo necessários grandes volumes de operação de *trade* para afetar seu preço de mercado.[30]

As moedas digitais podem ser centralizadas ou não. Esta característica depende da maneira como está configurado seu código de programação. Se o código de programação da moeda for aberto significa que ele está disponível para edição por qual-

das Fintechs de crédito.

[29] THE FINANCIAL ACTION TASK FORCE (FATF). **Money Laundering Using New Payment Methods,** FATF REPORT, out. 2010. p. 17. Disponível em: <http://www.fatf-gafi.org/media/fatf/documents/reports/ML%20using%20New%20Payment%20Methods.pdf> Acesso em: 21 jun. 2017.

[30] BITCOIN. **Frequently Asked Questions.** Disponível em: <https://bitcoin.org/en/faq#what-determines-bitcoins-price> Acesso em: 21 jun. 2017.

quer programador e então a moeda pode ser adquirida através de "mineração".

Ou seja, através de um software específico para a mineração da moeda é possível solucionar equações matemáticas altamente complexas geradas por algoritmos do programa que recompensa o primeiro a obter a solução com o pagamento de um "prêmio" nessa moeda digital.[31] Este processo de mineração é extremamente complexo e se torna mais difícil à medida que mais usuários participam do processo.

A mineração para ser eficiente deve ser realizada por um computador com alta capacidade operacional, que não é própria dos processadores domésticos, pois consome grandes quantidades de tempo e energia. Por esta razão, a maioria dos usuários destas moedas as adquirem através do ambiente de negociação, utilizando moedas reais para comprá-las.[32] [33]

Estas moedas podem ser trocadas por produtos em lojas que já as aceitam como forma de pagamento mas atualmente sua principal utilidade é para fins especulativos, pois as moedas com código de programação aberto são descentralizadas. Isso quer dizer que não há um órgão central ou uma empresa que controle as regras de emissão e negociação destas moedas.[34]

O código de programação aberto permite que os próprios usuários façam alterações no protocolo de funcionamento destas moedas (desde que estas alterações sejam aceitas pelos

[31] SCHIAVON, Guto. Mineração de Bitcoin: Entenda Como Funciona. **FoxBit**, 24 out. 2016. Disponível em: <https://foxbit.com.br/blog/mineracao-de-bitcoin-entenda-como-funciona/> Acesso em: 21 jun. 2017.

[32] WE USE COINS. **What is Bitcoin Mining?** Disponível em: <https://www.weusecoins.com/en/mining-guide/> Acesso em: 21 jun. 2017.

[33] SCHIAVON, Guto. op. cit.

[34] COSTA, Rodolfo. Moedas virtuais ganham espaço entre brasileiros. **Correio Braziliense**, 18 jan. 2017. Disponível em: <http://www.correiobraziliense.com.br/app/noticia/economia/2017/01/18/internas_economia,566034/moedas-virtuais-ganham-espaco-entre-brasileiros.shtml> Acesso em: 21 jun. 2017.

outros usuários) e, assim, as "regras" são definidas pela comunidade, não permitindo a concentração de poder em nenhum usuário em especial.[35]

Dessa forma, a negociação destas moedas descentralizadas, verdadeiros produtos globais, não sofre interferência de políticas monetárias, regras de tributação ou de regulação de nenhum país específico, e este é seu grande atrativo especulativo.[36]

Dadas estas características, podemos afirmar que as moedas digitais descentralizadas são verdadeiros meios de pagamento com tecnologia peer-to-peer de transferência de recursos.

Para que produtos de código tão democrático e aberto como estes não se tornem vulneráveis ao ataque de usuários mal intencionados e alvos de programações maliciosas, as moedas mais bem sucedidas utilizam da criptografia para proteger suas transações e usuários.

As criptomoedas são uma subespécie de moedas digitais que geralmente usam a tecnologia de blockchain para registrar as transações válidas efetuadas agrupando-as em blocos vinculados através de códigos às transações anteriores, criando assim uma cadeia de blocos que mantém um índice globalmente acessível das operações realizadas.

Essa tecnologia de criptografia torna as operações praticamente blindadas de qualquer forma de fraude, pois toda a rede de usuários tem o registro e o acesso à "contabilidade" das transações realizadas, tornando qualquer alteração artificial detectável e inaceitável. Os saldos das contas, por outro lado, não são revelados, pois são registradas na rede apenas as informações das transações realizadas por seus usuários.

[35] Albuquerque, Bruno S. de; Callado, Marcelo de C. Understanding Bitcoins: Facts and Questions. **Revista Brasileira de Economia**, Rio de Janeiro, v. 69, n. 1, jan./mar. 2015. Disponível em: <http://www.scielo.br/scielo.php?script=sci_arttext&pid=S0034-71402015000100003> Acesso em: 21 jun. 2017.

[36] Costa, Rodolfo, op. cit.

Além disso, a cada transação é gerada uma chave pública que alimenta os "registros contábeis" da rede e conectada à ela haverá uma chave privada criptografada que só será visível ao pagador da operação. O receptor do valor por sua vez receberá a informação desta chave pública associada à sua própria chave privada criptografada, ao qual apenas ele terá acesso. Dessa maneira, a operação é garantida por uma criptografia integrada de ponta a ponta.

Os administradores da empresa Direct.One de soluções digitais explicam de forma muito didática o passo-a-passo do funcionamento da criptografia de blockchain em uma transação de criptomoeda:

> O receptor de uma transação financeira gera um par de chaves público-privada que são matematicamente ligadas e envia a chave pública ao pagador da transação — neste passo, é importante que a comunicação entre as duas partes não possa ser interceptada por terceiros mal-intencionados;
>
> O pagador da transação usa a chave pública para criptografar a sua transação, utilizando a sua própria chave privada, e envia a mensagem desta transação ao receptor, mesmo através de um canal não seguro ou público;
>
> O receptor então decodifica a mensagem recebida utilizando a chave privada associada à chave pública utilizada.
>
> As chaves públicas de ambas as partes, são como se fossem as contas de banco do bitcoin. Elas que identificam de onde está saindo a moeda e para onde ela vai. A partir daí, a transação ou mensagem decodificada, precisa ser inserida no banco de dados distribuído do blockchain. Esse banco de dados não armazena os saldos das contas, e sim apenas as transações, que são os saldos que estão em cada carteira eletrônica.[37]

[37] Steler, Fernando W.; Cerqueira, Aurimar H. Tudo o que você queria saber sobre blockchain e tinha receio de perguntar. **Computerworld**, 6 mar.

A segurança e confidencialidade das transações e a forma descentralizada de regramento e existência da rede atraem cada vez mais usuários ao ambiente de negociação de criptomoedas. E certamente a mais famosa e mais expressiva destas moedas em volume operacional é o Bitcoin.

Na tabela abaixo podemos observar a velocidade com que se expandiu no período de 2016 a 2017 o volume de operações de criptomoedas e notar a representatividade do Bitcoin neste segmento:

Tabela 3 – Média diária de transações envolvendo algumas das maiores criptomoedas do mercado.[38]

	Bitcoin	Ethereum	Litecoin	Monero	DASH
1º Trimestre 2016	201.595	20.242	4.453	579	1.582
2º Trimestre 2016	221.018	40.895	5.520	435	1.184
3º Trimestre 2016	219.624	45.109	3.432	1.045	1.549
4º Trimestre 2016	261.710	42.908	3.455	1.598	1.238
Jan/Fev 2017	286.419	47.792	3.244	2.611	1.800

Fonte: Hileman, Garrick. Global Cryptocurrency Benchmarking Study (2017).[39]

Por outro lado, ainda que as criptomoedas tenham em sua tecnologia uma garantia quase indubitável de combate às fraudes sistêmicas, o combate ao mau uso da rede para movimenta-

2017. Disponível em: <http://computerworld.com.br/tudo-o-que-voce-queria-saber-sobre-blockchain-e-tinha-receio-de-perguntar> Acesso em: 21 jun. 2017

[38] Outra importante criptomoeda que não foi considerada na tabela comparativa por falta de fornecimento de dados aos autores da pesquisa é a Ripple (XRP).

[39] Hileman, Garrick; Rauchs, Michel. **Global Cryptocurrency Benchmarking Study**. University of Cambridge. 2017. p. 20. Disponível em: <https://www.jbs.cam.ac.uk/fileadmin/user_upload/research/centres/alternative-finance/downloads/2017-global-cryptocurrency-benchmarking-study.pdf> Acesso em: 21 jun. 2017.

ção de lucros advindos de atividades ilícitas ainda é uma questão a ser debatida.

Em 2013, o governo chinês decretou que não reconhecia Bitcoin como uma moeda e proibiu as transações de câmbio com a moeda nacional *renminbi*[40]. Mas os esforços de contenção de expansão desta inovação financeira foram em vão pois, temendo que ocorra fuga de capital do país, atualmente o banco central chinês negocia com os participantes do mercado de Bitcoin regras e limites de negociação para a moeda.[41]

Tendo em vista o fracasso da experiência chinesa em conter o crescimento deste segmento através da proibição absoluta, podemos assumir que a melhor alternativa para as autoridades reguladoras e de fiscalização é compreender o funcionamento e os riscos intrínsecos a estas novas tecnologias.

A agilidade para promover transações de altos valores, a facilidade de proteção à identidade do usuário, a ausência de contato cara-a-cara na identificação e na diligência prévia de clientes/usuários (Customer Due Diligence – CDD)[42], a possibilidade de acesso virtual (não presencial) de qualquer lugar do mundo e de realizar operações cross-border, a ausência de regulação e de órgão de fiscalização próprio, são alguns dos principais fatores de risco de lavagem de dinheiro intrínsecos ao ambiente de negociação destas moedas virtuais.

[40] Nome oficial da moeda da República Popular da China. Yuan é na verdade o nome dado à unidade da moeda.

[41] WILDAU, Gabriel. China probes bitcoin exchanges amid capital flight fears. **Financial Times**, 10 jan. 2017. Disponível em: <https://www.ft.com/content/bad16a88-d6fd-11e6-944b-e7eb37a6aa8e?mhq5j=e1> Acesso em: 21 jun. 2017.

[42] MCCROSSAN, Sean. **Combating the proliferation of mobile and internet payment systems as money laundering vehicles. CAMS-FCI**, 2015. p. 5. Disponível em: <http://www.acams.org/wp-content/uploads/2015/08/Combating-the-Proliferation-of-Mobile-and-Internet-Payment-Systems-as-ML-Vehicles-S-McCrossan.pdf> Acesso em: 18 jun. 2017.

4.2. Serviços Pré-Pagos de Pagamento Online

Os serviços pré-pagos de pagamento online podem ser oferecidos por empresas que não necessariamente sejam instituições financeiras e permitem que os usuários recebam e enviem recursos através de uma conta online pré-paga. Estes recursos podem ser movimentados entre empresas e seus clientes e entre os próprios usuários pessoa física (peer-to-peer).

Apesar deste tipo de tecnologia não ser uma verdadeira inovação se considerarmos que há muito é utilizada por exemplo por plataformas de jogos online nas quais é permitido comprar com créditos pré-pagos itens a serem utilizados no game, o grande diferencial que o desenvolvimento destes serviços trouxe é que hoje é possível utilizar estes créditos em plataformas diversificadas, trocar entre usuários e, principalmente, sacar em caixas eletrônicos através do uso de cartões pré-pagos.[43]

Segundo estudo promovido pelo Banco Mundial (World Bank)[44], podemos encontrar na categoria de serviços pré-pagos de pagamento online as seguintes subcategorias: cartões pré-pagos (*value cards*); serviços de pagamentos móveis (ou *mobile payment services*, abordados anteriormente no capítulo de introdução aos pagamentos eletrônicos) e os serviços de pagamento online per se (que não se confundem com os serviços de *online banking*, conforme falamos no início deste capítulo).

Os cartões pré-pagos, por sua vez, são segmentados de acordo com o tipo de tecnologia de gravação dos dados referente aos créditos do cartão, que podem ser armazenados em

[43] THE FINANCIAL ACTION TASK FORCE (FATF), op. cit., p. 17.

[44] WORLD BANK. **New Technologies, New Risks?** Innovation and Countering the Financing of Terrorism. Working paper n. 174, 2010. p. 7-8. Disponível em: < http://siteresources.worldbank.org/FINANCIALSECTOR/Resources/New_Technogies.pdf> Acesso em: 21 jun. 2017.

uma base de dados central (*centrally recorded value cards*) ou registrados no próprio cartão (*unit value–recorded cards*).

Os cartões com armazenagem de dados centralizada tendem a ter maior utilidade e aceitação. O funcionamento se dá quando o cartão fornece à base de dados central informações de acesso ao dispositivo do ponto de venda, a rede então autoriza a transferência do pagamento para o ponto de venda baseando-se nas informações fornecidas.

Por outro lado, os cartões com armazenagem de dados própria transferem as informações da transferência diretamente de seu chip para o dispositivo do ponto de venda. As diferenças entre armazenagem de dados dos dois tipos de cartão são fundamentais para a análise dos riscos de lavagem de dinheiro e financiamento ao terrorismo e outros crimes envolvendo estes produtos.

As transações feitas com o cartão que armazena seus próprios dados são muito mais difíceis de serem rastreadas do que as informações registradas numa base central como no caso do outro produto. Entretanto, a rede de aceitação dos *unit value–recorded cards* é muito menor, pois são poucos os pontos de venda que estão preparados para fazer a leitura de seu chip.

Em comparação, o aceite dos *centrally recorded value cards* é de ampla extensão geográfica e podemos dizer que sua aceitação a nível mundial é um dos fatores que atrai usuários que intencionam cruzar fronteiras com recursos de origens e valores não declarados, pois é extremamente difícil para as autoridades precisar o volume de dinheiro contido nestes cartões.

Por sua vez, os serviços de pagamentos móveis (ou *mobile payment services*) surfaram na onda de expansão mundial dos celulares, principalmente dos smartphones. No Brasil estes serviços estão intimamente associados com o uso de cartões de crédito para seu funcionamento e estão mais associados aos riscos de fraude e roubo de dados comuns a estes produtos do que propriamente de lavagem de dinheiro.

Quanto aos serviços de pagamento online per se, eles se diferenciam dos serviços de *online banking* (ou internet banking como conhecemos no Brasil) à medida que estes último são mera extensão dos serviços do banco ao cliente no ambiente digital, enquanto os serviços de pagamento online normalmente são fornecidos por instituições intermediárias não bancárias que não realizam empréstimos ou serviços de depósito, apenas transferências online. Dentro desta categoria se enquadram alguns fornecedores de serviços como o Paypal, Google Wallet e WePay.

O grande atrativo destes serviços de pagamento em comparação com os serviços oferecidos pelos bancos tradicionais é o baixo custo das transações, que normalmente saem a custo zero para o cliente em pagamentos no comércio eletrônico e até mesmo em transações entre contas da mesma plataforma. Além da segurança de realizar todos os pagamentos online sem a necessidade de inserir dados bancários e de cartão a cada operação.

Dentre as novas categorias de meios de pagamentos eletrônicos já mencionadas neste estudo, talvez os serviços de pagamento online pré-pagos sejam os que menos apresentam riscos excepcionais de lavagem de dinheiro e financiamento ao terrorismo e outros crimes, pois estão intrinsecamente relacionados com os produtos da rede de serviços bancários tradicionais e raramente seus termos de uso permitem a possibilidade de combinar estes meios de pagamento com outros de menor controle regulatório e de fiscalização.

Para acessar os maiores mercados do mundo como Europa, Estados Unidos e Brasil estas empresas fornecedoras de serviços de pagamento online devem obter licença de funcionamento nos órgãos reguladores do sistema financeiro, pois atuam como intermediadoras do mercado.

Ainda sim as configurações de sistema e de serviços dos fornecedores desta categoria evoluem muito mais rapidamente do que os produtos bancários tradicionais, o que pode acarretar em um vácuo regulatório até que as autoridades se atualizem, estudem e regulamentem as novas matérias.

4.3. Casos Demonstrativos de Lavagem de Dinheiro Envolvendo Tecnologias P2P

O reporte de 2010 da Financial Action Task Force (FATF)[45] de sobre lavagem de dinheiro envolvendo o uso de novos meios de pagamento traz diversos exemplos de casos em que estas novas tecnologias mencionadas acima foram utilizadas para fins de lavagem de dinheiro:

4.3.1. Caso 1 – Japão

Em 2009 no Japão, um suspeito invadiu as contas bancárias das vítimas através do *internet banking* e instruiu o sistema a enviar valores para uma casa de câmbio de moedas digitais. Após adquirir o dinheiro virtual, o suspeito remeteu os valores em criptomoedas para outra casa de câmbio de moedas digitais e trocou os valores por dinheiro real, sendo depositado em contas bancárias movimentadas por ele.[46]

4.3.2. Caso 2 – Canadá

O conhecimento deste caso teve origem no reporte feito por uma Unidade de Inteligência Financeira (UIF)[47] estrangeira

[45] Financial Action Task Force (FATF) é um órgão intergovernamental que promove diretrizes para medidas operatórias, legais e regulatórias eficientes a respeito do combate à lavagem de dinheiro, ao financiamento ao terrorismo e a outras ameaças à integridade do sistema financeiro internacional.

[46] THE FINANCIAL ACTION TASK FORCE (FATF), op. cit., p. 43.

[47] Na definição do Banco Central: "agência central nacional responsável por receber (e, se permitido, requisitar), analisar e encaminhar às autoridades competentes, denúncias sobre informações financeiras referentes a recursos oriundos de crime e potencial financiamento do terrorismo ou requisitados pela legislação nacional ou regulamentação, com o objetivo de combater a lavagem de

que indicou que uma provedora de serviços de pagamento online canadense, sua subsidiária nos Estados Unidos e outras entidades associadas eram suspeitas de lavagem de dinheiro derivado de esquemas de pirâmide e de fraude envolvendo atividades de telemarketing.

Foi revelado que a provedora de serviços de pagamento online também tinha subsidiárias na Europa e na Ásia e que o complexo esquema de lavagem de dinheiro envolvia ainda (de forma consciente ou inconsciente) pelo menos cinco casas de câmbio de moeda digital (localizados no Canadá, Estados Unidos e Europa), dois fornecedores digitais de metais preciosos (baseados nos Estados Unidos) e três provedoras de cartões pré-pagos de circuito aberto (situados nos Estados Unidos e no Canadá).

Uma dos provedoras de cartões pré-pagos foi identificado oferecendo financiamento para usuários de jogos online através do uso de seus produtos para que estes usuários em contrapartida sacassem os valores depositados no jogo em moeda real diretamente de caixas eletrônicos.

De maneira geral, os fundos recebidos nas contas bancárias da provedora de serviços de pagamento online canadense e das provedoras de cartões pré-pagos eram utilizados para carregar cartões pré-pagos ou para enviar recursos para outras provedoras participantes do esquema baseadas em outros países.

Em alguns casos foram identificados que os recursos entravam no sistema financeiro canadense, eram disseminados em operações bancárias pelo mundo com o intuito de ocultar sua origem e depois retornavam para o Canadá.

dinheiro e o financiamento do terrorismo". BANCO CENTRAL DO BRASIL. **Glossário.** Disponível em: <https://www.bcb.gov.br/glossario.asp?Definicao=1447&idioma=P&idpai=GLOSSARIO> Acesso em: 21 jun. 2017.

As transações suspeitas envolviam grandes depósitos realizados em dinheiro ou em cheques administrativos (bank drafts) seguidos por transferências internacionais de fundos eletrônicos (EFTs) que dificultavam o rastreamento da origem dos valores.[48]

4.3.3. Caso 3 – Alemanha

No âmbito de uma investigação internacional, descobriu-se que um grupo de infratores transferiu recursos ilegalmente através de uma provedora de serviços financeiros para países do leste europeu, onde outros agentes da organização sacaram os valores e converteram em dinheiro virtual em uma casa de câmbio de moedas digitais. Estas moedas digitais por sua vez foram movimentadas por carteiras controladas pelos criminosos administradas por uma prestadora de serviços financeiros desta mesma região.

Em cooperação com um banco localizado em um offshore, esta prestadora emitiu cartões pré-pagos MasterCard que foram adquiridos anonimamente utilizando estas moedas digitais. Os cartões eram de larga aceitação no mercado e poderiam ser utilizados numa rede mundial de varejo e ainda para sacar dinheiro em caixas eletrônicos.

Esse esquema possibilitou que os criminosos pudessem ocultar o dinheiro de forma eficiente e acessá-lo de maneira rápida e anônima.[49]

4.3.4. Caso 4 – Estados Unidos

Em 2008 uma empresa de negociação de moedas digitais e seus representantes confessaram serem culpados de acusações criminais relacionadas a lavagem de dinheiro e negociação ilegal de recursos. Diversas fatores em seu negócio contribuíram

[48] THE FINANCIAL ACTION TASK FORCE (FATF), op. cit., p. 44.

[49] Ibidem, p. 45.

para que fosse utilizado por usuários que tinham por objetivo a movimentação de recursos ilícitos. Por exemplo, a empresa não requeria de seus usuários que fosse fornecida sua verdadeira identidade ou qualquer forma de identificação.

Apesar de saber que seu ambiente de negociações era utilizado para a movimentação de recursos ilícitos advindos de atividades como exploração infantil, estelionato e esquemas fraudulentos envolvendo cartões de crédito e roubo de identidades, a empresa continuou a permitir a abertura de contas sem a identificação dos usuários.

A empresa ainda incentivava usuários que tivessem suas atividades criminosas descobertas a transferirem seus recursos para outras contas dentro do seu ambiente de negociação de moeda digital.

Ao contrário de outras provedoras de serviços de pagamento online, esta empresa não tinha nos termos de uso de seus serviços a proibição expressa de se utilizar o ambiente de negociação para atividades criminosas.[50]

4.4. Medidas Combativas a Serem Estudadas para Evitar Casos de Lavagem de Dinheiro Envolvendo Tecnologias P2P

A extensão do prejuízo da maioria destes casos poderia ter sido diminuída, por exemplo, com a imposição de uma limitação diária de transações de valores entre contas de moedas digitais e de depósitos e saques de moedas reais nas casas de câmbio de moedas digitais.

Alguns dos maiores riscos de lavagem de dinheiro e financiamento ao terrorismo e outros crimes envolvendo estes novos meios de pagamento estão associados à falta de identificação do usuário e de confirmação de sua identidade em bases confiáveis de busca e pesquisa, à ausência de exigência de atuali-

[50] Ibidem, p. 45.

zação cadastral do usuário, à falta de monitoramento do perfil e de suas atividades financeiras.

Em relação à gravação das transações, a maioria destes novos meios de pagamento apesar de realizar registros das operações ou não os armazenam ou se utilizam de tecnologias que não permitem a posterior disponibilização dessas informações às autoridades (como a criptografia em blockchain).

Outra configuração destes serviços de pagamento que os tornam vulneráveis ao mau uso é a falta de limites de valores por transação e por armazenamento em conta, e a falta de limites de abertura de conta por usuário e de frequência de transações por conta.

Ainda, quanto mais permissivas forem as extensões destes serviços, maiores serão os riscos intrínsecos a eles. Por exemplo, quanto maior o alcance geográfico do serviço, maior será a facilidade para realizar operações cross-border envolvendo recursos ilícitos ou não declarados.

Quanto maior for a integração destes com outros meios de pagamento, maior será a possibilidade do produto se tornarem uma ferramenta de lavagem de dinheiro extremamente eficiente, pois ao permitir o financiamento destas plataformas através de formas de pagamento menos reguladas e que impeçam o rastreamento de recursos (e.g. uma combinação de dinheiro, moedas digitais, ordens de pagamento, meios de pagamento anônimos, acesso via caixas eletrônicos) estes se tornarão mais vulneráveis.

A extensão dos tipos de operação permitidas por estes novos meios de pagamento é outro fator determinante para a atração de criminosos, pois estas plataformas vão além do uso convencional para transações entre empresas e seus clientes (transferências B2C e C2B, como vimos no capítulo de introdução aos meios de pagamento eletrônico) para permitir operações entre seus usuários (P2P). Este recurso facilita a ocultação de recursos ilícitos através de operações múltiplas que confundem o caminho do dinheiro, como a prática de *smurfing*.[51]

Outra extensão de uso que pode tornar estas plataformas sensíveis a riscos é a possibilidade de sacar valores sem limite e de forma anônima, por exemplo, através do uso de caixas eletrônicos. Mais uma vez a limitação geográfica, de quantidade e frequência de valores sacados podem ser uma alternativa de mitigar estes riscos.[52]

Um dos relatórios de estudo de prevenção à lavagem de dinheiro do Banco Mundial traz informações sobre um caso envolvendo medidas regulatórias África do Sul que visam mitigar os riscos de meios de pagamento que fazem identificação não pessoal (*non face-to-face*) de seus usuários.[53]

No país os meios de pagamento que não promoverem identificação pessoal de seus usuários devem enfrentar algumas limitações operacionais como: limite máximo de armazenagem de valores na conta de USD$ 3.570; limite máximo de valores de transação de USD$ 714 por dia ou de USD$ 3.570 por mês; não são permitidas transações internacionais; saques são limitados à zona conhecida como Common Monetary Area que abrange a África do Sul, Namíbia, Lesoto e Suazilândia; é permitida ape-

[51] Segundo o glossário da ACAMS – Association of Certified Anti-Money Laundering Specialists, *smurfing* é um método de driblar os controles de prevenção à lavagem de dinheiro à medida que envolve a efetuação de diversas operações financeiras abaixo com valores abaixo do limite de reportes de operações suspeitas definido pelas autoridades reguladoras e de fiscalização. ACAMS. **AML Glossary of Terms.** Disponível em: <www.acams.org/aml-glossary/index-s/> Acesso em: 21 jun. 2017.

[52] Ibidem, p. 22-23.

[53] WORLD BANK. **Integrity in Mobile Phone Financial Services:** Measures for Mitigating Risks from Money Laundering and Terrorist Financing. Working paper n. 146, 2008. p. 62. Disponível em: <http://siteresources.worldbank.org/INTAML/Resources/WP146_Web.pdf> Acesso em: 21 jun. 2017.

nas uma conta por pessoa e apenas cidadãos ou residentes da África do Sul têm acesso a elas.

Ademais, todas as operações financeiras não presenciais são limitadas ao valor de USD$ 145,90 por dia e os bancos devem buscar formas igualmente seguras de identificar seus clientes, como verificação de documentos através da utilização de bases de dados seguras e confiáveis. Todas as movimentações das contas devem ser monitoradas.

Em conclusão, ainda que algumas destas medidas adotadas pelo regulador sul-africano possam ser vistas como muito radicais e impraticáveis em algumas economias mais arrojadas e desenvolvidas, é interessante analisá-las, pois elas atacam a maioria dos fatores de risco associados aos meios de pagamentos eletrônicos, em especial os que permitem operações P2P, como o anonimato, o acesso global aos recursos, a possibilidade de movimentar grandes volumes de dinheiro e de realizar operações múltiplas.

5. Os desafios do Facebook Messenger

No âmbito desta explosão de soluções de meios de pagamentos eletrônicos que surge no contexto atual, observamos a entrada de novos participantes neste segmento financeiro. Um deles é o Facebook, que lançou em 2015 nos Estados Unidos uma nova função de transferência de recursos dentro do seu sistema de troca de mensagens entre os usuários, o Facebook Messenger.

Assim como outras soluções de pagamento que vimos anteriormente, o Facebook Messenger traz uma nova extensão à realização de pagamentos na plataforma do Facebook, que já permitia que fossem efetuadas transferências entre empresas e seus consumidores (relação B2C e C2B). Esta nova configuração permite a realização de transferências P2P entre seus usuários.

Nesta fase de testes, essa configuração da plataforma só está disponível para os usuários dos Estados Unidos que cadastrem um cartão de débito emitido por instituição bancária americana. Não são permitidas operações cross-border, nem há interação com outros novos meios de pagamento mais permissivos.

Para oferecer estes serviços nos Estados Unidos, o Facebook obteve uma licença junto ao regulador financeiro do país. Da mesma forma, intencionando abranger a cobertura deste serviço para usuários europeus, a sede do Facebook na Europa, localizada na Irlanda, também logrou obter uma licença de funcionamento para atividades financeiras neste ano.

À primeira vista, podemos entender que os serviços de transferência de recursos do Facebook Messenger não traz grandes avanços em termos de tecnologia quando comparamos com seus concorrentes de serviços de pagamento online per se como o Paypal, Google Wallet e WePay.

Entretanto, por se tratar de uma plataforma de rede social de largo alcance em escala mundial, é notável que o grande diferencial deste serviço é a capacidade de alcançar novos consumidores, menos atualizados na última moda tecnológica e mais preocupado em facilitar a interação entre seus "amigos" na rede.

Este é um apelo que sem sombra de dúvidas não pode ser identificado nos fornecedores concorrentes deste serviço e que tem um grande potencial de expansão no Brasil, onde há uma das maiores comunidades de usuários desta rede social. Assim é possível crer que podemos esperar a expansão deste serviço em território nacional.

Considerações Finais

De maneira geral os meios de pagamento eletrônicos estão cada vez mais integrados e podemos combinar estes novos meios de pagamento com outras formas de movimentação de recursos através do uso de diferentes soluções como dinheiro, cartões de crédito, empresas de transferência de valores e transferências bancárias.

Por isso é importante conhecer a tecnologia por trás dos diferentes produtos disponíveis no mercado para que possamos compreender suas variantes e tentar prever de que maneira o abuso do uso destes meios de pagamento deve ser combatido para ser eficiente na prevenção à lavagem de dinheiro e financiamento ao terrorismo e outros crimes.

Referências

ACAMS. **AML Glossary of Terms.** Disponível em: <www.acams.org/aml-glossary/index-s/> Acesso em: 21 jun. 2017.

Albuquerque, Bruno S. de; Callado, Marcelo de C. Understanding Bitcoins: Facts and Questions. **Revista Brasileira de Economia**, Rio de Janeiro, v. 69, n. 1, jan./mar. 2015. Disponível em: <http://www.scielo.br/scielo.php?script=sci_arttext&pid=S0034-71402015000100003> Acesso em: 21 jun. 2017.

BANCO CENTRAL DO BRASIL. **Glossário.** Disponível em: <https://www.bcb.gov.br/glossario.asp?Definicao=1447&idioma=P&idpai=GLOSSARIO> Acesso em: 21 jun. 2017.

BANCO CENTRAL DO BRASIL. **Museu de Valores do Banco Central.** Disponível em: <http://www.bcb.gov.br/htms/origevol.asp> Acesso em: 14 jun. 2017.

BITCOIN. **Frequently Asked Questions.** Disponível em: <https://bitcoin.org/en/faq#what-determines-bitcoins-price> Acesso em: 21 jun. 2017.

Bradford, Terri; Keeton, William R. **New Person-to-Person Payment Methods**: Have Checks Met Their Match? Disponível em: <https://www.kansascityfed.org/publicat/econrev/pdf/12q3Bradford-Keeton.pdf> Acesso em: 16 jun. 2017.

Camargo, Patrícia Olga. **A Evolução Recente do Setor Bancário no Brasil.** São Paulo: Editora UNESP; São Paulo: Cultura Acadêmica, 2009. Disponível em: <http://static.scielo.org/scielobooks/hn9cv/pdf/camargo-9788579830396.pdf> Acesso em: 14 jun. 2017.

Coelho, Marcelo Gonzalez. **Estratégia de Integração Vertical no Mercado de Cartões Private Label.** 2007. 81 f. Dissertação (Mestrado Profissional em Economia) – Faculdade Ibmec São Paulo, São Paulo. 2007. Disponível em: <http://dspace.insper.edu.br/xmlui/bitstream/handle/11224/1090/Marcelo%20Coelho.pdf?sequence=1> Acesso em: 14 jun. 2017.

Costa, Rodolfo. Moedas virtuais ganham espaço entre brasileiros. **Correio Braziliense**, 18 jan. 2017. Disponível em: <http://www.correiobraziliense.com.br/app/noticia/economia/2017/01/18/internas_economia,566034/moedas-virtuais-ganham-espaco-entre-brasileiros.shtml> Acesso em: 21 jun. 2017.

Cots, Márcio. Regulamentação do Pagamento Eletrônico no Brasil. **E-Commerce News**, 12 maio 2014. Disponível em: <https://ecommercenews.com.br/artigos/cases/regulamentacao-do-pagamento-eletronico-no-brasil> Acesso em: 14 jun. 2017.

DELLOITE. **Real-time payments are changing the reality of payments.** 2015. Disponível em: <https://www2.deloitte.com/content/dam/Deloitte/us/Documents/strategy/us-cons-real-time-payments.pdf> Acesso em: 18 jun. 2017.

Dutta, Amit Kumar; Hasan, Ragib. **How much does storage really cost? – towards a full cost accounting model for data storage.** University of Alabama at Birmingham. 2013. Disponível em: http://secret.cis.uab.edu/media/dutta-2013-full-cost-accounting-gecon.pdf> Acesso em: 18 jun. 2017.

E-COMMERCE brasileiro deve crescer até 15% em 2017. **E-Commerce Brasil**, 12 jan. 2017. https://www.ecommercebrasil.com.br/noticias/e-commerce-brasileiro-crescer-15-2017/> Acesso em: 17 jun. 2017.

E-COMMERCE cresce 31% no primeiro semestre de 2018. **E-Commerce Brasil**, 03 set. 2018. <https://www.ecommercebrasil.com.br/noticias/e-commerce-cresce-31-no-primeiro-semestre-de-2018/> Acesso em: 08 out. 2018.

Eugênio, Marco. Crescimento do comércio eletrônico no Brasil. **E-Commerce News**, 13 jan. 2017. Disponível em: <https://ecommercenews.com.br/artigos/tendencias-artigos/crescimento-do-comercio-eletronico-no-brasil> Acesso em: 17 jun. 2017.

FECOMERCIOSP. Sites responsivos são tendência do e-commerce. **FECOMERCIOSP**, 17 abr. 2018. <http://www.fecomercio.com.br/noticia/sites-responsivos-sao-tendencia-do-e-commerce> Acesso em: 08 out. 2018

Hileman, Garrick; Rauchs, Michel. **Global Cryptocurrency Benchmarking Study.** University of Cambridge. 2017. Disponível em: <https://www.jbs.cam.ac.uk/fileadmin/user_upload/research/centres/alternative-finance/downloads/2017-global-cryptocurrency-benchmarking-study.pdf> Acesso em: 21 jun. 2017.

Mccrossan, Sean. **Combating the proliferation of mobile and internet payment systems as money laundering vehicles.** CAMS-FCI,

2015. 18p. Disponível em: <http://www.acams.org/wp-content/uploads/2015/08/Combating-the-Proliferation-of-Mobile-and-Internet-Payment-Systems-as-ML-Vehicles-S-McCrossan.pdf> Acesso em: 18 jun. 2017.

Milne, Richard. Sweden's Riksbank Eyes Digital Currency. **Financial Times**, 15 nov. 2016. Disponível em: <https://www.ft.com/content/0e37795c-ab33-11e6-9cb3-bb8207902122> Acesso em: 14 jun. 2017.

Moore, Dana; Hebeler, John. **Peer-to-peer:** Building Secure, Scalable, and Manageable Networks. California: McGraw-Hill, 2002. 337p.

Napster. **Napster Privacy Policy,** jun. 2017. Disponível em: <http://us.napster.com/privacy> Acesso em: 18 jun. 2017.

Olson, Lance. **NET P2P: Writing Peer-to-Peer Networked Apps with the Microsoft .NET Framework**, MSDN Magazine, fev. 2001. Disponível em: <https://msdn.microsoft.com/en-us/library/bb985792.aspx> Acesso em: 18 jun. 2017.

Pereira, Cesar et al. Regulação do Pagamento Eletrônico (e-payment) e da Moeda Eletrônica (e-money). **Informativo Justen, Pereira, Oliveira e Talamini**, Curitiba, n. 110, abr. 2016. Disponível em: <http://www.justen.com.br/pdfs/IE110/IE%20110%20-%20Cesar%20-%20pagamento%20eletr%C3%B4nico_final%20limpo.pdf> Acesso em: 14 jun. 2017.

Salomão Neto, Eduardo. **Direito Bancário.** 2ª ed, São Paulo: Atlas, 2014. 816p.

Santos, Edson Luiz dos. **Do Escambo à Inclusão Financeira**: A Evolução dos Meios de Pagamento. 2ª ed, São Paulo: Linotipo Digital, 2014. 176p.

Schiavon, Guto. Mineração de Bitcoin: Entenda Como Funciona. **FoxBit**, 24 out. 2016. Disponível em: <https://foxbit.com.br/blog/mineracao-de-bitcoin-entenda-como-funciona/> Acesso em: 21 jun. 2017.

SEBRAE. **O que são meios eletrônicos de pagamentos?** Disponível em: <https://www.sebrae.com.br/sites/PortalSebrae/artigos/o-que-sao-meios-eletronicos-de-pagamentos,3a085415e6433410VgnVCM1000003b74010aRCRD> Acesso em: 17 jun. 2017.

Shiguematsu, Plinio. Cartões de crédito, moeda eletrônica e pagamentos eletrônicos sob supervisão do Banco Central do Brasil. **Migalhas**, 13 jan. 2014. Disponível em: <http://www.migalhas.com.br/dePeso/16,MI193400,51045-Cartoes+de+credito+moeda+eletronica+e+pagamentos+eletronicos+sob> Acesso em: 14 jun. 2017.

Steler, Fernando W.; Cerqueira, Aurimar H. Tudo o que você queria saber sobre blockchain e tinha receio de perguntar. **Computerworld**, 6 mar. 2017. Disponível em: <http://computerworld.com.br/tudo-o-

-que-voce-queria-saber-sobre-blockchain-e-tinha-receio-de-perguntar> Acesso em: 21 jun. 2017

STUTTAFORD, Andrew. Governments Prefer E-Money; Citizens Should Not. **National Review**, 11 abr. 2016. Disponível em: <https://www.nationalreview.com/nrd/articles/433213/electronic-banking-regulations-another-power-grab> Acesso em: 14 jun. 2017.

THE FINANCIAL ACTION TASK FORCE (FATF). **Money Laundering Using New Payment Methods**. FATF Report, out. 2010. 117p. Disponível em: <http://www.fatf-gafi.org/media/fatf/documents/reports/ML%20using%20New%20Payment%20Methods.pdf> Acesso em: 21 jun. 2017.

THE TECHTARGET. **Definition Gnutella**. Disponível em: <http://whatis.techtarget.com/definition/Gnutella> Acesso em: 18 jun. 2017.

TRICHES, Divanildo; BERTOLDI, Adriana. A Evolução do Sistema de Pagamentos Brasileiro: Uma Abordagem Comparada com os Países Selecionados no Período 1995-2003. **Revista de Economia Contemporânea**, Rio de Janeiro, v. 10, n. 2, ago. 2006. Disponível em: <http://www.scielo.br/scielo.php?script=sci_arttext&pid=S1415-98482006000200004> Acesso em: 14 jun. 2017.

WE USE COINS. **What is Bitcoin Mining?** Disponível em: <https://www.weusecoins.com/en/mining-guide/> Acesso em: 21 jun. 2017.

WILDAU, Gabriel. China probes bitcoin exchanges amid capital flight fears. **Financial Times**, 10 jan. 2017. Disponível em: <https://www.ft.com/content/bad16a88-d6fd-11e6-944b-e7eb37a6aa8e?mhq5j=e1> Acesso em: 21 jun. 2017.

WORLD BANK. **Integrity in Mobile Phone Financial Services:** Measures for Mitigating Risks from Money Laundering and Terrorist Financing. Working paper n. 146, 2008. 96p. Disponível em: <http://siteresources.worldbank.org/INTAML/Resources/WP146_Web.pdf> Acesso em: 21 jun. 2017.

WORLD BANK. **New Technologies, New Risks?** Innovation and Countering the Financing of Terrorism. Working paper n. 174, 2010. 49p. Disponível em: < http://siteresources.worldbank.org/FINANCIALSECTOR/Resources/New_Technogies.pdf> Acesso em: 21 jun. 2017.

Legislação e Jurisprudência

BRASIL. Decreto 2.591, de 7 de agosto de 1912. **Regula a emissão e circulação de cheques.** Palácio do Planalto Presidência da República, Brasília, DF, 07 ago. 1912. Disponível em: <http://www.planalto.gov.br/ccivil_03/decreto/D2591_1912.htm>. Acesso em: 14 jun. 2017.

Os Acordos de Cooperação Como Alternativa Para Mitigar a Sobreposição Regulatória no Mercado Financeiro e de Capitais Brasileiro

Giovana Fiorin de Abreu

Introdução

A Comissão de Valores Mobiliários (CVM), por meio da Instrução 461, de 23 de outubro de 2007, delega às entidades de balcão organizado e determinados integrantes do sistema de intermediação de títulos e valores mobiliários autonomia para estabelecer e fiscalizar as regras pertinentes aos seus mercados e ambientes.

No universo daqueles que interagem com estas entidades estão bancos comerciais, bancos de investimento, sociedades corretoras e distribuidoras de títulos e valores mobiliários que oferecem diversos serviços como intermediação, registro de operações nos mercados primário e secundário; distribuição de ofertas públicas; custódia, contabilidade e controladoria de ativos e passivos; liquidação de ativos.

Tais serviços são regulados e supervisionados por instituições como B3 – Brasil, Bolsa, Balcão[1]; ANBIMA e ANCORD

[1] A B3 foi criada em março de 2017 como fruto da combinação entre a BM&FBOVESPA e a Cetip, dando origem a uma companhia de infraestrutura de mercado financeiro de classe mundial e consolidando a atuação da

que possuem regras as quais são, em algumas vezes, conceitualmente bem próximas e, na prática, exigem o mesmo esforço da instituição intermediária. As instituições que possuem uma gama extensa de serviços prestados aos seus clientes, muitas vezes acabam sendo demandadas igualmente em suas auditorias (supervisão direta e indireta da autorregulação), podendo gerar uma sobreposição de regras.

A autorregulação hoje é amplamente aceita e consolidada como braço auxiliar da CVM, sendo clara e essencial sua contribuição para a organização e higidez do mercado de capitais, fazendo parte da estrutura normativa do sistema financeiro nacional.

No mercado de valores mobiliários, observamos que a autorregulação é amplamente utilizada. Conforme determina a Lei 6.385/76, conjugada com a Instrução Normativa da CVM nº 461/07, as bolsas de valores e as de mercadorias e futuros devem realizar a autorregulação das operações nela realizadas. Ademais, a mesma autarquia estabelece como requisito para o exercício de algumas atividades específicas como, por exemplo, a de agente autônomo de investimentos e analisa de valores mobiliários, prévio credenciamento em entidade autorreguladora (consoante o disposto nas Instruções Normativas da CVM nº 483/10 e 497/11). Além dessas formas de autorregulação exercidas sob o amparo da outorga ou reconhecimento do Estado, também são observadas inúmeras regras emanadas por essas instituições profissionais privadas com o objetivo de estabelecer padrões considerados desejados pelos agentes econômicos.

BM&FBOVESPA na negociação e pós-negociação de produtos listados e da Cetip no registro e depósito de operações de balcão e de financiamento. Vide Comunicado Externo 003/2007-DF, disponível em http://www.bmfbovespa.com.br/pt_br/regulacao/oficios-e-comunicados/. Acesso às 12:30 de 20 de junho de 2017.

Dessa forma, o mercado de valores mobiliários assim se estruturou e, dada sua evolução e o crescimento do papel vital da autorregulação, as instituições intermediárias começaram a passar por diversas auditorias dos mercados regulados em que atuam, com diversos escopos e necessidades, trazendo a discussão sobre uma possível sobreposição de agendas regulatórias e autorregulatórias no sistema de supervisão, ocasionando eventual carga excessiva no custo de observância.

Quando falamos em sobreposição de agendas, podemos citar desde um mesmo documento sendo solicitado por diferentes entidades (ex: documentos contábeis e societários sendo solicitados para comprovar quadro acionário e balanço da instituição) até o caso de equipes internas das instituições auditadas que passam grande parte de do dia atendendo demandas dos autorreguladores em determinados períodos. Com base neste cenário, acordos de cooperação envolvendo troca de informações entre estas entidades poderia ser uma alternativa viável de tentar mitigar esta problemática.

O tema introduzido e os assuntos mencionados acima serão abordados por este trabalho, baseando-se no estudo do sistema atual e em informações divulgadas pelos autorreguladores e autorregulado. Serão apresentados alguns exemplos de como as auditorias são conduzidas e quais temas abrangem, bem como atuais acordos de cooperação em outros setores que podem ser utilizados como inspiração para o cenário corrente.

1. Autorregulação no Mercado Valores Mobiliários: Origem e Conceito

O termo autorregulação é notadamente utilizado em diversos sentidos e diferentes contextos. Ora faz referência a um sentido majoritariamente econômico, relacionado à livre iniciativa e conotando alocação mais eficiente de recursos, ora refere-se, com basicamente a mesma essência livre, ao resultado de uma iniciativa particular de entes do mercado a se autorregularem e se submeterem, voluntariamente, à regras e mecanismos de composição de conflitos.

Na primeira referência, vale ressaltar que o uso do termo autorregulação da maneira mencionada caracteriza a garantia à autonomia das instituições do mercado, cuja disciplina seria estabelecida por elas mesmas, sem intervenção estatal, representando a essência do liberalismo econômico e do pensamento dos teóricos do livre mercado[2].

Permanecendo no contexto de uso do termo autorregulação, existe ainda um terceiro sentido, que será aquele utilizado no escopo e desenvolvimento deste trabalho, que se refere à delegação estatal cujo regulador deposita nas instituições o poder de efetuar a supervisão das normas, considerando a discricionariedade das próprias instituições.

Ensinam os professores Arnoldo Wald e Nelson Eizirik que "a noção de autorregulação é bastante antiga e remonta às 'cidades livres' dos Séculos XI e XII"[3]:

> Como organizações centrais das cidades livres constituíram-se determinadas fraternidades, conhecidas como "irmandades" nas cidades latinas e grêmios ou 'guildas' nas alemãs. Tais fraternidades incluíam todos os componentes de determinada corporação profissional, com vistas à autoproteção do grupo, principalmente contra as guerras entre os senhores feudais. As cidades livres eram

[2] Conforme: SANTOS, Aline Menezes. TRINDADE, Marcelo. **Regulação e Auto-Regulação no Brasil e a Crise Internacional.** Artigo disponível em http://www.bsm-autorregulacao.com.br/assets/file/BSM-Artigo-MarceloTrindade-e-AlineMenezesSantos.pdf. Acesso às 18:59 de 11 de junho de 2017.

[3] Conforme: WALD, Arnoldo. EIZIRIK, Nelson. **O Regime Jurídico das Bolsas de Valores e sua Autonomia frente ao Estado**. Revista de Direito Mercantil, Industrial, Econômico e Financeiro, n. 71. São Paulo: Revista dos Tribunais, janeiro-março/1986. P.6

constituídas mediante uma permissão outorgada por um senhor feudal, que vendia sua proteção aos comerciantes. Gozavam em geral de autonomia, chegando mesmo a estabelecer uma determinada ordem jurídica, com princípios diversos do Direito então vigente no País. Assim, algumas cidades tinham permissão para eleger uma assembleia municipal, elaborar leis e manter tribunais de justiça. Em muitos casos, tais conselhos eram compostos, basicamente, por representantes das guildas, ou seja, das corporações.[4]

No que tange ao último sentido de autorregulação mencionado e utilizado neste trabalho, Vital Moreira[5] define-o como "efetiva regulação da atividade econômica, sendo objeto de uma imposição, e não fruto de 'forças equilibradoras' de mercado. Trata-se, assim, de regulação 'artificial' imposta externamente, ainda que o seja pelo conjunto dos agentes regulados."

Ainda sobre a autorregulação no tempo, Gustavo Mathias Alves Pinto afirma, em sua tese de Doutorado defendida na Universidade de São Paulo, que:

> A autorregulação como estratégia regulatória ganhou destaque a partir da década de 1980, com os movimentos de desregulação observados no sistema financeiro. Essa transição está relacionada à percepção de que a complexidade crescente da atividade financeira impunha obstáculos significativos à supervisão de vulnerabilidades sistêmicas, o que estimulou a implementação de novos métodos de regulação e supervisão apoiados nos próprios participantes do sistema financeiro, como alternativa à regulação estatal.[6]

[4] Ibidem. P.6.

[5] Conforme: Moreira, Vital. **Auto-Regulação Profissional e Administração Pública**. Almedina, Coimbra, 1997, p. 52 e ss.

[6] Pinto, Gustavo Mathias Alves. **Regulação Sistêmica e Prudencial no Setor Bancário Brasileiro**. Tese de Doutorado apresentada na Universidade de São Paulo, 2011, p. 272. Disponível em http://www.teses.usp.br/teses/

É importante dizer que o sistema de autorregulação vem sendo considerado a forma mais eficaz de controle das atividades desempenhadas pelas instituições intermediárias no âmbito do mercado de valores mobiliários[7]. Isso porque ele disciplina, em grande maioria, um ambiente particular e, muitas vezes bem peculiar, que somente quem está próximo consegue entender as necessidades e fraquezas, estabelecendo assim ordem, procedimentos e controles para manter tal ambiente saudável e operante.

Este processo tem um viés extra estatal, no sentido de que é desenvolvido por órgãos privados e coletivos. Assim como na regulação estatal, a autorregulação está materializada em mais de uma dimensão. Detalhando um pouco mais essas dimensões, podemos dizer que algumas vezes ela pode abranger simplesmente a criação de normas, pareceres, orientações ou documentos que orientam os autorregulados, e outras, abrange de fato a fiscalização e supervisão, seja por monitoramento à distância ou por auditorias in loco.

Por monitoramento à distância podemos entender que os autorregulados são monitorados por áreas internas de apoio dos órgãos de autorregulação que, conforme as regras aplicáveis, observam, investigam e punem, se necessário, determinadas ações. Como exemplo cito o monitoramento de práticas ilícitas e mercado, que podem criar situações artificias de oferta e demanda, sob a ótica da Instrução CVM nº 8, de 08 de outubro de 1979. Já as auditorias in loco seguem uma agenda e visam capturar se os autorregulados estão, na prática, aplicando as regras aos quais são submetidos.

disponiveis/2/2133/tde-03092012-145854/pt-br.php. Acesso às 22:30 do dia 12 de junho de 2017.

[7] Vergara, Henrique de Rezende. "A regulação do mercado de valores mobiliários". In: Andrade, Rogério Emilio de (coord.). **Regulação Pública da Economia do Brasil**. Campinas, Edicamp, 2003, pg. 397.

É sabido que alguns órgãos publicam documentos conhecidos como "guia de melhores práticas". Não podemos aqui confundir a autonomia da autorregulação com esta iniciativa de cunho educativo, e não mandatório, que visa transparecer o que aquele autorregulador entende que há de melhor a ser praticado em termos de controle e processos.

Quando voltamos à origem da autorregulação, ela parece estar intimamente relacionada à necessidade das instituições de se organizarem internamente entre seus associados, transparecendo suas vontades de ditarem regras que disciplinam essa relação associativa. Nesse contexto, esclarece Otávio Yazbek que a autorregulação se afigura como resultado da institucionalização de relações antes meramente contratuais[8].

Por esse motivo, notamos que em várias jurisdições a autorregulação foi pioneira e acabou se desenvolvendo antes mesmo da própria regulação emanada do Estado, ocupando assim uma lacuna vazia que a norma estatal não preenchia. Com o passar dos anos, porém, tais regras se tornaram auxiliares e essenciais para o Estado na disciplina da atividade econômica.

É importante frisarmos a visão da *International Organization of Securities Commissions* – IOSCO sobre a eficiência e alcance da autorregulação:

> In several jurisdictions around the world, effective self-regulation existed before statutory regulation. As markets developed, market participants recognized that regulation was necessary in order to protect the integrity of the market. Industry participants recognized that those who were most familiar with the customs and practices of a particular trade were best suited to create rules related to that trade, to enforce those rules and to resolve the

[8] Conforme: YAZBEK, Otavio. **Regulação do Mercado Financeiro e de Capitais.** 1. ed. São Paulo: Elsevier, 2007.

> disputes that arose from those rules. Moreover, the familiarity with the concepts involved ensured that such disputes were quickly resolved and that the rules for commerce in that particular market continually and quickly adapted to the evolutions in the manner in which trade was conducted.
>
> Self-regulation has proven to be efficient regulation. SROs by their very nature have greater flexibility to adapt regulatory requirements to a rapidly changing business environment. One of the biggest challenges that government faces in devising and administering a statutory oversight framework is to provide an appropriate level of government oversight of SRO activities without encumbering or usurping an SRO's ability to respond quickly and flexibly to changing market conditions and business needs. Self-regulation has also proven to be effective regulation. In self-regulation, the rules are drafted by market participants with an intimate knowledge of the market who know how to maximize the regulatory benefits (e.g., orderly markets, customer protection, reduction of systemic risk) while minimizing the business costs. This intimate knowledge of the market is essential for creating a self-regulatory framework, which is perceived as appropriate and reasonable by the regulated individuals and entities. This perception will in turn result in a tighter degree of compliance by the market participants operating within the self-regulatory framework.[9]

Em relação à vinculação do autorregulado ao órgão autorregulador, entende-se, por Otávio Yazbek, que não se trata de uma relação horizontal, ou seja, "não se encontram os dois em relação de mera coordenação, lado a lado, mas em relação de

[9] IOSCO. **Model for Effective Regulation**, disponível http://www.iosco.org/library/pubdocs/pdf/IOSCOPD110.pdf. Acesso às 13:00 de 15 de junho de 2017.

subordinação, porém sustentada muito mais por aquele instrumento típico das relações entre agentes privados"[10].

As relações contratuais particulares entre as instituições são de suma importância e podemos afirmar que de fato são um diferencial bastante importante a favor da autorregulação, em comparação à regulação estatal, como ressalta a IOSCO, novamente:

> The contractual relationship that an SRO has with the individuals and entities it regulates can be powerful. It can have a global reach, crossing national boundaries; it can reach where statutory powers may not. IOSCO's Objectives and Principles of Securities Regulation state that SROs may require the observance of ethical standards, which go beyond government regulations. The contractual relationship also provides more flexibility and it allows SROs to react more quickly because it is based on the SRO's rulebook and the agreement by the SRO's members that they will comply with the requirements of the SRO's rulebook. The process of revising the SRO contractual agreement can be a less cumbersome process than having to change statutory laws through legislative acts.

Atualmente, podemos afirmar que a autorregulação é muito mais utilizada como uma forma de complementar a regulação do que como forma alternativa de substituí-la integralmente. Principalmente no mercado de capitais, os mecanismos em vigor de autorregulação complementam a atividade regulatória estatal, existindo diversos modelos de composição. Em alguns casos, os órgãos autorreguladores possuem total autonomia e liberdade para editar suas regras e aplicá-las, bem como supervisioná-las com poder de zelar e punir. Em outros, a ini-

[10] Yazbek, Otavio. op. cit. p. 210.

ciativa estatal edita regras e delega apenas a aplicação delas aos autorreguladores.

É importante ressaltar que não há modelo ideal. Devemos levar em consideração o estágio de maturidade do desenvolvimento tanto do mercado de capitais como do possível ambiente autorregulado. Essa versatilidade em combinar-se de formas distintas e complementares constitui uma das principais vantagens do setor de intermediação brasileiro, adaptando-se facilmente às evoluções do mercado.

2. O Papel dos Autorreguladores e Seu Modus Operandi

Conforme exposto anteriormente e comparando com a regulação estatal, a intimidade com a atividade regulada é uma das principais vantagens da autorregulação.

> A autorregulação institucionalmente estruturada e legitimada pela regulação é um eficiente arranjo para tratar as falhas e riscos inerentes ao mercado de bolsa. Os autorregulados teriam, em tese, melhor conhecimento técnico e prático para produzir normas de melhor qualidade em resposta às situações de mercado, pelo conhecimento das irregularidades de ocorrência mais provável, possibilitando uma atuação mais eficaz e célere. Além disso, a autorregulação conseguiria rever suas normas e procedimentos em ritmo mais condizente com a dinâmica dos mercados, escapando da lentidão inevitável da atividade estatal.[11]

A independência e a autonomia do funcionamento da estrutura de autorregulação é garantida e mantida, principalmente, por mecanismos de governança corporativa e pela própria interação entre a CVM e a estrutura de autorregulação. Conforme a Instrução CVM 461/07, o seu artigo 37 estabelece que:

[11] Santos, Aline Menezes. Trindade, Marcelo. op.cit.

Art. 37. O Departamento de Autorregulação e o Conselho de Autorregulação devem:

I – ser funcionalmente autônomos dos órgãos de administração da entidade administradora dos mercados que lhes incumba fiscalizar;

II – possuir autonomia na gestão dos recursos previstos em orçamento próprio, que deverão ser suficientes para a execução das atividades sob sua responsabilidade; e

III – possuir amplo acesso a registros e outros documentos relacionados às atividades operacionais dos mercados que lhes incumba fiscalizar, da entidade de compensação e liquidação que preste esses serviços para os mercados, se for o caso, e das pessoas autorizadas a operar, contando, para tanto, com o dever de cooperação do Diretor Geral e mantendo à disposição da CVM e do Banco Central do Brasil, se for o caso, os relatórios de auditoria realizados.

O convívio da CVM com os entes autorreguladores foi se solidificando gradualmente, à medida em que novos foram surgindo, cada um com seu papel e função atuando no mercado de valores mobiliários, um mercado dinâmico e em constante evolução.

A estrutura da autorregulação fiscaliza as pessoas autorizadas a operar de acordo com a ICVM 461, com a finalidade de apurar se estão de acordo com as regras de mercado as quais se submetem. A seguir veremos um pouco mais sobre os principais autorreguladores que atuam no mercado de valores mobiliários e na indústria de intermediação brasileira, cujo trabalho de controle e acompanhamento feito em conjunto dos reguladores agregam valor ao mercado e buscam manter a integridade e equidade para os que nele atuam.

2.1. B3 – Brasil, Bolsa Balcão

A autorregulação exercida pelas bolsas decorre de expressa previsão legal e tem como fundamento, especialmente, os artigos 8º, § 1º, e 17, parágrafo único, da Lei 6.385/76, porém o exercício de tais poderes está submetido à supervisão da CVM. O art. 8º, entretanto, determina que tal supervisão "não exclui a competência das Bolsas de Valores, das Bolsas de Mercadorias e Futuros, e das entidades de compensação e liquidação com relação aos seus membros e aos valores mobiliários neles negociados". Já o parágrafo único do artigo 17 estabelece que "às Bolsas de Valores, às Bolsas de Mercadorias e Futuros, às entidades do mercado de balcão organizado e às entidades de compensação e liquidação de operações com valores mobiliários incumbe, como órgãos auxiliares da Comissão de Valores Mobiliários, fiscalizar os respectivos membros e as operações com valores mobiliários neles realizadas". De fato, podemos comparar esta construção à supervisão exercida pelo Poder Executivo sobre as entidades da administração indireta, dado que deve abranger somente a orientação e a verificação do cumprimento dos objetivos e finalidades do ente supervisionado[12].

No âmbito administrativo, os poderes autorregulatórios atribuídos às bolsas sempre foram consagrados, como notado na Instrução nº 220, de 1994, que dava autonomia a elas para a edição de normas de conduta das corretoras, e também na Instrução 387, de 2003, que posteriormente a substituiu. O art. 3º desta norma atualizada demanda que as bolsas de valores criem regras de conduta que devem ser observadas pelas corretoras, quando do seu relacionamento com clientes e demais instituições do sistema de intermediação. Seguindo a leitura da mesma norma administrativa, o artigo 20 delega a competência às bolsas para

[12] EIZIRIK, Nelson; GAAL, Ariádna B.; PARENTE, Flávia; HENRIQUES, Marcus de Freitas. **Mercado de capitais – regime jurídico**. 3. ed. revista e ampliada. Rio de Janeiro: Renovar, 2011.

fiscalizarem seus membros (ou seja, aqueles que atuam em seus ambientes), bem como elaborarem normas complementares que sejam necessárias ao cumprimento do disposto na norma.

Uma discussão sempre presente e de fato pouco clara na legislação brasileira é acerca da convivência dos reguladores e autorreguladores, ou seja, das bolsas de valores e da CVM. "Tradicionalmente, durante o período em que as Bolsas de valores se organizavam como entidades mutualizadas, prevalecia a visão de que a CVM é que deveria punir os agentes de mercado – o que se vê até mesmo pela pouca incidência de punições relevantes no âmbito das Bolsas, naquele período. "[13]

Entretanto, é importante ressaltar que a autorregulação é uma condição necessária para o exercício da atividade da entidade administradora de bolsa. Esta afirmação está integralizada no artigo 14 da já citada ICVM 461, cujo texto explicita que "a entidade administradora de mercado organizado deverá manter equilíbrio entre seus interesses próprios e o interesse público a que deve atender, como responsável pela preservação e autorregulação dos mercados por ela administrados".

Nesse sentido, é natural que haja questionamentos sobre o possível conflito de interesses já que as bolsas são comprometidas a gerar lucros para seus acionistas e, ao mesmo tempo, devem zelar pela integridade do mercado. Nos Estados Unidos, a SEC – *Secutirites and Exchange Comission* também reconheceu que um dos principais desafios da autorregulação é o conflito de interesses entre o órgão e seus regulados, uma vez que seus membros podem ser acionistas, integrantes do sistema de intermediação e em uma declaração público[14], atestou que:

[13] Santos, Aline Menezes. Trindade, Marcelo. **Regulação e Auto-Regulação no Brasil e a Crise Internacional.** Op.cit.

[14] Aguilar, Luis A. **The Need for Robust SEC Oversight of SROs**. Public Statement disponível em https://www.sec.gov/news/public-statement/2013-spch050813laahtm. Acesso às 12:51 do dia 16 de junho de 2017.

> Because of the inherent conflict of interests involved in self-regulation, robust SEC oversight over SROs is indispensable. As a result, Congress has vested in the Commission the power to supervise SROs as a matter of public interest.6 And to accomplish this, Congress has provided the Commission with several tools to oversee SROs. For example, exchanges, clearing agencies, and national securities associations must register with the Commission,7 and SROs must file their rule changes with the Commission.8 In addition, the Commission has the authority to inspect and examine SROs.
>
> I recognize that many SROs work diligently to meet their obligations. Unfortunately, however, that isn't always the case and, in such cases, the SEC is required to act. Over the years, there have been a growing number of enforcement actions by the Commission against SROs, who failed to meet their legal and regulatory obligations under the law.

No que tange ao mercado brasileiro e à autorregulação e regulação no mercado de bolsa, de acordo com os excelentes padrões internacionais, a norma estabelece obrigatoriamente uma separação lógica e estrutural entre as atividades de administração e de autorregulação. Porém, tal separação não acontece em sua totalidade devido ao fato de diversas atividades servirem às duas esferas como, por exemplo, a suspensão da pessoa autorizada a operar, o cancelamento de operações feitas sob condições artificiais e a criação de regulamentação para funcionamento do mercado, como podemos notar no artigo 15 da ICVM 461, que estabelece que a entidade administradora deve aprovar as regras de organização e funcionamento dos mercados por ela administrados.

Em contrapartida, a instrução foi bem explícita em relação à fiscalização, supervisão e aplicação de penalidades[15], dele-

[15] Por fiscalização, supervisão e aplicação de penalidades, entende-se *"enforcement"*.

gando integral competência à autorregulação, através dos artigos 36 e 42.

A supervisão das operações e atividades realizadas nos mercados administrados pela bolsa tem como principal finalidade zelar e garantir que elas estão sendo executadas de acordo com as normas estabelecidas para aquele ambiente. Ela tem cunho reativo e pró ativo, no sentido de que pode identificar, no momento da execução, eventual prática ilícita ou, dada a particularidade e especificidade da operação executada, depende de uma junção de cenários e fatores que só podem ser analisados pós execução daquela operação.

É nítido que a supervisão possui uma dependência muito delicada, porém real, da tecnologia dado que cada vez mais as técnicas os aparatos para lidar com os ambientes de negociação estão evoluindo num passo bem avançado. Antigamente, quando tínhamos o pregão viva voz, essa supervisão era feita cara a cara, observando o comportamento das pessoas e verificação material dos documentos envolvidos na transação. Hoje, podemos dizer que a evolução nos trouxe a um cenário onde a supervisão é feita também através de computadores, que possuem parâmetros e configurações adicionais que são capazes de capturar movimentos atípicos ou suspeitos, de forma que a autorregulação possa capturar com brevidade qualquer intervenção que não garanta a equidade do mercado.

Podemos afirmar que o conjunto de práticas mencionadas no parágrafo acima constitui o que chamamos de monitoramento em tempo real. A B3, no seu papel de administrar e regulamentar os seus ambientes, possui áreas internas de monitoramento e supervisão. O grande objetivo daqueles que trabalham nessas áreas é garantir a formação justa de preços e, consequentemente, a transparência e segurança necessária a todos. Esse tipo de supervisão difere daquela realizada pela estrutura da autorregulação, que possui controles mais profundos de análise e dinâmica diferente de atuação, que veremos com mais detalhes no próximo título, em que falaremos da BSM – BM&FBOVESPA Supervisão de Mercados[16], braço auxiliar de fiscalização das instituições que atuam nos mercados administrados pela B3.

Ainda no âmbito da competência das bolsas para manterem padrões elevados e zelarem pela resiliência do sistema de intermediação como um todo, o Banco Central do Brasil, através da Resolução nº 3.158 do Conselho Monetário Nacional (CMN), estabelece que as instituições intermediárias por ele autorizadas a funcionar devem garantir que seus funcionários que exerçam atividades de distribuição e mediação de títulos, valores mobiliários e derivativos, sejam considerados aptos em exame de certificação organizado por entidade de reconhecida capacidade técnica[17]. A B3, através de seu instituto de educação, certifica profissionais de mercado, aderindo a normas de conduta mais rígidas através do chamado Programa de Certificação do Programa de Qualificação Operacional – PQO. O objetivo deste programa é atestar o conhecimento em determinada área de atuação do profissional (que pode ser operações, *compliance*, comercial, risco, *back office*, custódia, liquidação, registro e cadastro de clientes), além de estabelecer um processo de atualização contínua dos profissionais atuantes nos mercados administrados pela B3, a fim de manter o elevado padrão de qualidade operacional na indústria de intermediação.

[16] A BSM está ainda em processo de obtenção das aprovações legais para alterar seus documentos societários e demais documentos pertinentes de forma a abranger também instituições que eram da antiga Cetip a partir do momento em que houver a incorporação. Por este motivo, seu nome, até o presente momento, permanece inalterado.

[17] Artigo 1º da Resolução Bacen – CMN nº 3158, de 17 de dezembro de 2003.

2.2. BSM – BM&FBovespa Supervisão de Mercados

Conforme exposto no título anterior, a entidade administradora possui mecanismos internos para supervisionar as atividades de seus ambientes, porém, essa supervisão também precisa ser supervisionada. A supervisão em tempo real diferente daquela desempenhada pela estrutura de autorregulação, a BSM, que supervisiona a adesão dos que atuam nos mercados de bolsa às regras e procedimentos aplicáveis, exercendo o papel essencial de *enforcement*.[18]

Seguindo os princípios de autorregulação mundial para evitar o conflito de interesses, a BSM – estrutura de autorregulação – é uma organização independente e sem fins lucrativos, integrante do grupo BM&FBOVESPA e constituída para realizar, com autonomia administrativa e orçamentária, as atividades de autorregulação dos mercados administrados pela BM&FBOVESPA, fiscalizando, supervisionando e aplicando penalidades a fim de promover a integridade, transparência e eficiência desses mercados[19].

A BSM monitora todas as operações, ofertas e negócios realizados nos mercados e sistemas administrados pela bolsa, supervisiona as instituições que participam desse meio ambiente e, caso detectado algum tipo de infração à norma, aplica penalidades. No que tange à proteção dos investidores, a BSM também administra o Mecanismo de Ressarcimento de Prejuízos (MRP), fundo constituído com a finalidade de ressarcir investidores comprovadamente lesados por perdas decorrentes da atuação irregular das instituições e prepostos.

Para garantir que todo esse trabalho seja executado com sucesso e o objetivo seja alcançado, a BSM possui algumas iniciativas, que podem ser entendidas como frentes de trabalho:

[18] Videm item 15.

[19] Informação disponível em http://www.bsm-autorregulacao.com.br/quem-somos. Acesso às 11:47 de 17/06/2017.

- Supervisão de Mercado: com a totalidade das operações monitoradas, a BSM verifica diariamente o comportamento atípico tanto de ativos como de investidores, sem prejuízo do monitoramento de informações relevantes, para identificar qualquer movimento fora do padrão que possa caracterizar indícios de irregularidades. Com essa supervisão, objetiva-se detectar práticas como, por exemplo, criação de condições artificiais de demanda, oferta ou preço; manipulação de mercado; uso indevido de informações privilegiadas; práticas não equitativas e fraudes. O fluxo e os processos executados para supervisão do mercado estão descritos conforme a Figura 1 abaixo.

Figura 1 – Procedimento executado pela BSM para monitoramento das operações e supervisão do mercado de bolsa.

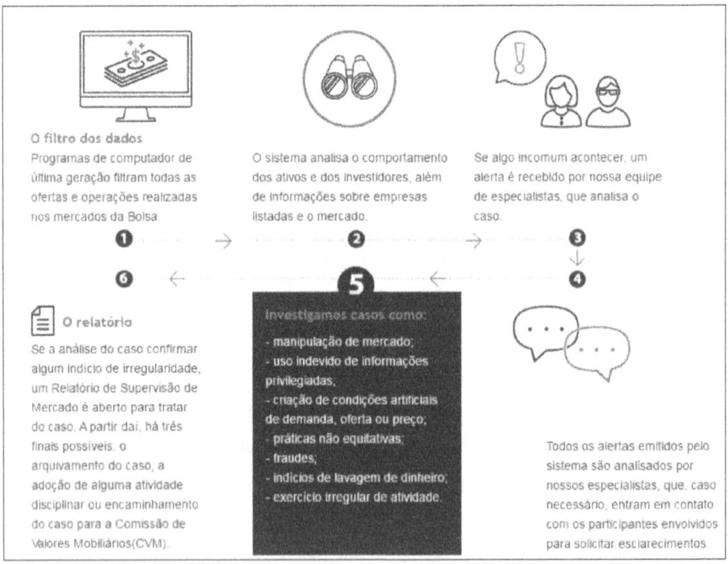

Fonte: http://www.bsm-autorregulacao.com.br/supervisao-de-mercado/como-funciona

- Auditoria de instituições: todas as instituições que atuam no ambiente de bolsa são fiscalizadas pelo autorregulador com o objetivo de checar se estão de acordo com as normas[20] a que são submetidas. Para isso, a BSM realiza auditorias operacionais nas dependências das instituições para avaliar tanto a infraestrutura física como tecnológica da instituição, bem como seus processos e procedimentos. Essas auditorias possuem como base o Roteiro Básico do PQO[21] e, conforme processo atualmente vigente, instituições que possuem os melhores desempenhos podem ser dispensadas da auditoria operacional *in loco* no ano seguinte. Uma segunda forma de auditoria das instituições é a indireta, que complementa a *in loco*, que é feita nas próprias dependências da BSM e avalia informações relativas às instituições e que estejam nas bases de dados da bolsa – como exemplo podemos citar a manutenção de requisitos econômicos e de capital e movimentações de conta corrente da instituição. Ainda como forma de auditoria, a BSM executa algumas auditorias mais particulares, com a finalidade de atender demandas de reguladores (como CVM e Bacen) ou demandas eventuais como, por exemplo, apuração de denúncias recebidas através dos canais de comunicação.

Abordando um pouco mais esses conceitos de supervisão e auditoria na prática e indo ao encontro do tema abordado neste trabalho, temos que aproximadamente 85% (oitenta e

[20] Por normas entende-se aquelas emanadas pela B3, CVM, Bacen e CMN.

[21] O Roteiro Básico do PQO é um guia para as instituições elaborado pela B3, em conjunto dos participantes do mercado, construído com base nas principais normas reguladoras e autorreguladoras e está disponível em http://www.bmfbovespa.com.br/pt_br/regulacao/programa-de-qualificacao-operacional-pqo/roteiros/

cinco por cento) das instituições que atuam no mercado de bolsa são auditadas presencial e anualmente, e nessas auditorias são abordados temas como relacionamento com cliente, cadastro, execução de ordens e liquidação de negócios, gerenciamento de riscos, segurança da informação, todos existentes no Roteiro Básico do PQO, conforme mencionado anteriormente. Tais auditorias duram, em média, 6 semanas (em torno de 45 dias) e exigem dedicação *full time* de um auditor para processos e outro, também *full time*, para tecnologia da informação (TI)[22]. Após os 45 (quarenta e cinco) dias de auditoria, o relatório – documento formal – é elaborado e emitido, juntamente das ações recomendadas para melhoria. É importante mencionar que tais auditorias também são estendidas aos agentes autônomos de investimentos[23], prepostos das instituições, que, em grande maioria, são auditados pessoalmente em seus escritórios por todo o Brasil.

Por último, é relevante mencionar que a BSM também possui iniciativas educacionais para levar às instituições o conhecimento necessário para aprimorar rotinas e processos, bem como possui um relacionamento institucional muito próximo dos autorregulados, em prol de um ambiente saudável, resiliente e regulado.

2.3. ANBIMA

A ANBIMA – Associação Brasileira das Entidades dos Mercados Financeiro e de Capitais – é uma instituição que foi criada em 2009 como resultado da integração entre a ANBID (Associação Nacional dos Bancos de Investimento) e ANDIMA (Associação Nacional das Instituições do Mercado Financeiro) e possui um

[22] Com base nos relatórios anuais e boletins de autorregulação, disponíveis em http://www.bsm-autorregulacao.com.br/publicacoes-e-eventos/relatorio-de-atividades. Acesso às 14:35 do dia 17 de junho de 2017 e lista de participantes da B3 disponível em http://www.bmfbovespa.com.br/pt_br/servicos/participantes/busca-de-corretoras/. Acesso às 14.30 do dia 17 de junho de 2017.

[23] Conforme disposto na Instrução CVM 497, de 3 de junho de 2011.

modelo de atuação organizado em torno de quatro compromissos: representar, autorregular, informar e educar[24].

A autorregulação exercida pela ANBIMA desenvolveu-se paulatinamente, com a sucessiva edição de normas e a sofisticação do seu modelo de fiscalização. Suas normas são aplicadas somente a seus membros – o que inclui grande parte das instituições que fazem parte do sistema de intermediação e de fundos de investimento, os quais voluntariamente aderem aos códigos de autorregulação[25] ao cumprimento de normas de conduta mais rígidas.

Os códigos de autorregulação são suportados por profissionais de mercado, que entendem do sistema e fazem parte dos comitês consultivos da ANBIMA[26]. Isso faz com que as normas estejam cada vez mais próximas do dia-a-dia as instituições e sejam mais conscientes de serem cumpridas. As instituições participam de autorregulação de duas formas:

- Ao se associar à ANBIMA, a instituição adere a todos os códigos cuja atividade será por ela desempenhada e, com isso, passa participar também da construção das boas práticas de mercado, seja por meio da participação em comitês ou por voto na Assembleia Geral[27].
- Ao aderir aos códigos que regulam as atividades desempenhadas pela instituição, mesmo sem se associar, a ins-

[24] ANBIMA. **Quem somos**. Informação disponível em http://www.anbima.com.br/pt_br/institucional/a-anbima/posicionamento.htm. Acesso às 18:45 do dia 17 de junho de 2017.

[25] Todos os códigos de autorregulação e melhores práticas são públicos e podem ser acessados em http://www.anbima.com.br/pt_br/autorregular/codigos/atividades-conveniadas.htm

[26] Os códigos de autorregulação dependem de aprovação da Assembleia Geral para entrarem em vigor.

[27] Toda instituição que se associa à ANBIMA tem direito a um voto, independente do porte e serviços oferecidos.

> tituição se compromete a seguir as boas práticas neles estabelecidas. Nesse cenário, a instituição não participa das discussões sobre as regras nem dos órgãos representativos da associação.

O acompanhamento das regras estabelecidas pelos códigos de autorregulação são permanentemente acompanhados pela área de Supervisão de Mercados e é apoiado por duas frentes: uma que analisa relatórios elaborados internamente por equipes técnicas da própria ANBIMA, e outra que instaura e julga processos, além de divulgar orientações e deliberações sobre as normas.

As atividades autorreguladas pela associação são[28]: fundos de investimento (administração, gestão e distribuição de fundos de investimento, FIDC – fundos de investimento em direitos creditórios – e fundos de investimento imobiliários), custódia, controladoria e escrituração (custódia para investidores e emissores, controladoria de ativo e passivo de fundos de investimento, carteiras administradas ou clubes de investimento, e escrituração de ativos), *private banking* (serviços de *private banking* oferecidos a clientes de instituições bancárias), ofertas públicas (coordenação de ofertas públicas de valores mobiliários – como ações, debêntures, notas promissórias, BDR, CRI e CRA – e atividade de agente fiduciário), análise prévia de ofertas (emissão de ações – somente *follow on* –, debêntures, notas promissórias, BDR e fundos imobiliários), certificação (qualificação dos profissionais que atuam na prospecção ou venda de produtos de investimento; assessoram os gerentes de contas de investidores pessoas físicas em investimentos; e desempenham atividade de gestão de recursos de terceiros); negociação (negociação de títulos e valores mobiliários de renda fixa e derivativos

[28] Informações disponíveis em http://www.anbima.com.br/pt_br/autorregular/autorregulacao-e-adesao/atividades-autorreguladas.htm. Acesso às 17 de junho de 2017 às 20:14.

em mercado de balcão), gestão de patrimônio (prestação de serviços de seleção, alocação e realocação de patrimônio financeiro por meio de fundos exclusivos/reservados ou carteiras administradas, com foco no perfil de investimento e nas necessidades financeiras do investidor), FIP – Fundos de Investimento em Participações – e FIEE – Fundos de Investimento em Empresas Emergentes (administração, gestão de carteira e distribuição de cotas), Novo Mercado de Renda Fixa (emissão de ofertas de títulos e valores mobiliários no ambiente do NMRF) e varejo (distribuição de produtos de investimento no segmento de varejo).

Aplicando a mesma análise que fizemos com a BSM de aplicarmos estes conceitos de supervisão na prática, temos que aproximadamente 20% (vinte por cento) das instituições associadas são auditadas presencial e anualmente. Tais auditorias duram, em média, 2 semanas (em torno de 15 dias) e exigem dedicação de um a dois auditores para percorrer por todos os processos. Dependendo da robustez das instituições, o período da auditoria poderá se alongar, para que se possa validar todos os processos e rotinas da instituição.

2.4. Demais Entidades Autorreguladoras de Atividades Específicas

No que tange aos profissionais das instituições, existem determinadas situações em que a regulação emanada pela CVM para o exercício de certas atividades que dependem de autorização prévia a autarquia, por força de lei, exigem a adesão do agente a uma entidade autorreguladora. Neste caso podemos mencionar as Instruções CVM 497, de 3 de junho de 2011, e a 483, de 6 de julho de 2010.

A ICVM 497 dispõe sobre a atividade de agente autônomo de investimento[29] e estabelece, em seu artigo 18, que ela pode

[29] Por agente autônomo entende-se a pessoa natural, registrada na forma da ICVM 497, para realizar, sob a responsabilidade e como preposto de instituição

autorizar o credenciamento de agentes autônomos de investimento por entidades credenciadoras que comprovem ter estrutura adequada e capacidade técnica para o cumprimento das obrigações previstas na instrução e também estrutura de autorregulação que conte com capacidade técnica e independência mas deixa claro, em seu artigo 22 que o desenvolvimento de atividades de autorregulação pela entidade credenciadora não afasta a competência de outras entidades autorreguladoras a que o agente autônomo de investimento, por força das atividades desenvolvidas, esteja sujeito.

Neste sentido, em 2012, a CVM outorgou à ANCORD a atividade de entidade credenciadora e autorreguladora dos agentes autônomos de investimento, trazendo maior eficiência nos processos de credenciamento e no atendimento dos agentes autônomos. A ANCORD busca, através da autorregulação, manter a integridade e a consolidação dos mercados financeiro e de capitais.

> Autorizado pela CVM, o AAI é autorregulado pela ANCORD por meio da Autorregulação, que o certifica, credencia, orienta e supervisiona. Para exercer a atividade, este profissional deve estar habilitado, credenciado e vinculado, mantendo contrato com uma instituição integrante do sistema de distribuição de valores mobiliários para distribuição e mediação de títulos e valores mobiliários, produtos derivativos e cotas de fundos de investimento.

integrante do sistema de distribuição de valores mobiliários, as atividades de prospecção e captação de clientes; recepção e registro de ordens e transmissão dessas ordens para os sistemas de negociação ou de registro cabíveis, na forma da regulamentação em vigor; e prestação de informações sobre os produtos oferecidos e sobre os serviços prestados pela instituição integrante do sistema de distribuição de valores mobiliários pela qual tenha sido contratado Estes profissionais são responsáveis pela capilaridade do mercado, divulgando informações e oportunidades de investimento.

> A atuação do AAI requer elevados padrões éticos e técnicos, sendo regida pelo "Código de Conduta Profissional dos Agentes Autônomos de Investimento" e pelo "Código de Autorregulação da ANCORD", sendo que a Autorregulação da ANCORD supervisiona o cumprimento desses códigos.[30]

No que tange à Instrução CVM 483, esta dispõe sobre as atividades dos analistas de valores mobiliários e também se sustenta na autorregulação para disciplinar tais. Da mesma forma que a última instrução citada, a CVM estabelece, em seu artigo 6º, que o credenciamento dos analistas é feito por entidade credenciadora autorizadas pela CVM que possua estrutura adequada e capacidade técnica, bem como estrutura de autorregulação que conte com capacidade técnica e independência. Além disso, a instituição credenciadora deverá seguir um rol de obrigações para com seus associados, conforme estabelecido pelo artigo 7º da mesma instrução.

> Os analistas de valores mobiliários são profissionais que elaboram relatórios de análise destinados à publicação, divulgação ou distribuição a terceiros, ainda que restrita a clientes. Tais relatórios podem estar na forma de textos, relatórios de acompanhamento, estudos ou análises sobre valores mobiliários específicos ou sobre emissores de valores mobiliários determinados que possam auxiliar ou influenciar investidores no processo de tomada de decisão de investimento, segundo definição da Instrução CVM nº 483/10, que regula a atividade.
>
> Esse tipo de opinião envolve um aprofundamento técnico e o exercício da atividade, pela sua importância, é objeto de regulação pela Comissão de Valores Mobiliários, bem como da autor-

[30] ANCORD. Autorregulação. Informação disponível em http://www.ancord.org.br/servicos/autorregulacao/. Acesso às 22:07 do dia 17 de junho de 2017.

regulação do próprio mercado, neste caso por meio da APIMEC Nacional, que desde 2010 exerce a função de autorreguladora dos analistas de valores mobiliários. O Analista, além de ser aprovado na prova de qualificação técnica, deve obedecer ao código de conduta profissional da entidade que o credenciou, evitando situações de conflito de interesse, buscando informações idôneas e fidedignas, para usar como base de suas análises e recomendações, e mantendo independência em relação à pessoa ou instituição a qual estiver vinculado. Pessoas condenadas por certos crimes, como lavagem de dinheiro ou contra o sistema financeiro nacional, não podem ser credenciados.[31]

2.5. Órgãos Mundiais de Importância para a Autorregulação Brasileira

No escopo do trabalho ora apresentado, alguns órgãos internacionais são referência na regulamentação dos mercados de valores mobiliários e merecem destaque, com uma breve descrição da sua contribuição:

- **BIS** (*Bank for International Settlements*) – Banco de Compensações Internacionais: organização internacional que sedia o Comitê da Basiléia e que possui a missão de buscar estabilidade monetária e financeira, promovendo cooperação internacional e atuando como banco central dos bancos centrais. Atualmente, cerca de 60 (sessenta) bancos centrais ou autoridades monetárias compõem a organização. Suas orientações são aplicadas no mercado de valores mobiliários brasileiro quando falamos de requisitos mínimos de capital ou cálculo de liquidez das instituições do setor de intermediação, por exemplo.

[31] CVM. Analista de valores mobiliários. Informação s disponível em http://www.portaldoinvestidor.gov.br/menu/Menu_Investidor/prestadores_de_servicos/analistas_valores_mobiliarios.html. Acesso às 22:29 do dia 17 de junho de 2017.

- **IOSCO** (*Organization of Securities Commissions*) – Organização Internacional das Comissões de Valores: organização internacional sediada em Madri, na Espanha, e é composta pelas comissões de valores mundiais que decidiram cooperar, em conjunto, para manter a equidade e eficiência da regulação dos mercados. Seus padrões e orientações publicados pautam a autorregulação brasileira, como, por exemplo o modelo de regulação eficaz proposto através do *paper "Model for Effective Regulation"*, publicado em 2000 e o *"Multilateral Memorandum of Understading Concerning Consultation and Cooperation and the Exchange of Information"*, assinado por diversos órgãos mundiais visando eficiência e cooperação regulatória, publicado em maio de 2012.
- **COSO** (*The Committtee of Sponsoring Organizations of the Treadway Commission*) – Comitê das Organizações Patrocinadoras: fundado em 1985 Estados Unidos, este Comitê foi criado com o objetivo de evitar fraudes em processos internos das companhias e dedicada a aperfeiçoar os relatórios financeiros internos. Suas orientações e práticas são amplamente utilizadas como referência pelas companhias e instituições financeiras tanto no Brasil como no mundo.

3. A Possível Sobreposição Autorregulatória

Conforme exposto até o momento, as instituições do sistema de intermediação de títulos e valores mobiliarios são amplamente fiscalizadas por reguladores e autorreguladores. Podemos afirmar que a fiscalização exercida pelo Banco Central do Brasil (Bacen) para os bancos possui caráter prudencial, focada na identificação dos riscos incorridos por essas instituições e na habilidade delas de gerenciar tais riscos. A supervisão do Bacen também avalia a capacidade das instituiçoes de identificar, entender e gerenciar riscos a que estão expostas adequadamente, atuando preventivamente quando necessário.

Esta fiscalização difere daquela praticada pela CVM e pela estrutura da autorregulação, conforme descrito no capítulo anterior. Em razão dessa estrutura, os intermediários criticam a eficiêcia de sua organização, dado que ela duplica, de certa forma, a estrutura fiscalizatória, aumentando o custo regulatório a que estão submetidos. É sabido que a fiscalização exercida pela CVM abrange todas as atividades por ela autorizadas, ou seja, toda a as atividades de intermediação que esteja relacionada ao mercado de valores mobiliários, equando a estrutura de autorregulação fiscaliza somente o mercado por ela autorregulado.

De qualquer forma, conforme exposto até o momento, atualmente a indústria de intermediação de títulos e valores mobiliários possui uma alta complexidade de supervisão, fazendo com que seus integrantes passem, em média, por mais de 4 (quatro) auditorias anuais (seja desempenhada por reguladores ou autorreguladores), que duram no total, em média, mais de 50 (cinquenta) dias e mobilizam um número relativamente alto do quadro de funcionários (de diversas áreas como *compliance*, controle internos, cadastro, operçaões, etc.) para acompanhamento e organização dos trabalhos, esclarecimento de dúvidas dos auditores, levantamento de informações e documentações solicitadas, elaboração de resposta dos relatórios e reuniões bilaterais para encaminhamento dos itens eventualmente apontados como ponto de melhoria.

Com base nos relatórios de atividades emitidos pelos autorreguladores, os gráficos 1 e 2 abaixo mostram o período anual de auditorias presenciais (somatório total de dias por instituição/auditoria), bem como o número dedicado de funcionários a *compliance* e auditorias, respectivamente:

Gráfico 1 – Período anual de auditorias presenciais (total de dias)

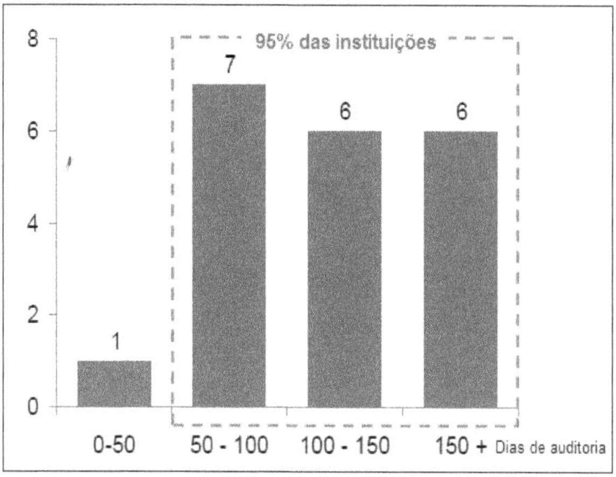

Fonte: Relatórios publicados pelos autorreguladores e elaboração da autora

Gráfico 2 – Número de funcionários dedicados a *compliance* e auditoria por número de instituições

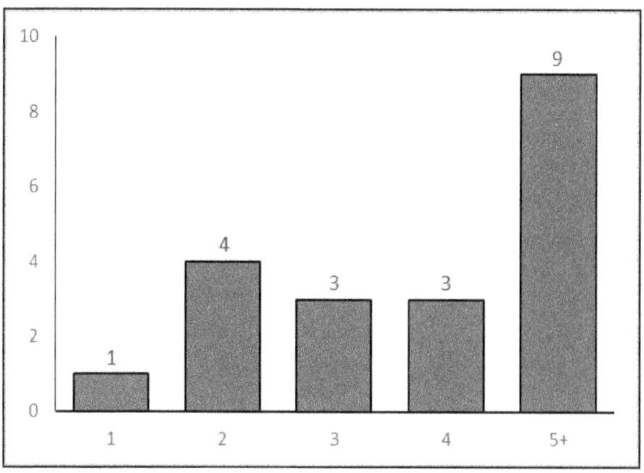

Fonte: Relatórios publicados pelos autorreguladores e elaboração da autora

Baseando-se apenas em uma instituição integrante do sistema de intermediação de títulos e valores mobiliários que é autorizada a funcionar perante a CVM e o BACEN, e também atua em todos os mercados regulados, tem-se o cenário abaixo conforme descrito na tabela 1:

Tabela 1 – Panorama regulatório e autorregulatório de uma instituição que é auditada pela maioria dos órgãos

(Auto) Regulador	Frequência	Dias em auditoria	Funcionários dedicados	% da equipe de *compliance*
ANBIMA	2 vezes/ano	20-30	1 funcionário 0,5 gerente	33%
ANCORD	Anual	0-5	1 funcionário 0,2 gerente	23%
BSM	Anual	65-75	2 funcionários 0,8 gerente	45%
CVM	Ad-hoc	5-15	1 funcionário 0,8 gerente	43%
BACEN	Ad-hoc	-	N/D	N/D

Fonte: Relatórios de atividades publicadas pelos reguladores e autorreguladores[32] e elaboração da autora

Além de dispenderem tempo e recursos para acompanhar as auditorias in loco e prover todas as informações necessárias, as instituições também precisam elaborar relatórios e ajustar processos que podem levar cerca de 180 (cento e oitenta) dias adicionais. Citando como exemplo a auditoria da BSM, ela começa com a auditoria presencial, depois os auditores elaboram um resumo preliminar do que seria o relatório final e, durante apro-

[32] BM&FBOVESPA SUPERVISÃO DE MERCADOS. Relatório de Atividades. São Paulo, S.P., 2017. Disponível em: <http://www.bsm-autorregulacao.com.br/RelatoriosDeAtividades.asp>. Acesso em: 17 junho 2017.

ximadamente 25 (vinte e cinco) dias, instituição e autorregulador trocam informações e chegam a um relatório final. Após todo esse processo, a instituição precisa apresentar um plano de ação para superar eventuais deficiência apontadas, cuja eficiência será validada na próxima auditoria presencial (em aproximadamente 1 ano).

É importante ressaltar também que, independentemente do porte da instituição, elas passam por volume e profundidade semelhante de auditorias anuais, conforme demonstrado na Figura 2 abaixo, fazendo com que as instituições menores possam ter maior impacto nas atividades do dia a dia.

Figura 2 – Porte das instituições versus duração e extensão das auditorias anuais

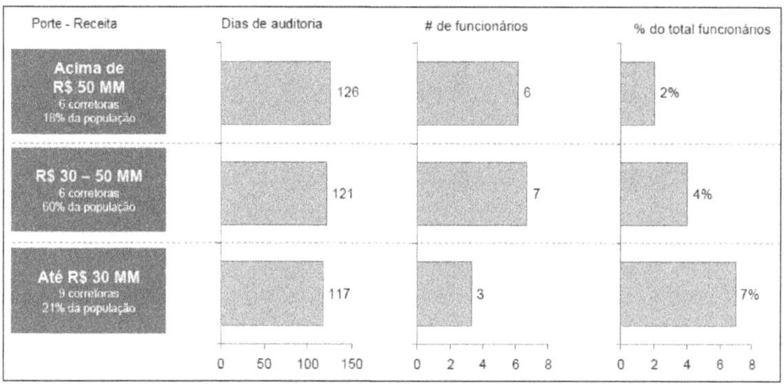

Fonte: Relatórios de atividades publicadas pelos reguladores e autorreguladores[33] e elaboração da autora

Não podemos deixar de reconhecer que tal sobreposição traz, positivamente, uma sensação de controle e segurança do sistema de intermediação que, mesmo que repetidamente,

[33] BM&FBOVESPA SUPERVISÃO DE MERCADOS. Relatório de Atividades. São Paulo, S.P., 2017. Disponível em: <http://www.bsm-autorregulacao.com.br/RelatoriosDeAtividades.asp>. Acesso em: 17 junho 2017.

é supervisionado por diferentes entidades, cada uma no seu escopo, mas todas com a mesma missão de resguardar o mercado de capitais brasileiros e proteger o investidor. Porém, dado o alto custo de observância (difícil de ser mensurado em números exatos), entre outros entraves conforme acima expostos, deveriam ser adotadas ações conjuntas com o intuito de otimizar as iniciativas da supervisão, podendo resultar em redução do custo ora mencionado.

Essa é uma realidade amplamente reconhecida e endereçada pelo pela própria CVM que, em junho de 2017, iniciou um extenso levantamento com a ajuda dos autorreguladores e entidades de classe (ex: BSM, ANBIMA e ANCORD) de possíveis pontos de sobreposição tanto entre normas reguladoras como autorreguladoras. O resultado será apresentado ao mercado e tratado no plano de trabalho da nova gestão da mencionada autarquia, visando transparência e eficiência, podendo inclusive resultar em edições nas normas atuais.[34] A previsão para 2019 é de que cerca de 19 (dezenove) normas devam sofrer ajustes para eliminar redundâncias, além de normas relevantes serem levadas a audiência pública para ampla reforma (instruções CVM 400 e 476, que abordam ofertas públicas).[35]

Nesse contexto e como forma de ação conjunta entre os envolvidos nessa problemática, o acordo de cooperação surge como uma alternativa viável para mitigar o cenário, podendo ser construído de forma a respeitar a individualidade e a espe-

[34] Azevedo, Simone. CVM às claras. Revista Capital Aberto, São Paulo. Disponível em https://capitalaberto.com.br/secoes/papo-aberto/cvm-as-claras/#.W7zHkhMzbHo. Acesso em: 09 outubro 2018.

[35] Valenti, Graziella. CVM terá agenda extensa de reforma de regras em 2019. Valor Econômico, São Paulo. Disponível em https://www.valor.com.br/financas/5761781/cvm-tera-agenda-extensa-de-reformas-de-regras-em-2019. Acesso em: 09 outubro 2018.

cificidade do tema auditado, bem como dos autorreguladores envolvidos conforme exposto no capítulo a seguir.

4. Os Acordos de Cooperação Como uma Alternativa Para o Sistema de Intermediação

Ainda que com lentes específicas, os mesmos assuntos são auditados por diferentes órgãos, conforme a Figura 4 abaixo que considera os temas abordados em auditorias feitas em uma instituição financeira de grande porte que intermedia valores mobiliários em ambiente regulado e administrado por entidade de balcão organizado.

Figura 3 – Assuntos em comum abordados por diferentes auditorias

	Interna e externa		Iniciativa privada			Governo	
Temas	Interna[1]	Externa (Bacen)[2]	ANBIMA	ANCORD	BSM	CVM	BACEN
Ordens	✓	✓		✓	✓	✓	
Cadastro	✓	✓	✓		✓	✓	
Tecnologia da Informação		✓	✓		✓		
Certificação	✓	✓	✓	✓	✓		
Controles Internos		✓	✓		✓	✓	
Administração de Riscos	✓	✓	✓		✓		✓

Fonte: Análise dos relatórios publicados pelos reguladores e autorreguladores e elaboração da autora

Legenda: 1. Auditoria interna da própria instituição. 2. A auditoria do Bacen inclui também auditoria de balanço.

Exemplificando o que a figura acima nos mostra, temas relacionados a controles internos como cadastro, *suitability*[36], sistemas e procedimentos relativos à prevenção e lavagem de dinheiro e processos de contingência são auditados por diversos órgãos. A ANBIMA, por exemplo, audita os controles internos com foco na administração de recursos de terceiros (e demais atividades descritas em seus código de melhores práticas), enquanto o BACEN, semestralmente, checa se os controles estão de acordo com sua resolução 2.554 (de 24 de setembro de 1998 – que dispõe sobre a implantação e a implementação de controles internos voltados para as atividades e sistemas de informações financeiras das instituições). Já a CVM, ainda em relação ao mesmo tema, solicita um relatório semestral de *self assessment* focado em controles internos e também canaliza suas auditorias na administração de recursos de terceiros. Ou seja, um mesmo tema é abordado por diferentes entidades supervisoras semelhantemente em uma mesma instituição, existindo oportunidade para cooperação entre os entes mencionados, fazendo da troca de informações um benefício a favor de todos. Com base num possível acordo, eventuais documentos adicionais de suporte poderiam ainda continuar sendo exigidos por cada entidade que assim entenda cabível.

Os relatórios de auditoria emitidos pela fiscalização da autorregulação também são uma importante fonte de informação para os reguladores, que poderão eventualmente até dispensar a realização de auditorias sobre assuntos já cobertos pela autorregulação, reduzindo assim custos tanto para o órgão regulador como para o regulado, evitando a dupla fiscalização.

Nesse sentido, considera-se que acordos de cooperação entre os órgãos supervisores mitigaria a necessidade de extensas auditorias em pontos amplamente abordados por estruturas que

[36] Conforme definido pela Instrução CVM 539, de 13 de novembro de 2013.

possuem competência legal de assim fazê-la, bem como a necessidade de envio de uma mesma informação para órgãos supervisores distintos. Aplicando a cooperação, pode-se concentrar forças na fiscalização de condutas que possam vir a representar maior risco para o sistema de intermediação que não estejam cobertas pela estrutura de autorregulação.

A celebração de acordos de cooperação (ou convênios) entre as entidades depende da comprovação de que aquela entidade que será a responsável pela obtenção de determinada informação disponha de estrutura apropriada e eficiência técnica para o fiel desempenho das obrigações normativas. Adicionalmente, o acordo de cooperação deverá dispor sobre a possibilidade de fiscalização, pelo regulador, da atuação da entidade e de seus prepostos no cumprimento do disposto no convênio e na norma, bem como sobre as decorrências causadas pelo do descumprimento do convênio pela entidade aderida.

O primeiro autorregulador a celebrar um acordo de cooperação com a CVM foi a antiga Anbid[37] que, em 20 de agosto de 2008, estabeleceu convênio relativo ao procedimento simplificado para os registros de ofertas públicas de distribuição de valores mobiliários nos mercados primário ou secundário, conferindo-lhe competência para estabelecer procedimento simplificado de análises prévias e elaboração de relatórios técnicos relativos a pedidos de registros de ofertas públicas de distribuição.

A SUSEP – Superintendência de Seguros Privados, autarquia vinculada ao Ministério da Fazenda e órgão responsável pelo controle e fiscalização dos mercados de seguro, previdência privada aberta, capitalização e resseguro, firmou convênio

[37] A ANBID – Associação Nacional dos Bancos de Investimento integrou suas atividades às da Andima em 21 de outubro de 2009, dando origem à ANBIMA – Associação Brasileira das Entidades dos Mercados Financeiro e de Capitais.

com a CVM em 04 de abril de 2006 que institui e disciplina um sistema de troca de informações, programações coordenadas de supervisão e estabelece um sistema de consulta recíproca a respeito de normas que tenham reflexos sobre as instituições sob suas alçadas, objetivando maior eficiência nas respectivas áreas de competência[38]. Este convênio é um modelo muito interessante a ser observado pelas entidades do sistema de supervisão (tanto reguladores como autorreguladores) pois busca otimizar e organizar as agendas, evitando ineficiência no modelo atual e delimitando bem os papéis e responsabilidades. Tal convênio permite que a CVM coloque à disposição da SUSEP, em conformidade com os interesses ali avençados, informações de suas bases de dados, ressalvadas as hipóteses em que a Lei não permita o intercâmbio. Nos mesmos moldes do convênio firmado com a Susep, a CVM também firmou com o Ministério do Trabalho e Previdência Social (MTPS), em 2015; com a Superintendência Nacional de Previdência Complementar (PREVIC), em 2005; e com o Banco Central do Brasil, em 2014[39].

Convênios e acordos de cooperação como os mencionados acima são de extrema importância de serem discutidos e assinados entre entidades supervisoras dos mercados autorregulados de intermediação de títulos e valores mobiliários para que a eficiência alcançada nos demais setores reflitam também entre os que atuam naquele mercado.

Em maio de 2002, a IOSCO, buscando cada vez mais estabelecer condutas de excelência, publicou seu *Multilateral Memorandum Of Understanding Concerning Consultation And Cooperation And The Exchange Of Information*, cujo objetivo é prover assistência e cooperação mútua entre seus os membros para que as

[38] http://www.cvm.gov.br/export/sites/cvm/convenios/anexos/SUSEP.pdf. Acesso às 18:35 do dia 18 de junho de 2017.

[39] Os convênios estão disponíveis em http://www.cvm.gov.br/convenios/index.html. Acesso às 18:21 do dia 10 de junho de 2017.

leis e regulamentações sejam cumpridas, demonstrando que as organizações mundiais já apoiam e trilham o caminho da troca de informações.

5. Considerações Finais

Ao longo de todo este trabalho, podemos verificar que a autorregulação é um fenômeno recente na estrutura normativa brasileira que ganhou destaque a partir da década de 80 com a transição do sistema financeiro e aumento da complexidade do mercado, demonstrando que a peculiaridade do sistema de intermediação de títulos e valores necessita de ordem, procedimentos e controles estabelecidos por quem está próximo e conhece seus detalhes.

Em nosso atual sistema, os principais autorreguladores – B3, BSM e ANBIMA – exercem um papel fundamental de manutenção da estabilidade e higidez do mercado, bem como educativo, no sentido de espalhar o conhecimento das regras e procedimentos para manter tal integridade.

A autorregulação abrange diversas dimensões, mas duas merecem destaque. A primeira é o monitoramento à distância, feito por áreas internas das instituições e considerando informações constantes das bases de dados e a segunda, que foi dado maior foco no escopo deste trabalho, é a supervisão presencial feitas pelos órgãos reguladores, que, nas dependências dos participantes dos seus mercados regulados, apuram se as regras estabelecidas estão sendo seguidas, na prática.

Nota-se que no âmbito da supervisão presencial, todas as entidades autorreguladoras acima mencionadas foram exploradas do ponto de vista do seu modus operandi, com base nos relatórios com dados estatísticos publicados pelas próprias instituições e conhecimento de como atuam, demonstrando número de auditorias anuais, funcionários e auditores envolvidos, bem como os principais temas abordados nessas auditorias.

Constata-se conforme demonstrado no Capítulo 4 que, anualmente, as instituições passam por diversas auditorias de diferentes autorreguladores, e que diversos temas, mesmo que com lentes específicas, são igualmente abordados, ocasionando uma possível ineficiência de atividades e sobreposição de agendas. Além de gastarem tempo com as equipes dedicadas a atenderem os auditores e prestarem todas as informações necessárias, os funcionários das instituições também participam da elaboração de relatórios e planos de ação para eventuais itens apontados. O trabalho também mostrou que, independentemente do porte da instituição, o peso regulatório é igual, sendo difícil a adaptação a modelos mais enxutos de negócio.

Toda essa demanda regulatória de supervisão aos autorregulados possui uma alternativa para otimização dos processos que são os convênios (ou acordos de cooperação), já praticados amplamente pela CVM conforme demonstrado no capítulo anterior. Com estes convênios, as entidades supervisoras poderiam se organizar para cooperação de troca de informações entre si, já que os relatórios emitidos pelos órgãos autorreguladores são importante fonte de informação.

Por fim, resta então destacar que, através do que foi analisado e exposto neste trabalho, conclui-se que os acordos de cooperação entre os órgãos de supervisão das instituições integrantes do sistema de intermediação e que atuam em mercados regulados são uma forma inteligente e viável de otimizar as informações solicitadas nas auditorias, respeitando o escopo e exigência de cada entidade, trazendo agilidade e redução do custo de observância para toda a indústria.

Referências

BSM. Relatórios anuais de atividades. Disponível em http://www.bsm-autorregulacao.com.br/publicacoes-e-eventos/relatorio-de-atividades. Acesso às 13:22 do dia 10 de junho de 2017.

Calabró, Luiz Felipe Amaral. **Teoria palco-platéia: a interação entre regulação e autorregulação do mercado de bolsa**. 2010. Tese (Doutorado em Direito Comercial) – Faculdade de Direito, University of São Paulo, São Paulo, 2010. doi:10.11606/T.2.2010.tde-25082011-111452. Acesso em: 2017-06-12.

Eizirik, Nelson et al. **Mercado de Capitais – Regime Jurídico**. 3. ed. Rio de Janeiro: Renovar, 2011.

GAO. **Securities Market – Competition and Multiple Regulators Heighten Concerns about Selg-Regulation**. Disponível em http://www.gao.gov/products/GAO-02-362. Acesso às 15:50 do dia 15 de junho de 2017.

IOSCO. **Model for Effective Regulation**, disponível http://www.iosco.org/library/pubdocs/pdf/IOSCOPD110.pdf. Acesso às 13:00 de 15 de junho de 2017.

IOSCO. **Multilateral Memorandum of Understanding Concerning Consultation and Cooperation and the Exchange of Information**, disponível https://www.iosco.org/library/pubdocs/pdf/IOSCOPD386.pdf. Acesso às 13:00 de 15 de junho de 2017.

Moreira, Vital. **Auto-Regulação Profissional e Administração Pública**. Almedina, Coimbra, 1997.

Pinto, Gustavo Mathias Alves. **Regulação Sistêmica e Prudencial no Setor Bancário Brasileiro**. Tese de Doutorado apresentada na Universidade de São Paulo, 2011.

Santos, Aline Menezes. Trindade, Marcelo. **Regulação e Auto-Regulação no Brasil e a Crise Internacional.** Artigo disponível em http://www.bsm-autorregulacao.com.br/assets/file/BSM-Artigo-MarceloTrindade-e-AlineMenezesSantos.pdf. Acesso às 18:59 de 11 de junho de 2017.

Verdier, Pierre-Hugues. **Regulatory networks and their limits. Fellows' Discussion Paper Series**. Harvard Law School; Cambridge, MA. Disponível em http://www.law.harvard.edu/programs/olin_center/fellows_papers/pdf/Verdier_22.pdf Acesso em 29/05/2017 às 21:00.

Vergara, Henrique de Rezende. "A regulação do mercado de valores mobiliários". In: Andrade, Rogério Emilio de (coord.). **Regulação Pública da Economia do Brasil**. Campinas, Edicamp, 2003.

Wald, Arnoldo e Eizirik, Nelson. **O Regime Jurídico das Bolsas de Valores e sua Autonomia frente ao Estado**. Revista de Direito Mercantil, Industrial, Econômico e Financeiro, n. 71. São Paulo: Revista dos Tribunais, janeiro-março/1986.

Yazbek, Otavio. **Regulação do Mercado Financeiro e de Capitais**. 1. ed. São Paulo: Elsevier, 2007.

Referências Complementares

ARAGÃO, Alexandre Santos de. **O princípio da eficiência**. In: Revista de Direito Administrativo. Rio de Janeiro, v. 237, p. 1 – 6, jul./set. 2004.

ASSI, Marcos. **Gestão de compliance e seus desafios – Como implementar controles internos, superar dificuldades e manter a eficiência dos negócios**. 1. ed. São Paulo: Saint Paul, 2013.

AZEVEDO, Simone. **CVM às claras**. Revista Capital Aberto, São Paulo. Disponível em https://capitalaberto.com.br/secoes/papo-aberto/cvm-as-claras/#.W7zHkhMzbHo. Acesso em 09 de outubro de 2018.

BANDEIRA DE MELLO, Celso Antônio. **Natureza Jurídica das Bolsas de Valores**. Revista de Direito Público, n. 81. São Paulo: Revista dos Tribunais, janeiro-março/1987.

BLACK, Bernard S. **The Legal and Institutional Preconditions for Strong Securities Markets**. UCLAW Review. Disponível em: https://papers.ssrn.com/sol3/Papers.cfm?abstract_id=182169. Acesso em 28 de maio de 2017 às 21:00.

BLUNDELL, John; ROBINSON, Colin. **Regulação sem o Estado**. Rio de Janeiro: Instituto Liberal, 2000.

CANDELORO, Ana Paula P.; DE RIZZO, Maria Balbina Martins; PINHO, Vinícius. **Compliance 360°: riscos, estratégias, conflitos e vaidades no mundo corporativo**. São Paulo: Trevisan, 2012.

COELHO, Alexandre Ramos. **Direito e Desenvolvimento e a Importância da Cooperação Regulatória Internacional para o Mercado de Capitais Brasileiro**. São Paulo, 2014. Disponível em http://www.publicadireito.com.br/artigos/?cod=eb852fa9d9e60316. Acesso em às 20:30 do dia 10 de maio de 2017.

DIAS, Leonardo Adriano Ribeiro; BECUE, Sabrina Maria Fadel. **Regulação e Autorregulação do Mercado de Valores Mobiliários Brasileiro: Limites da Autorregulação.** Artigo disponível em http://www.cidp.pt/publicacoes/revistas/ridb/2012/12/2012_12_7357_7388.pdf. Acesso às 09:30 do dia 18 de junho de 2017

DIAS, Luciana Pires e TRONCOSO, Maria Clara Oliveira Ribeiro. **Regulação do Mercado de Valores Mobiliários.** Trabalho apresentado na FGV Direito Rio. Disponível em https://direitorio.fgv.br/sites/direitorio.fgv.br/files/u100/regulacao_do_mercado_de_valores_mobiliarios_2014-2.pdf. Acesso às 15:45 do dia 10 de junho de 2017.

FERRAZ, Adriano Augusto Teixeira. **A Autorregulação Do Mercado De Valores Mobiliários Brasileiro: A coordenação do mercado por Entidades Profissionais Privadas.** Tese de Mestrado. Belo Horizonte: Universidade Federal de Minas Gerais, 2012. Disponível em http://www.bibliotecadigital.ufmg.br/dspace/bitstream/handle/1843/BUOS-8XNLXN/_disserta__o_mestrado._v._final._.pdf?sequence=1. Acesso às 22:15 do dia 10 de junho de 2017.

LOSS, Louis; SELIGMAN, Joel. **Fundamentals of Securities Regulation**. 5th. ed. New York: Aspen Publishers, 2003.

MELLO, Pedro Carvalho. **Uma avaliação da regulação do mercado de capitais, segundo a ótica de custos e benefícios.** Revista da CVM. Rio de Janeiro, n. 32, set. 2000.

MOREIRA NETO, Diogo de Figueiredo. **Crise e regulação dos mercados financeiros. A autorregulação regulada: uma possível resposta.** Revista de Direito Bancário e do Mercado de Capitais, volume 47. São Paulo: Editora Revista dos Tribunais, janeiro-março/2010.

PINHEIRO, Armando Castelar; SADDI, Jairo. **Direito, Economia e Mercados**. Rio de Janeiro: Elsevier, 2005.

SANO, Flora Pinotti; CRUSCIANO, Dalton Tria. **Auto-regulação e Desenvolvimento do Mercado de Valores Mobiliários Brasileiro**. 1. ed. São Paulo: Saraiva, 2009.

SIFMA. **White Paper: Reinventing Self-Regulation**. Disponível em: http://www.sifma.org/issues/item.aspx?id=21354. Acesso às 17:28 do dia 05 de junho de 2017.

SOUZA JR., Francisco Satiro de. **Mercado de Capitais.** Série GVLaw Direito, Gestão e Prática. 1. ed. São Paulo: Saraiva, 2013.

VALENTI, Graziella. **CVM terá agenda extensa de reforma de regras em 2019**. Valor Econômico, São Paulo. Disponível em https://www.valor.com.br/financas/5761781/cvm-tera-agenda-extensa-de-reformas-de-regras-em-2019. Acesso em 09 de outubro de 2018.

Desmistificando o *Bitcoin*: Análise da Sua Natureza Jurídica, Uso e Impactos

Pâmela Naomi Nakamura

Introdução

O estudo discorrerá sobre um dos mais recentes adventos tecnológicos da sociedade cujas implicações e efeitos ainda são pouco conhecidos: as moedas virtuais, notadamente o *bitcoin*, apenas por ser, atualmente, o mais popular das espécies de criptomoedas.

As escassas discussões a respeito do tema fomentam as incertezas jurídicas, ao mesmo tempo em que os profissionais do direito e do mercado financeiro, cada vez mais, se deparam com relações envolvendo os *bitcoins*. Assim, para contribuir com essa crescente demanda, apoiando-se em uma base teórica decorrente de pesquisa bibliográfica de obras e artigos nacionais e da jurisdição norte-americana e europeia, propõe-se iniciar a compreensão do tema pelo método tradicional, mediante a análise do contexto histórico, retroagindo até o homem primitivo que utilizava essencialmente do escambo para satisfação de suas necessidades, passando pela predileção ao uso de um bem específico como base das trocas, o sal.

Posteriormente, contextualizar-se-á o surgimento das moedas cunhadas em metais nobres (ouro, prata e cobre) que evoluíram para a emissão de papéis lastreados em ouro[1] e, por fim, o conceito atual de moeda, qual seja um "bem intermediário de troca, unidade de conta e reserva de valor"[2] ao qual o Estado atribui curso forçado[3], de acordo com a maioria dos autores citados neste trabalho.

Nesse contexto e com o intuito de assimilar por inteiro o objeto deste estudo, apresentam-se as moedas virtuais, juntamente com a explanação de sua construção técnica. Especialmente focando no *bitcoin,* capaz de ser utilizado como forma de troca e construído por meio de funções de embaralhamento criptográfico (*criptographic hash function*), totalmente independente de qualquer autoridade monetária, governo, órgão ou instituição financeira, transacionável *on-line*, de forma descentralizada, não rastreável e anônima[4].

Por conta da rede mundial de computadores e a consequente velocidade que ela confere à transmissão de informações, o *bitcoin* difundiu-se rapidamente e, hoje, já é reconhecido e aceito pelo mercado nacional e internacional como meio de pagamento de bens e serviços virtuais e reais, consolidando-se assim a relevância do tema. A exemplo disto cita-se a Tecnisa S.A.[5],

[1] CASA DA MOEDA DO BRASIL. Origem do dinheiro. Disponível em: <http://www.casadamoeda.gov.br/portalCMB/menu/cmb/sobreCMB/origem-dinheiro.jsp>. Acesso em: 21 nov. 2015

[2] BARROSI-FILHO, Milton; SZTAJN, Rachel. Natureza jurídica da moeda e desafios da moeda virtual. **Revista Jurídica Luso-Brasileira**, Portugal, nº 1, 2015. p. 1687

[3] Idem, 2015. p. 1687

[4] UNITED STATES SECURITIES AND EXCHANGE COMMISSION. Winklevoss Bitcoin Trust, Registration Statement (Form S1). (July 1, 2013) p. 26-27. Disponível em: <https://www.sec.gov/Archives/edgar/data/1579346/000119312513279830/d562329ds1.htm#tx562329_6> Acesso em: 21 nov. 2015

[5] TECNISA. Relatório Anual 2014. Disponível em: <http://img.tecnisa.com.br/arquivos/sustentabilidade/relatorio_2014_tecnisa.pdf> Acesso em: 28 mai. 2015

construtora de capital aberto que admite *bitcoins* como parte do pagamento na aquisição de bens imóveis, bem como a empresa americana de tecnologia, a Microsoft, que permuta seus produtos da linha Windows, Windows Phone, Xbox, Xbox Music e Xbox Video Store[6] pela criptomoeda.

A seguir, investigam-se os diversos posicionamentos acerca da natureza jurídica das criptomoedas, com um olhar crítico e inclinado ao direito natural que antecede a transferência de poder pelos indivíduos ao soberano para criação e aplicação de leis, na medida em que se observa a predominância da liberdade natural sobre a exigência do curso forçado.

A discussão acerca da natureza jurídica do *bitcoin* será essencial, pois é o cerne da interpretação e construção dos paralelos com as inúmeras disciplinas com que guarda intrínseca relação, a saber: economia, contabilidade, regulação do mercado financeiro e de capitais, câmbio e capitais internacionais, tributação, entre outros.

Os esforços de enquadramento do *bitcoin* também compreenderão a identificação dos pontos de distinção ou semelhança com meios de pagamento, moeda eletrônica, valor mobiliário, título de crédito e commodities.

Valendo-se de acepções advindas das ciências econômicas, tal como a que define que "*Bitcoin is a 'convertible' form of virtual currency, which means it's a form of encrypted code that has a value equivalent to (and can act as a substitute for) real currency*"[7] e adaptando-as ao mundo jurídico acredita-se que afirmações categóricas como "a *bitcoin* não é moeda, mas um bem ou meio de troca

[6] G1. Microsoft passa a aceitar bitcoins na compra de apps, músicas e games. São Paulo, 11 dez. 2014. Disponível em:< http://g1.globo.com/tecnologia/noticia/2014/12/microsoft-passa-aceitar-bitcoins-na-compra-de-apps-musicas-e-games.html >. Acesso em: 28 mai. 2015

[7] PARTHEMER, Mark R.; KLEIN, Sasha A. Bitcoin: Change for a Dollar? **Journal of Financial Service Professionals**, Estados Unidos, Vol. 68 Issue 6, 2014. p.16

possível, cuja função primordial é [...] evitar custos incorridos ao realizar operações no mercado virtual por meio de instituições financeiras"[8] merecem esclarecimentos e ressalvas.

Da mesma forma, desenvolve-se a definição trazida por Balduccini que conclui que a "natureza jurídica do *bitcoin* é o conceito genérico de 'bem material' ou 'bem intangível', por ser um bem que não tem existência física"[9]. Assim, participam da construção da natureza jurídica do *bitcoin* as comparações e contraposições de outras definições, como aquela de entende que o *bitcoin* é uma commodity, conforme manifestou o comissário do *Commodity Futures Trading Commission* – CFTC Mark Wetjen: "*The definition of 'commodity' under the CFTC's authorizing statute could be read to include Bitcoin [...]*"[10].

Na sequência, apresentam-se as manifestações das autoridades e dos órgãos regulatórios nacionais e internacionais e se constata, na prática, a dificuldade das entidades em emitir um posicionamento que traga segurança e convencimento acerca do tema.

Após as reflexões desenvolvidas ao longo do trabalho, surgem os desafios decorrentes da eventual difusão das criptomoedas, agravado pela ausência de regulamentação, no Brasil e no mundo. A título de ilustração, efetua-se um breve enfoque na questão tributária diretamente atrelada à pessoa física e na autorregulação, pois ambos os exemplos englobam tanto a manifestação de autoridades e órgãos regulatórios como a necessidade de atuação imediata.

[8] Barrosi-Filho, op. cit., p. 1670

[9] Balduccini, Bruno et al. Bitcoins – os lados desta moeda. Revista dos Tribunais, Brasil, vol. 953/2015, p. 25, mar. 2015.

[10] Greebel, Evan L. et al. Recent key Bitcoin and virtual currency regulatory and law enforcement developments. **Journal of Investment Compliance**, Estados Unidos, vol. 16 Issue 1, 2015. p. 16

1. Abordagem Histórica do Surgimento da Moeda e Sua Evolução Até os Dias de Hoje

A base histórica é indiscutivelmente relevante para a construção de novos conceitos, de forma que a discussão sobre a moeda não poderia começar de forma diferente.

Embora possa parecer retroagir demais na história, iniciar-se-á a partir do advento da moeda que, no contexto da necessidade de troca entre as pessoas, a princípio eram as próprias mercadorias, como, por exemplo, o sal, o tabaco, o açúcar, os animais, os metais, entre outros. Dessa forma, os produtos permutados poderiam ser utilizados para uso próprio, de acordo com seus atributos naturais, ou como novo item de troca. Nas palavras de Marx, "A forma mercadoria simples é, por isso, o germe da forma dinheiro"[11].

Posteriormente, a evolução e o recrudescimento das relações comerciais acabaram por demandar novos instrumentos de troca para sanar o perecimento dos produtos e os entraves de logística e de divisibilidade.

Historicamente, verificou-se que o valor dos bens utilizados como moeda tinha uma relação intrínseca com a sua escassez, princípio básico de demanda e oferta das ciências econômicas. Assim, não tardou para que se convergisse para moedas de metais preciosos que naturalmente apresentavam a característica acima. Concomitantemente ao surgimento das moedas metálicas, fortalece também a figura de uma autoridade central que certificava sua composição, pureza e peso, configurando-se, assim, as moedas cunhadas, cujo fundamento foi sacramentado por Aristóteles: "Efetivamente, o objetivo original do dinheiro foi facilitar a permuta [...]"[12].

[11] MARX, K. **O capital**: crítica da economia política. Vol. 1. São Paulo: Nova Cultural Ltda, 1996, p. 197

[12] ARISTÓTELES. Política. 3. ed. Brasília: UNB, p. 28

Maurício Metri narra que, em decorrência do desenvolvimento natural das relações mercantis, surgem os instrumentos de crédito que, aos olhos de Marx, deveu-se pela necessidade de segregação entre as circulações de moeda e mercadoria, momento no qual surgem as figuras de credores, devedores e a moeda como meio de pagamento[13].

Ao decompor a relação direta da moeda e da mercadoria, cria-se o artifício do papel-moeda que, ainda conforme Marx trata-se de uma representação do metal precioso, cuja circulação provém do curso forçado[14]. Uma construção equivalente também é utilizada em concepção mais moderna que entende que "Ao invés de ter sua origem ligada ao escambo e às trocas privadas, a moeda foi criada como um meio de denominar e liquidar obrigações com diversas instituições públicas."[15] Nessa teoria, o ponto focal da determinação da moeda também recai sobre a existência de uma autoridade central que detém o domínio sobre determinada sociedade, impondo-lhe a obrigação de pagar impostos. Dessa forma, conclui Metri: "a moeda constitui-se, essencialmente, numa contrapartida da tributação."[16]

Em suma, os eventos históricos demonstram que a moeda passou a ser transacionada com a mera finalidade de permuta, para satisfação de necessidades pessoais, passou a ser meio de pagamento e, finalmente, tornou-se um instrumento de quitação de obrigações perante uma autoridade (coatora).

De uma forma ou de outra, seja atrelado à tributação ou à circulação, atualmente é inegável que cada cidadão está ligado a

[13] METRI, Mauricio. Acumulação de poder, sistemas e territórios monetários: uma análise teórica sobre a natureza da moeda e sua relação com a autoridade central. **Ensaios FEE**, Porto Alegre, v. 33, n. 2, p. 397-422, nov. 2012, p. 402

[14] Ibidem, p. 402

[15] HUDSON, 2004 p. 122 apud Ibidem, p. 35, p. 399

[16] Ibidem, p. 35, p. 399

uma autoridade central e, quanto maior seu poderio econômico, usualmente é maior sua interação com o sistema governamental.

2. Os Avanços Tecnológicos do Compartilhamento de Conteúdo Pela Internet e Seus Principais Marcos

O desenvolvimento tecnológico, especificamente o computacional, vem alterando a forma de relacionamento da sociedade, na medida em que permite o compartilhamento, em tempo real, de informações com todo o globo. No cerne, a internet e seus precursores nada mais fazem que reproduzir a primitiva forma de aprendizado aplicado em uma criança, qual seja, transmitir pequenos trechos de informações de forma descentralizada, o que lhe confere celeridade. Cabe ao receptor final ordenar os trechos de forma que este seja capaz de compor a informação completa.

GRAHL[17], resumidamente, bem define:

> A Internet consiste na interligação de milhares de redes de computadores do mundo inteiro, através da utilização dos mesmos padrões de transmissão de dados, os chamados protocolos. Graças a essa uniformização na transmissão das informações, as diversas redes passam a funcionar como se fossem uma só, possibilitando o envio de dados e até mesmo de sons e imagens a todas as partes do mundo, com uma considerável eficiência e rapidez.
>
> O endereço de cada computador conectado à Internet é determinado por um código numérico. Tal endereço é chamado nome de domínio ou domain name, que é representado por uma série de palavras.

Nesse contexto, a internet forneceu o meio de transporte global dos dados. O Napster, software gratuito, inovou ao pos-

[17] GRAHL, O. **Título de Crédito Eletrônico.** 2003. 157f. Dissertação (Mestrado) – Faculdade de Direito, Universidade Católica de Brasília – UCB, DF p. 93

sibilitar o compartilhamento de informações em que o usuário permite o acesso a seus arquivos por outros usuários, de forma mútua, para troca de músicas, consolidando a tendência de socialização e descentralização das informações.

É notório que, nos dias atuais, o uso intensivo e constante de computadores, *tablets* e *smartphones*, sempre vinculados a conexão e uso da rede para a comunicação e troca de informações é parte do quotidiano dos indivíduos, inclusive de crianças. Curiosamente, os telefones celulares são raramente utilizados para ligações, pois até mesmo a transmissão da voz é um dado que trafega na rede.

Pode se inferir, da mera observação, que as relações comerciais, sejam bens ou serviços, estão cada vez mais dependentes da tecnologia e da conectividade. Até um dos mais regulados setores, o financeiro bancário, se vê na corrida da abertura de plataformas digitais e online para acompanharem a demanda da sociedade. Assim, é inevitável que as discussões jurídicas acompanhem os temas que surgirão do relacionamento entre os indivíduos e a tecnologia.

3. O *Bitcoin*: a Origem e Sua Definição Técnica

Primeiramente, cumpre distinguir uma moeda eletrônica, e-money ou meio eletrônico de pagamento de uma moeda virtual ou criptomoeda.

Enquanto a primeira já está pacificada, inclusive contando com uma definição oficial nacional disposta no art. 6º, inciso VI da Lei Federal nº 12.865 de 09 de outubro de 2013, que determina: "moeda eletrônica – recursos armazenados em dispositivo ou sistema eletrônico que permitem ao usuário final efetuar transação de pagamento", portanto, inseridas dentro do Sistema de Pagamentos Brasileiro, a segunda, depende de uma elucidação técnica.

O *bitcoin,* bem como as demais criptomoedas, tais como o Monero, Litecoin, Peercoin, Feathercoin, etc., são consideradas moedas virtuais e "são geradas mediante operações matemáticas, realizadas por computadores em rede, que, após determinado espaço de tempo, geram um código com vários caracteres"[18]

Especialmente o *bitcoin,* objeto deste estudo, surgiu em 2009, como um advento capaz de ser utilizado em operações como forma de troca lastreada em funções de embaralhamento criptográfico (*criptographic hash function*), totalmente independentes de qualquer autoridade monetária, governo, órgão ou instituição financeira, transacionável *on-line*, de forma descentralizada, não rastreável, anônima[19].

Cada operação é realizada e registrada por uma rede de computadores distribuída no mundo executando o software de *bitcoin*, em regime de redundância de informações, para se evitar qualquer risco operacional que acarrete em perda das informações, atrelado a um complexo sistema de proteção de informações[20].

O economista português Fernando Ulrich[21] explica como essas transações entre carteiras são realizadas:

> As transações são verificadas, e o gasto duplo é prevenido, por meio de um uso inteligente de criptografia de chave pública. Tal

[18] Morais, Carlos Yury Araújo de; Brandão Neto, João Batista. Tributação das operações com criptomoedas. **Arquivo Jurídico**, Teresina-PI, v.1, n. 7, p. 41-60, jul/dez. 2014

[19] UNITED STATES SECURITIES AND EXCHANGE COMMISSION. Winklevoss Bitcoin Trust, Registration Statement (Form S1). (July 1, 2013) p. 26-27. Disponível em: <https://www.sec.gov/Archives/edgar/data/1579346/000119312513279830/d562329ds1.htm#tx562329_6> Acesso em: 21 nov. 2015

[20] UNITED STATES SECURITIES AND EXCHANGE COMMISSION, op. cit., p. 27-28

[21] Ulrich, Fernando. **Bitcoin: a moeda na era digital**. 1 ed, São Paulo: Instituto Ludwig Von Mises Brasil, 2014. p. 18-19

> mecanismo exige que a cada usuário sejam atribuídas duas 'chaves', uma privada, que é mantida em segredo, como uma senha, e outra pública, que pode ser compartilhada com todos. Quando Maria decide transferir bitcoins ao João, ela cria mensagem, chamada de 'transação', que contém a chave pública do João, assinando com sua chave privada. Achando a chave pública da Maria, qualquer um pode verificar que a transação foi de fato assinada com sua chave privada, sendo, assim, uma troca autêntica, e que o João é o novo proprietário dos fundos. A transação- e portanto uma transferência de propriedade dos bitcoins- é registrada, carimbada com data e hora e exposta em um 'bloco' do blockchain (o grande banco de dados, ou livro-razão da rede Bitcoin). A criptografia de chave pública garante que todos os computadores na rede tenham um registro constantemente atualizado e verificado de todas as transações dentro da rede Bitcoin, o que impede o gasto duplo e qualquer tipo de fraude.

Arriscar-se-ia dizer que o *bitcoin,* na verdade, representa mais um marco tecnológico do que o surgimento de uma nova moeda, forma de pagamento, commodity, ou o que quer que se defina, pois a tecnologia *blockchain* a ela atrelada e a todas as demais moedas virtuais é o que sustenta o sucesso desse novo objeto.

O *blockchain* representa a irrastreabilidade, anonimato e, principalmente, a segurança na transação. Esta última é justamente a característica mais relevante acerca dessa tecnologia, uma vez que a imensa quantidade de informações que circulam na rede traz a incerteza da veracidade e confiabilidade.

A criptografia usualmente utilizada em certificação digital, já atualmente aceita, inclusive para assinatura de contratos de câmbio, títulos de crédito e peças processuais difere da tecnologia *blockchain,* no seguinte sentido: enquanto um certificado digital corresponde a uma chave pública emitida por uma entidade acreditada (ou certificadora) centralizada, a qual armazena a chave privada relacionada a esta chave pública, a tecnologia de *blockchain* consiste em uma base de dados distribuída gerenciada por uma rede ponto a ponto (P2P – Peer to Peer), composta por milhares de membros da comunidade e projetada para armazenar uma quantidade crescente de blocos (ou conjuntos de registros de transação) sujeitos a um protocolo que permite o registro e a validação de novos blocos.

Uma vez que uma nova operação é efetuada, um novo bloco é adicionado e registrado. Este registro é indexado com o registro anterior e o próximo registro, de forma que todos os registros das transações realizadas com a tecnologia *blockchain* estarão vinculados entre si. Um invasor que tente corromper um bloco, para obter êxito em sua fraude, deve necessariamente corromper todos os registros anteriormente gerados, em todos os nós da rede *blockchain*, o que não é computacionalmente exequível. Assim, esta é a garantia da integridade do registro de todas as transações.

O registro ou a consulta de uma transação arquivada na rede *blockchain* é simples, o que possibilita o processamento e a verificação online das transações em escala global a um custo desprezível.

A natureza descentralizada e redundante da rede ponto a ponto que suporta a tecnologia de *blockchain* ainda fornece uma resiliência ao sistema como um todo, de forma que, se um determinado segmento da rede for retirado do ar (por catástrofes naturais, guerras, tentativa de controle governamental, etc.), o processamento de transações continua funcionando sem ser corrompido. Esta característica é um diferencial fundamental da tecnologia de certificação digital, pois se a entidade certificadora for retirada do ar, todos os seus certificados emitidos tornam-se impossíveis de serem validados.

Toda a construção da tecnologia de *blockchain* e o próprio *bitcoin* foram explicitados por uma pessoa ou grupo de pessoas com pseudônimo Satoshi Nakamoto[22]. Embora a autoria seja incerta, em se tratando deste tema, é inevitável que se consulte e cite esta fonte, inclusive porque este também foi o texto consultado pelos autores Fernando Ulrich, Bruno Balduccini e Nicolas Wenker.

A compreensão da tecnologia e seus fundamentos são essenciais para os profissionais do direito, na medida em que estes profissionais estão sempre em busca dos termos, estrutura, procedimentos e formalidades que forneçam a validade, eficácia e segurança do negócio de forma incontestável.

Se fosse possível traçar uma comparação para ilustrar a tecnologia *blockchain*, assemelhar-se-ia a uma forma de reconhecimento por autenticidade conferida por inúmeros tabeliões de diversas nacionalidades, totalmente independentes entre si, aleatórios e desvinculados de qualquer relação com eventual transação passada ou futura.

Cumpre ressaltar que a tecnologia *blockchain* não é exclusiva das criptomoedas e, portanto, pode ser aplicada a quaisquer transações como forma de certificação e autenticação.

3.1. Debates em Torno de Sua Natureza Jurídica

O professor Marcos Cavalcante de Oliveira[23] vincula, ao conceito de moeda, "além do 'curso legal' ou 'poder liberatório', também tem que ser adotada em caráter de exclusividade pelas partes em seus negócios jurídicos".

Nesse contexto, a Lei nº 9.069 de 29 de junho de 1995, determina logo em seu art. 1º que "a unidade do Sistema Monetário Nacional passa a ser o REAL, que terá curso legal em todo território nacional".

[22] Nakamoto, Satoshi. **Bitcoin**: a Peer-to-Peer Electronic Cash System, 2008. Disponível em: <https://bitcoin.org/bitcoin.pdf>. Acesso em: 26 nov. 2015

[23] Oliveira, Marcos Cavalcante de. **Gabriel e a moeda.** Revista dos Tribunais, Brasil, vol. 64/2014, p. 125, abr. 2014.p.2

Da mesma forma, Morais e Brandão[24] denominam as criptomoedas de 'ativo financeiro' para utilização como 'meio de troca eletrônico', mas pondera que "criptomoedas diferem do dinheiro moderno, pois não dependem de um órgão central para sua produção".

Barrosi-Filho e Sztajn[25], além de compartilhar da necessidade de possuir poder liberatório e curso forçado, comparam o *bitcoin*, "para fins de classificação, à moeda estrangeira, mercadoria incorpórea, imaterial", podendo "ser vista como meio de troca que facilita 'permutas'". Entretanto, o principal argumento para afastar o *bitcoin* da moeda é a ausência "de uma das funções usuais de qualquer moeda fiduciária, a aptidão para ser unidade de conta", isto porque "as *bitcoins* são precificadas em alguma moeda corrente, de regra dólares norte-americanos, logo, expressas por preços cuja unidade de conta reporta-se a uma moeda corrente conhecida".

De fato, a cotação do *bitcoin* tem variado significativamente desde sua criação, conforme demonstra o gráfico abaixo:

[24] Morais, Carlos Yury Araújo de; Brandão Neto, João Batista. Tributação das operações com criptomoedas. **Arquivo Jurídico**, Teresina-PI, v.1, n. 7, p. 41-60, jul/dez. 2014. p. 42, 45

[25] Barrosi-Filho, Milton; Sztajn, Rachel. Natureza jurídica da moeda e desafios da moeda virtual. **Revista Jurídica Luso-Brasileira**, Portugal, nº 1, p. 1669-1690, 2015. p. 1687-1688

Figura 1 – Valor de mercado (comparado ao USD)

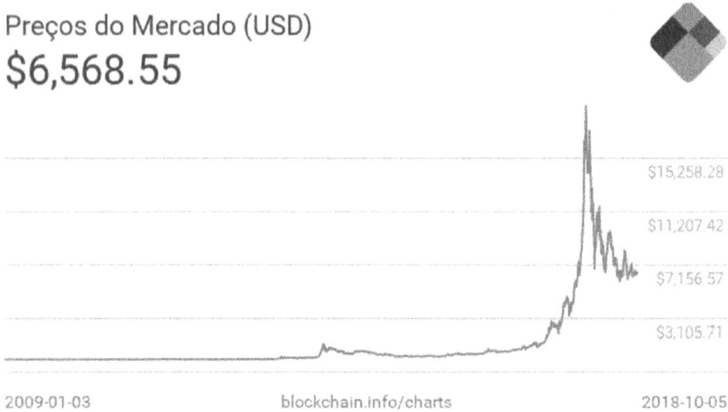

Fonte: https://www.blockchain.com/pt/charts/market-price?timespan=all (2018)[26]

Barrosi-Filho e Sztajn[27] complementam que as moedas devem ter as "funções clássicas de reserva de valor, unidade de conta e bem intermediário de troca" e que as novas criações, apenas poderiam ser classificadas como bem (coisas). Por fim, afirma, categoricamente que "a *bitcoin* não é moeda, mas um bem ou meio de troca possível, cuja função primordial é [...] evitar custos incorridos ao realizar operações no mercado virtual por meio de instituições financeiras".

Nem mesmo as agências reguladoras norte-americanas entraram num consenso ao classificar os *bitcoins*. Cada uma entende à luz de seu escopo de atuação, de forma que todas se julgam competentes para se lançar sobre o assunto[28].

[26] BLOCKCHAIN. Market Price (USD). Disponível em: <https://www.blockchain.com/pt/charts/market-price?timespan=all >. Acesso em: 07 out. 2018

[27] BARROSI-FILHO, Milton; SZTAJN, Rachel. Natureza jurídica da moeda e desafios da moeda virtual. **Revista Jurídica Luso-Brasileira**, Portugal, nº 1, p. 1669-1690, 2015. p. 1687-1688

[28] WENKLER, Nicolas. Online Currencies: Real World Chaos. **Texas Review of Law &Politics**, Estados Unidos, nº 1 – vol. 19, 2014. p. 184-185

Barrosi-Filho e Sztajn[29] ainda se referem a Keynes (1964) que diz "em troca da elevada e pronta liquidez, a moeda deve proporcionar um baixo custo decarregamento e probabilidade nula ou desprezível de retornos", para reafirmar não poder ser, o *bitcoin*, considerada uma moeda.

Novamente, a definição é circunstancial, dependendo do contexto político econômico, afastada da tecnicidade. Apenas a título de exemplo, cita-se a Venezuela que vem sofrendo uma de suas maiores crises econômicas motivada, principalmente, pelo desabastecimento e pobreza decorrente da queda do preço do petróleo, sua essencial fonte de renda.

Tanto o dólar norte americano como o Bolívar venezuelano são, indiscutivelmente, moedas para todas as definições. Entretanto, os detentores de Bolívares venezuelanos, hoje, não possuem elevada e pronta liquidez e, se o quiserem, certamente vão contar com grandes prejuízos. Assim, embora a variação elevada e o risco atrelado a este ativo o desclassifiquem como um ativo para exercer a função de reserva de valor, não o desnaturam como moeda.

Pela coleção de conceitos acima, depreende-se que embora algum dos elementos seja comum a diversos autores, não possuem a mesma relevância e, essencialmente, baseiam-se no modelo econômico historicamente desenvolvido. No entanto, nenhum dos autores identifica no *bitcoin* o poder revolucionário que inclusive forçará uma nova forma de conceituar a moeda.

Por conta da rede mundial de computadores e a consequente velocidade que ela confere à transmissão de informações, ainda que de forma velada, o *bitcoin* se difundiu rapidamente e já é aceito pelo mercado nacional e internacional como meio de troca, o que lhe confere o poder liberatório. Já a aptidão para ser uma unidade de conta, o *bitcoin* possui, mas assim como quais-

[29] KEYNES, 1964 apud Ibidem, p. 1687.

quer novos projetos, demanda tempo para estabilização. Uma vez estabilizado, será natural sua maior liquidez e, consequentemente a conversibilidade para o que quer que seja.

Atualmente, a moeda já não possui lastro em ativo como o ouro, tampouco é possível garantir sua unidade de valor, especialmente com a interligação econômica de um mercado globalizado.

Ademais, o argumento de que o *bitcoin* não possui a capacidade de expressar uma unidade de conta, pois ao serem escrituradas depende de uma moeda de curso forçado é potencialmente temporário, até que se atinja uma maturidade do ativo e se alcance uma estabilidade de sua volatilidade. O mesmo ocorre quando da imposição de um novo plano econômico da autoridade, em que se procede a comparação da nova moeda criada usualmente com o dólar.

Apesar de Metri[30] concluir que o conceito de moeda depende da autoridade central e do poder de dominação que este exerce na coletividade, admite que essa definição "não é uma decisão técnica, resultante de uma eleição consensual criada pelo mercado, mas, política, oriunda de uma vontade soberana, manifesta em sua capacidade de impor tributos e de definir o que usará e aceitará em suas transações" e cita a Teoria da Preferência pela Liquidez formulada por Keynes:

> [...] onde a moeda é definida como um ativo com características próprias, assim como os físicos ou financeiros; todos à disposição dos agentes privados para composição de suas carteiras. [...] A moeda é um ativo que rivaliza com todos os outros quando da escolha do portfólio, e cuja preferência ou preterição tem impli-

30 METRI, Mauricio. Acumulação de poder, sistemas e territórios monetários: uma análise teórica sobre a natureza da moeda e sua relação com a autoridade central. **Ensaios FEE**, Porto Alegre, v. 33, n. 2, p. 397-422, nov. 2012, p. 404, 413

cações para os níveis de renda e emprego da economia como um todo. Portanto, nesse caso, a questão está nas decisões dos agentes privados em relação à melhor estratégia que são capazes de formular para seguirem em sua busca permanente pela valorização e pela defesa de sua riqueza patrimonial. O poder político é, no caso, pensado como um agente capaz de induzir as preferências dos agentes econômicos, suas decisões de portfólio, através dos instrumentos de política monetária, podendo, também, atuar como agente anticíclico no que se refere à demanda agregada (política fiscal), de modo a afetar a preferência pela liquidez dos agentes privados. Com efeito, o papel do poder político nos assuntos monetários restringe-se, nessa obra, a de um ator cuja função é corrigir aquilo que o mercado não consegue sustentar, ou seja, o crescimento da renda, a preservação dos níveis desejados de emprego e o controle da inflação.

No mesmo sentido, Metri[31] traz a posição da "tradição monetarista" que define a moeda:

> [...] como um veículo facilitador das trocas, um "óleo" para as "engrenagens" do sistema econômico. É uma criação do mercado; *um bem público edificado ao longo do tempo, como resultado da incessante busca dos agentes privados pela minimização dos custos e das dificuldades próprias das relações de troca*. Sua gestão deve ser tal a sofrer o mínimo de interferência possível das autoridades centrais (Estados), pois, além de esses costumarem causar distorções ao bom funcionamento dos mercados, inclusive no monetário (ou seja, inflação, quando abusam de seu poder de emissão), se considera que o mercado, através de suas próprias forças, tende a uma situação de equilíbrio eficiente e de bem-estar.

[31] Ibidem, p. 404 (Grifo nosso)

A Teoria da Preferência pela Liquidez e a posição da "tradição monetarista" fundamentam-se na observação empírica e no pragmatismo, embora considerem os agentes externos, os desvinculam da análise da essência da moeda. É interessante notar que consideram o poder político como um interventor cuja atuação nem sempre é benéfica.

Barrosi-Filho e Sztajn[32] argumentam que:

> A qualidade da moeda, medida pela força com que cumpre suas funções clássicas produz uma assimetria de informação no que refere à capacidade da moeda em ser confiável e estabilizar o sistema de preços. O custo de agência decorre do curso forçado que possibilita às autoridades monetárias, no interesse do tesouro público, não administrar a oferta de moeda no melhor interesse dos agentes econômicos. Mesmo que se justifique o resultado pela supremacia do interesse público, a existência desse tipo de distorção garantida pelo curso forçado da moeda fiduciária é fato.

Admite-se que o *bitcoin* prescinde do processo de concentração de poder de uma determinada autoridade central capaz de dominar os instrumentos de coerção e violência física dentro de suas fronteiras político-territoriais. Justamente por estar aquém de uma autoridade, nos mercados de câmbio, seu valor e sua especulação não sofre interferência direta da intervenção estatal.

Da mesma forma, sem a intenção de adentrar na seara filosófica que permeia o direito natural, mas apenas se baseando em seus pilares que validam o pacto político, nos termos de Chauí[33] temos que:

[32] Ibidem, p. 1688.

[33] CHAUÍ, Marilena. **Convite à filosofia**. São Paulo: Ed. Ática, 2000, p. 518.

> Se as partes contratantes possuem os mesmos direitos naturais e são livres, possuem o direito e o poder para transferir a liberdade a um terceiro, e se consentem voluntária e livremente nisso, então dão ao soberano algo que possuem, legitimando o poder da soberania. Assim, por direito natural, os indivíduos formam a vontade livre da sociedade, voluntariamente fazem um pacto ou contrato e transferem ao soberano o poder para dirigi-los.

Ocorre que, na análise da criação das criptomoedas, por direito natural, os indivíduos utilizam de sua liberdade para contratarem entre si, mas deixam de transferir ao soberano o poder. Assim, o caráter de curso forçado não é e nem poderia ser aplicável ao *bitcoin*, justamente pela sua origem de geração compartilhada, descentralizada, composta por milhares de membros anônimos da comunidade e desvinculada de qualquer autoridade. Ademais, admite-se que este ponto é sensível, pois não se vislumbra, nem mesmo no longo prazo, como viável que a soberania nacional relacionada diretamente ao poderio econômico seja de alguma forma flexibilizada pela adoção de uma criptomoeda em detrimento da moeda criada pela autoridade central.

Metri[34] ainda afirma que "a validade de toda moeda está amarrada à extensão do poder que a criou, a princípio, no alcance dos seus instrumentos de tributação. No caso, o elemento mais importante são as relações de hierarquia, força e dependência de um poder político em relação a outro." Afirmação esta que não coaduna com a técnica, simplesmente, porque jamais se poderia ter imaginado o aparecimento de um meio único capaz de conquistar territórios, permitindo as relações econômicas, tornando-se referência e cumulando riqueza em escala global, sem se sujeitar a uma unidade territorial específica.

[34] Ibidem, p. 419

O instrumento mostra-se promissor, na medida em que exclui, das relações econômicas, as fontes de instabilidade e vulnerabilidade decorrentes dos mercados de câmbio e da liquidez das nações emissoras da moeda de referência em transações internacionais.

Do ponto de vista da capacidade de endividamento de um país perante a economia internacional, a incapacidade de criação arbitrária da moeda impediria os artifícios contábeis e a manipulação macroeconômica pelas autoridades monetárias. Da mesma forma, no campo privado, aos olhos do mecanismo do *bitcoin*, não é possível que instituições financeiras criem moeda, na medida em que a transferência é eletrônica, absoluta e instantânea. Não há a conotação de crédito incrustado no conceito da moeda *bitcoin* que, na prática,representa uma ruptura da lógica e das ferramentas de manobras político-econômicas.

Após a apresentação dos conceitos dos autores citados acima, restou claro que, sobre a natureza jurídica do *bitcoin,* pairam pontos controversos e incontrovertidos. Dentre estes últimos, é pacífico classificar os *bitcoins* e qualquer outra moeda virtual como (i) um bem (ii) móvel, (iii) incorpóreo e (iv) passível de ser utilizado como um meio de troca.

Ao que se percebe, é que os discursos dos autores baseiam-se num temor sobre a ausência de normas cogentes que regulem o *bitcoin*. Os autores oscilam em momentos de aceitação e confirmação de propriedades e possibilidades de uso e circulação do *bitcoin*, mas ao final concluem, com argumento de incertezas e inseguranças que pairam sobre a suposta falta de garantia de conversibilidade, inexistência de lastro e autoridade central, na descaracterização do *bitcoin* como moeda.

É da natureza humana temer tudo o que é novo, pois todo início possui um árduo caminho de adaptação. Ocorre que o *bitcoin* e outras criptomoedas já circulam livremente, inclusive por conta da ainda ausente legislação, já possuem o poder liberatório, são utilizadas como reserva de valor, como meio de troca mundial e possuem facilidade em conversão. Estes são fatos, dados, como se demonstrará a seguir com alguns exemplos.

Embora não haja como limitar o advento de novas moedas virtuais, cada moeda é sim limitada no seu nascimento, pois os modelos matemáticos atrelados a uma rede de computadores por trás de sua criação já determinam seu limite máximo, podendo ser convencionada as suas frações. Se um ou mais tipos de moedas se perpetuarão, será uma questão de decisão do mercado.

3.2. Análise de Operações com *Bitcoins*

A interligação global da economia associada ao acesso populacional à era digital propiciou o ambiente para a expansão do *bitcoin*. Recentemente, em abril de 2017, Japão e Rússia impulsionaram o mercado, após o Japão reconhecer as moedas virtuais como forma de pagamento[35] e a Rússia sinalizar seus esforços de normalização[36].

A tendência que se verifica é seu uso cada vez mais maciço, conforme demonstra o gráfico a seguir, que mostra o crescente e consolidado número de operações desde sua existência.

[35] G1. **Febre do ouro digital no Japão faz valor do bitcoin disparar no mundo**. São Paulo, 03 jun. 2017. Disponível em:<http://g1.globo.com/economia/mercados/noticia/febre-do-ouro-digital-no-japao-faz-valor-do-bitcoin-disparar-no-mundo.ghtml>. Acesso em: 20 jun. 2017

[36] UMPIERES, Rodrigo Tolotti. **Bitcoin ganhou US$ 1 bilhão em valor de mercado após Japão e Rússia regulamentarem a moeda**. São Paulo, 12 abr. 2017. Disponível em:<http://www.infomoney.com.br/mercados/bitcoin/noticia/6351445/bitcoin-ganhou-bilhao-valor-mercado-apos-japao-russia-regulamentarem-moeda>. Acesso em: 20 jun. 2017

Figura 2 – Número de transações *Bitcoin* por Dia

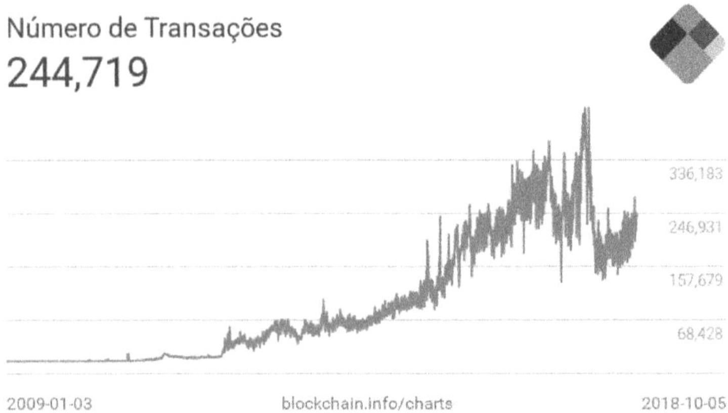

Fonte: https://www.blockchain.com/charts/n-transactions?timespan=all&showDataPoints=false&daysAverageString=1&show_header=true&scale=0&address= (2018)[37]

Apesar de, atualmente, o *bitcoin* não estar presente no dia a dia dos cidadãos, apresenta potencial de se tornar tão corriqueiro quanto o papel moeda, pois seu manuseio não traz acréscimo de complexidade, se comparado com outros meios de pagamento, como o Paypal, por exemplo.

Assim, resumidamente, o professor Marcos Cavalcante de Oliveira[38] narra os procedimentos operacionais para se adquirir e utilizar a moeda virtual numa transação:

> Para adquirir e usar as moedas virtuais, a pessoa tem que aderir a uma comunidade que gera 'unidades de conta' eletrônicas

[37] BLOCKCHAIN. Disponível em: <https://www.blockchain.com/charts/n-transactions?timespan=all&showDataPoints=false&daysAverageString=1&show_header=true&scale=0&address=>. Acesso em: 07 out. 2018

[38] OLIVEIRA, Marcos Cavalcante de. **Gabriel e a moeda.** Revista dos Tribunais, Brasil, vol. 64/2014, p. 125, abr. 2014.p.7

e as aceita como instrumento de pagamento para as transações feitas online. Cada variedade de moeda virtual é baseada em um protocolo próprio, isto é, pressupõe um conjunto de regras e procedimentos informatizados, padronizados e inconfundíveis com os dasdemais espécies.

Para se adquirir um bitcoin, por exemplo, paga-se por ela com a transferência da moeda estatal ao "vendedor" da moeda virtual, seja por débito em cartão de crédito ou transferência entre contas bancárias; ou ela é recebida em pagamento pelo preço de venda de algum bem ou serviço; ou o futuro usuário se conecta a uma rede específica e inicia a mineração utilizando o processamento de seu próprio computador.

As unidades de moeda virtual adquiridas são guardadas, isto é, salvas em um arquivo específico, que funciona como uma "carteira eletrônica".

A transferência de unidades de "moeda virtual" de um usuário para outro é feita mediante conexões bilaterais ligação pessoa a pessoa, ou P2P nas quais ambas as partes utilizam um protocolo comum que verifica a identidade das partes e a autenticidade das moedas trocadas.

A adesão a um determinado tipo de moeda e a sua valorização estão diretamente ligadas ao princípio basilar da economia, oferta e demanda. Portanto, quanto mais consumidores aderirem a um tipo de criptomoeda, mais empresas passarão a aceita-la.

Embora a moeda virtual não permita a identificação do emissor ou do destinatário, preserva a cadeia de transações efetuadas, independentemente da quantidade das transações efetuadas.

A mera aquisição e transação de moedas virtuais não requerem um procedimento operacional complexo, diferentemente do que ocorre no processo de mineração que demanda conhecimentos técnicos específicos, bem como de investimento em equipamentos computacionais (*hardware*). Assim, qualquer pessoa já inserida na era digital teria condições de operar com *bitcoins*.

O primeiro caso que gerou grande surpresa foi a aceitação, como forma de pagamento parcial, de *bitcoins* em troca de unidades imobiliárias comercializadas pela Tecnisa S.A., companhia nacional de capital aberto, cuja atividade destina-se a construção e venda de imóveis. Especialmente, porque a atividade imobiliária é antiga e, portanto, amplamente regulada, tradicional e rígida.

É possível verificar, pela própria página da internet da companhia, o esforço e atenção despendidos para instruir seus clientes em como utilizar *bitcoins* para aquisição de um imóvel. O portal estabelece, de forma clara, as regras e os incentivos para aqueles que pretendem utilizar *bitcoins* numa aquisição de imóvel, bem como disponibiliza uma ferramenta que permite efetuar uma simulação dos montantes convertidos, além de destinar um canal exclusivo de comunicação para esclarecimentos de dúvidas[39].

Em breve análise das Demonstrações Financeiras Padronizadas da Tecnisa S.A., de 31 de dezembro de 2016, não foi possível identificar qual a eventual classificação contábil atribuída aos valores recebidos em *bitcoins*, seja porque naquele exercício não houve nenhum pagamento dessa natureza, seja porque a companhia optou por inseri-lo em alguma classificação ordinária. Admitindo-se a ocorrência deste segundo caso, a opção da companhia certamente deve ter sido corroborada pela empresa de auditoria independente. Especula-se que frente aos números consolidados da empresa, eventuais montantes decorrentes de *bitcoins* sejam, provavelmente, imateriais.

Da mesma forma, as Notas Explicativas não trazem qualquer pista ou consideração sobre ativos e suas implicações com

[39] TECNISA. Disponível em: <https://www.tecnisa.com.br/lp/bitcoins>. Acesso em: 21mai. 2017

eventuais riscos, estimativas de valores justos (*impairment*) ou informações qualitativas e quantitativas sobre instrumentos financeiros diversos, reconhecidos ou não como ativos ou passivos em seu balanço patrimonial[40], o que demonstra não terem sido considerados *bitcoins* na elaboração do documento.

O mais recente relatório anual da Tecnisa S.A. a que se teve acesso, foi o de 2015, em que consta apenas que "A Companhia também aceita *bitcoins* (moeda digital) em pagamentos."[41]

O mesmo ocorre com a companhia Microsoft Corporation, empresa global, que possibilita a aquisição de alguns produtos com *bitcoin*, mas a análise de seus relatórios anuais e demonstrações financeiras, da mesma forma que a companhia anterior, não evidencia qualquer entrada desses ativos.

Na prática, as grandes companhias não aceitam a criptomoeda em si, mas se associam a intermediários que, no momento da transação, as convertem em moedas correntes seja por questões contábeis e financeiras, ou porque simplesmente não há segurança e conforto para sustentarem as oscilações da cotação.

De qualquer forma, a mera possibilidade de aquisição de um imóvel com parte de seu pagamento em *bitcoin* ou produtos de software e sua divulgação no site institucional, já são provas cabais do alcance do ativo de forma lícita.

Serviços também podem ser remunerados em *bitcoins*, inclusive os honorários advocatícios, conforme demonstra a 579ª Sessão do Tribunal de Ética e Disciplina da Seção de São Paulo, de 13 de novembro de 2014[42], cuja ementa é trazida abaixo:

[40] TECNISA. Demonstrações Financeiras Padronizadas, de 31 de dezembro de 2016. Disponível em: <http://ri.tecnisa.com.br/default_pt.asp?idioma=0&conta=28#> Acesso em: 21 mai. 2017

[41] TECNISA. Relatório Anual 2015. Disponível em: <http://ri.tecnisa.com.br/conteudo_pt.asp?idioma=0&conta=28&tipo=4288> Acesso em: 21 mai. 2017

[42] SÃO PAULO. Ordem dos Advogados do Brasil. Honorários Advocatícios – Dação Em Pagamento. Proc. E-4.406/2014. Relator: Fábio de Souza Ramacciotti,

HONORÁRIOS ADVOCATÍCIOS – DAÇÃO EM PAGAMENTO – MOMENTOS ESTIPULATIVO E EXECUTIVO DO CONTRATO DE PRESTAÇÃO DE SERVIÇOS ADVOCATÍCIOS – POSSIBILIDADE NO MOMENTO EXECUTIVO – BENS TANGÍVEIS, INTANGÍVEIS OU CRÉDITOS – ADMISSIBILIDADE DA DATIO OU CESSIO IN SOLUTUM – MOEDAS VIRTUAIS (CRIPTOCURRENCIES) – BITCOINS – AUSÊNCIA DE RECONHECIMENTO LEGISLATIVO E REGULATÓRIO – AUSÊNCIA DE PRONÚNCIA SOBRE O ENQUADRAMENTO DO SISTEMA DE PAGAMENTO POR MOEDAS VIRTUAIS NO ÂMBITO DA AUTONOMIA PRIVADA – ÓBICES – JUÍZO ACERCA DA COMPATIBILIDADE COM A ÉTICA PROFISSIONAL DO ADVOGADO QUE DEPENDE LOGICAMENTE DE PRÉVIO JUÍZO DE LEGALIDADE.

O julgado acima demonstra a necessidade iminente dos profissionais do direito em se debruçar sobre o tema, ainda que indiretamente. O parecer deixa clara a possibilidade de satisfação da obrigação de pagamento de honorários advocatícios originalmente pactuados em moeda corrente por meio de dação em pagamento de bem ou crédito. Contudo, o relator Dr. Fábio de Souza Ramacciotti se furta a definir o *bitcoin*, restringindo-se apenas a dizer que a aceitação de *bitcoins* "depende de juízo de legalidade. E não cabe à Turma Deontológica adentrar neste juízo de licitude de tal bem, pois se trata de questão que, em última análise, caberá ao Poder Judiciário ou autoridades monetárias competentes."

Por fim, conclui que não há óbices éticos receber criptomoedas por dação ou *cessio in solutum* como forma de executiva de

São Paulo, SP, 579ª sessão de 13 nov. 2014. Disponível em: <http://www2.oabsp.org.br/asp/tribunal_etica/pop_ementas.asp?tipoEmenta=1&ano=2014&id_sessao=10&sequencial=2>. Acesso em: 26 nov. 2015

satisfação das obrigações decorrentes da prestação de serviços advocatícios, desde que respeitada a ética pelo advogado, nos atos ulteriores relacionados à sua utilização, inclusive em relação às questões fiscais.

Além dos mais emblemáticos casos nacionais acima, é possível encontrar na internet, conforme figura a seguir, um mapa que aponta os estabelecimentos nacionais que aceitam pagamento em *bitcoins*, organizado entre serviços, profissionais liberais e autônomos (inclusive nas áreas mais tradicionais como medicina, advocacia e engenharia), hotelaria, alimentação, lazer, entre outros.

Figura 3 – Mapa *bitcoin*

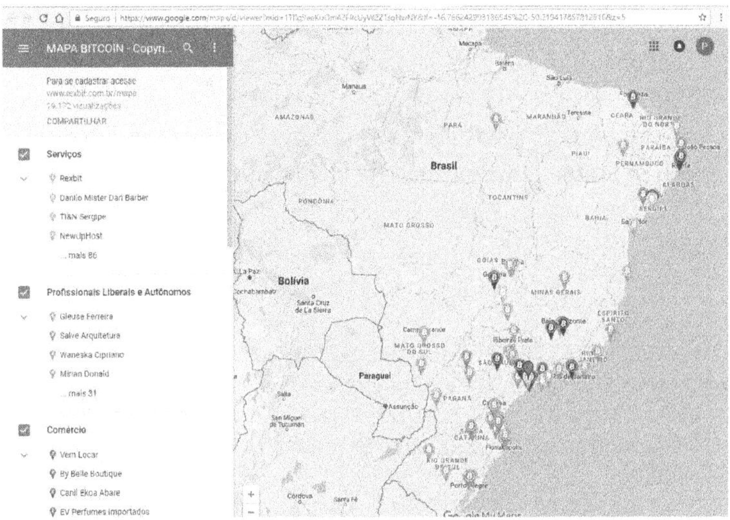

Fonte: https://www.google.com/maps/d/viewer?mid=1TRg9aeKuOm42FRcUyWZZTsqNwNY&ll=-16.766242993186545%2C-50.219417857812516&z=5[43]

[43] GOOGLE. Disponível em: < https://www.google.com/maps/d/viewer?mid=1TRg9aeKuOm42FRcUyWZZTsqNwNY&ll=-16.766242993186545%2C-50.219417857812516&z=5>. Acesso em: 07 out. 2018

No âmbito da jurisdição norte-americana, identificou-se que, em 1º de julho de 2013, o fundo denominado *Winklevoss Bitcoin Trust* arquivou um pedido inicial de registro perante a SEC – *Securities and Exchange Commission*, mediante o Form S-1, de oferta de cotas a serem emitidas pelo fundo lastreados em *bitcoins*, juntamente com ao rascunho inicial de seu prospecto[44].

Em consulta ao site da SEC, verificou-se que de 2013 até fevereiro de 2017 o fundo arquivou diversos aditamentos e documentos preliminares sem, contudo, obter êxito na obtenção do registro[45] que foi formalmente negado, em 10 de março de 2017, conforme fundamentado parecer do secretário-assistente Eduardo A. Aleman sob o seguinte argumento[46]:

> [...] because it does not find the proposal to be consistent with Section 6(b)(5) of the Exchange Act, which requires, among other things, that the rules of a national securities Exchange be designed to prevent fraudulent and manipulative acts and practices and to protect investors and the public interest.

[44] UNITED STATES SECURITIES AND EXCHANGE COMMISSION. Winklevoss Bitcoin Trust, Registration Statement (Form S1). (July 1, 2013) p. 01-03. Disponível em: <https://www.sec.gov/Archives/edgar/data/1579346/000119312513279830/d562329ds1.htm#tx562329_6> Acesso em: 21 nov. 2015

[45] UNITED STATES SECURITIES AND EXCHANGE COMMISSION. EDGAR Search Results. WINKLEVOSS BITCOIN TRUST CIK#: 0001579346 (see all company filings). Disponível em: <https://www.sec.gov/cgi-bin/browse-edgar?CIK=0001579346&action=getcompany> Acesso em: 19 jun. 2017

[46] UNITED STATES SECURITIES AND EXCHANGE COMMISSION. (Release No. 34-80206; File No. SR-BatsBZX-2016-30). Disponível em: <https://www.sec.gov/rules/sro/batsbzx/2017/34-80206.pdf> Acesso em: 19 jun. 2017

Embora o pedido de registro da emissão e acesso aos investidores tenha sido rejeitado, ao final da decisão, a SEC mantém a possibilidade de reversão da sua decisão[47]:

> The Commission notes that bitcoin is still in the relatively early stages of its development and that, over time, regulated bitcoin-related markets of significant size may develop. Should such markets develop, the Commission could consider whether a bitcoin ETP would, based on the facts and circumstances then presented, be consistent with the requirements of the Exchange Act.

De acordo com a matéria de Laura Shin, o diretor financeiro da companhia idealizadora da emissão, Tyler Winklevoss, permanecia otimista e determinado a continuar as tratativas junto à SEC para, num futuro, concretizar a emissão das cotas para o mercado. Ademais, segundo analistas, esta primeira derrota na SEC não trouxe quaisquer impactos negativos às negociações envolvendo as criptomoedas[48].

Em dezembro de 2017, o CME Group, o maior e mais diversificado mercado de derivativos do mundo, iniciou a negociação de derivativos[49] que possibilitam a administração do risco da variação do valor do *bitcoin* mediante a aquisição de contratos futuros, o que causou os mais altos picos das Figuras 1 e 2

[47] UNITED STATES SECURITIES AND EXCHANGE COMMISSION. (Release No. 34-80206; File No. SR-BatsBZX-2016-30). Disponível em: <https://www.sec.gov/rules/sro/batsbzx/2017/34-80206.pdf> Acesso em: 19 jun. 2017

[48] SHIN, Laura. SEC Rejects Winklevoss Bitcoin ETF, Sending Price Tumbling. Disponível em: <https://www.forbes.com/sites/laurashin/2017/03/10/sec-rejects-winklevoss-bitcoin-etf-sending-price-tumbling/#11070c40643c>. Acesso em: 19 de jun. 2017.

[49] SAXENA, Aparajita. **CME Group lançará contratos futuros de bitcoin em 18 de dezembro. 01 dez. 2017**. Disponível em: <https://exame.abril.com.br/mercados/cme-group-lancara-contratos-futuros-de-bitcoin-em-18-de-dezembro/>. Acesso em: 08 out. 2018.

acima. Portanto, atualmente, é possível adquirir um contrato futuro de bitcoin[50] a ser liquidado em dólares norte-americanos.

Em que pese as evidências do uso do *bitcoin* em transações corriqueiras ainda não sejam explícitas, e nem deveriam, dada a característica primordial do objeto de estudo, seu caráter de anonimato, novamente, os exemplos acima demonstram o potencial de sua utilização e difusão em todas as esferas do mercado.

3.3. As Manifestações das Autoridades Sobre os *Bitcoins*

No âmbito da discussão jurídica, a ausência de regulamentação ou de posicionamento das autoridades sobre o assunto, traz grande insegurança que, consequentemente, abre espaço para inúmeros conflitos, a exemplo da legalidade sobre o recebimento de honorários advocatícios em *bitcoins* ou a tributação a que está sujeita.

Um dos requisitos para conferir precisão à solução de conflitos é o devido entendimento do objeto, não só sob o aspecto técnico, mas também fundada sob sua gênese e sua relação prática. Embora as discussões ainda não tenham culminado em conclusões pacíficas, pontuam-se algumas manifestações oficiais que se arriscaram acerca do tema.

Um dos primeiros exemplos a que se teve acesso foi a Deliberação 680 de 24 de julho de 2012 da Comissão de Valores Mobiliários – CVM[51] que se deparou com a atuação de pessoa não autorizada oferecendo administração de carteira de valores mobiliários e aplicação em fundos de investimento lastre-

[50] CMEGROUP. **Bitcoin Futures Contract Specs**. Disponível em: <https://www.cmegroup.com/trading/equity-index/us-index/bitcoin_contract_specifications.html>. Acesso em: 08 de out. 2018.

[51] COMISSÃO DE VALORES MOBILIÁRIOS. Deliberação CVM Nº 680, de 24 de julho de 2012. Disponível em: <http://www.cvm.gov.br/export/sites/cvm/legislacao/deli/anexos/0600/deli680.pdf>. Acesso em: 28 mai. 2015

ados em *bitcoins*. Embora a deliberação não entrasse no mérito da composição da carteira e do lastro dos fundos, restou claro pelo nome do grupo de investimento ("Grupo de Investimento Bitcoin") e pelo domínio do sítio na internet (https://bitcointalk.org/index.php?topic=46721.0;all) que o objeto era relacionado com a criptomoeda.

No caso em tela, a CVM acabou por equiparar, ainda que indiretamente, a oferta de administração de carteira de *bitcoins* com valores mobiliários, uma vez que se considerou competente para julgar o caso, inclusive determinando uma penalidade diária de R$ 5.000,00 (cinco mil reais) ao administrador caso continuasse ofertando o serviço.

Das poucas manifestações das autoridades acerca do tema, especialmente no âmbito nacional, cita-se o Comunicado nº 25.306, de 19 de fevereiro de 2014, emitido pelo Banco Central do Brasil – BACEN que, ainda de forma embrionária, preocupou-se em esclarecer "sobre os riscos decorrentes da aquisição das chamadas 'moedas virtuais' ou 'moedas criptografadas' e da realização de transações com elas"[52].

Embora o BACEN não tenha condenado as moedas virtuais, construiu o comunicado com viés claramente desencorajador ao uso desses instrumentos virtuais, enaltecendo que não possuem quaisquer garantias, sobretudo de autoridades monetárias, que carecem de credibilidade e confiança, possuem alto risco e volatilidade e, ainda sujeitam seus detentores e usuários a medidas prudenciais, coercitivas, punitivas e investigatórias de autoridades monetárias.

[52] BANCO CENTRAL DO BRASIL. Comunicado nº 25.306, de 19 de fevereiro de 2014. Esclarece sobre os riscos decorrentes da aquisição das chamadas "moedas virtuais" ou "moedas criptografadas" e da realização de transações com elas. Brasília, DF, 19 fev. 2014. Disponível em: <https://www3.bcb.gov.br/normativo/detalharNormativo.do?method=detalharNormativo&N=114009277>. Acesso em: 27 nov. 2015

Por fim, declara que as transações no Brasil ainda são incipientes e, portanto, os *bitcoins* não oferecem riscos ao Sistema Financeiro Nacional sem, contudo, esclarecer como foi capaz de efetuar tal afirmação, dado o anonimato das transações que envolvem as criptomoedas.

Ao que se verifica atualmente, as manifestações de autoridades e órgãos regulatórios nacionais tendem a advertir a população sobre os riscos em um tom de ameaça sem, contudo, vetar taxativamente as práticas envolvendo *bitcoins*, enquanto definições pacíficas não são obtidas.

No âmbito internacional, *The Law Libraby of the Congress* publicou o artigo *Regulation of Bitcoin in Selected Jurisdictions*, em 2014, com uma pesquisa sobre as regulamentações e posicionamentos oficiais de quarenta jurisdições e a União Europeia acerca do *bitcoin* e destacou que as únicas que apresentaram alguma regra foram Brasil e China.[53]

À luz dos estudos efetuados neste trabalho, notadamente logo no início do capítulo 4 – O bitcoin: a origem e sua definição técnica, depreende-se que o Brasil ainda apresenta vagas e esparsas manifestações sobre o tema. Ocorre que o artigo *Regulation of Bitcoin in Selected Jurisdictions* interpretou erroneamente o conceito de "moeda eletrônica" constante da Lei Federal nº 12.865, de 09 de outubro de 2013, que trata sobre forma de pagamento eletrônico. Assim, entendeu que *bitcoin* era espécie de "eletronic currency" e concluiu que a lei a incluía como uma forma de pagamento válida.

Em relação à China, o artigo traz que o banco central chinês, em conjunto com outros quatro ministérios e comissões, emitiram uma nota alertando sobre as precauções a serem tomadas

[53] THE LAW LIBRABRY OF THE CONGRESS. Regulation of Bitcoin in Selected Jurisdictions. Washington, 15 de janeiro de 2014. Disponível em: <www.loc.gov/law/help/bitcoin-survey/regulation-of-bitcoin.pdf>. Acessado em: 26 nov. 2015.

contra os riscos do *bitcoin* e proibindo sua negociação por bancos e instituições de pagamento. Após análise dos breves comentários expostos para cada jurisdição considerada no artigo, conclui-se que os debates ainda são incipientes, embora não ignorado, a princípio as autoridades estão apenas monitorando.

Nos Estados Unidos, o Greebel e outros[54], consolidam num *paper* seis manifestações das autoridades norte americanas sobre o assunto que, em suma, até por uma questão de celeridade, crucial na corrida da inventividade tecnológica, demonstraram uma tendência no alargamento das regulamentações já existentes.

Nesse sentido, o *Financial Crimes Enforcement Network – FinCEN*, agência do Departamento do Tesouro dos Estados Unidos que consolida informações sobre transações financeiras com o intuito de combater crimes como a lavagem de dinheiro e terrorismo, manifestou-se considerando duas instituições que negociavam *bitcoins* como sujeitas a sua regulação, tendo, portanto, que observar práticas e procedimentos de combate à lavagem de dinheiro, arquivamento de informações e reporte e monitoramento de operações.

Em sua análise, o FinCEN entendeu ser competente para exercer sua autoridade sobre as instituições, pois a atividade principal das empresas tinha cunho financeiro, na medida que ofereciam o serviço de conversão de moedas virtuais em moedas reais.

Por sua vez, o *New York State Department of Financial Services* (DFS) já desponta promovendo consultas públicas, com o intuito de desenvolver atualizações regulatórias futuras, inclusive mediante a criação de um licenciamento (BitLicense) para proteção do consumidor contra eventuais fraudes dos prestadores de serviços. Ademais, desde já, deixa claro que não estariam sujeitos a regulamentação os usuários, nem as atividades de mineração e desenvolvimento de software.

[54] GREEBEL, op. cit., p. 14-15

No mesmo artigo, Greebel e outros mencionam ainda o engajamento do CFTC, agência americana que regula o mercado de futuros e opções, em regulamentar o mercado de *bitcoin*, na medida em que vem notando o potencial impacto na sua esfera de proteção contra variação da cotação do *bitcoin* nas relações comerciais.

A Securities and Exchange Commission – SEC, cujo papel é análogo ao da CVM, assim como fizera o BACEN meses antes, em maio de 2014, publicou em sua página na internet um alerta ao investidor em relação aos riscos envolvendo aplicações em papéis lastreados em *bitcoins* e outras moedas virtuais que, além das já mencionadas acima, pontuam sobre: não envolvimento de instituições financeiras tradicionais, movimentos financeiros internacionais e ineficácia de ordens de bloqueio ou arresto dos recursos.

Ao longo dos argumentos, a SEC traz breves relatos de operações e casos fraudulentos que trouxeram perdas ou grandes riscos aos investidores, alertando que se a emissão estiver contaminada por fraude, os recursos contra os ofertantes do investimento serão ínfimos[55]. Na mesma toada, o *Financial Industry Regulatory Authority* – FINRA, organização autorreguladora americana com atuação sobre valores mobiliários, também publica um informativo de alerta e incentiva a denúncia[56].

O Banco Central Europeu, em 2012, publicou um artigo que analisa o mecanismo da moeda virtual e conclui que as moedas virtuais[57]:

[55] SECURITIES AND EXCHANGE COMMISSION. Investor Alert: Bitcoin AndOther Virtual Currency-RelatedInvestments. Estados Unidos, 07mai. 2014. Disponível em: <https://www.sec.gov/oiea/investor-alerts-bulletins/investoralertsia_bitcoin.html>. Acesso em: 28mai. 2017

[56] FINANCIAL INDUSTRY REGULATORY AUTHORITY. Bitcoin: More than a Bit Risky. Estados Unidos, 07mai. 2014. Disponível em: <http://www.finra.org/investors/alerts/bitcoin-more-bit-risky>. Acesso em: 28mai. 2017

[57] EUROPEAN CENTRAL BANK. Virtual Currency Schemes. 2012. Disponível em: <https://www.ecb.europa.eu/pub/pdf/other/virtualcurrencyschemes201210en.pdf>. Acesso em: 21 nov. 2015. p.6

> – do not pose a risk to price stability, provided that money creation continues to stay at a low level;
>
> – tend to be inherently unstable, but cannot jeopardize financial stability, owing to their limited connection with the real economy, their low volume traded and a lack of wide user acceptance;
>
> – are currently not regulated and not closely supervised or overseen by any public authority, even though participation in these schemes exposes users to credit, liquidity, operational and legal risks;
>
> – could represent a challenge for public authorities, given the legal uncertainty surrounding these schemes, as they can be used by criminals, fraudsters and money launderers to perform their illegal activities;
>
> – could have a negative impact on the reputation of central banks, assuming the use of such systems grows considerably and in the event that an incident attracts press coverage, since the public may perceive the incident as being caused, in part, by a central bank not doing its job properly;
>
> – do indeed fall within central banks' responsibility as a result of characteristics shared with payment systems, which give rise to the need for at least an examination of developments and the provision of an initial assessment.

Entretanto, embora seja latente o crescimento das operações envolvendo as criptomoedas, ainda não se nota fóruns e agendas oficiais de discussões acerca do assunto que demonstrem esforços maciços das autoridades para o direcionamento do tratamento que será conferido às criptomoedas.

A omissão das autoridades e órgãos regulatórios frente à evolução do mercado de moedas virtuais encaminha os agentes à tendência da autorregulação com o intuito de propiciar um ambiente amistoso para as operações.

4. Os Desafios Jurídicos da Difusão dos *Bitcoins*

A consolidação do uso do *bitcoin*, certamente, trará impactos na esfera jurídica que, embora não sejam objeto de aprofundamento neste trabalho em face de restrição metodológica, é pertinente pontuar, tais como: as tributações incidentes e os fatos geradores, a fiscalização da receita auferida pela comercialização ou valorização dos *bitcoins*, a atuação e importância de agentes autorreguladores, as relações cambiárias, as medidas e ações de prevenção à lavagem de dinheiro e de combate do financiamento ao terrorismo, a determinação da responsabilidade em caso de conflito envolvendo a cadeia de transações com *bitcoins*, a produção de provas utilizando a tecnologia *blockchain*, entre outras.

Ademais, em outras esferas, destacam-se outros impactos que inevitavelmente também se correlacionam com a jurídica, como: efeitos contábeis do *bitcoin* no balanço, o comportamento da inflação numa eventual hipótese de adoção do *bitcoin* como moeda, dado que é desprovida da capacidade de multiplicar-se artificialmente, o efeito sistêmico na economia e nos governos decorrentes da adoção generalizada do *bitcoin*, o estudo de medidas ou convenções para controlar ou conhecer as negociações com *bitcoin*, os impactos no modelo de negócio e na receita das instituições financeiras, entre outros.

4.1. A Tributação da Pessoa Física Que Detém o *Bitcoin*

Com o intuito de exemplificar os desafios impostos pelo *bitcoin* à luz da sua existência e circulação, basta se indagar de que forma um cidadão poderá manter se regular perante as autoridades ao meramente deter de *bitcoins*.

A Receita Federal do Brasil já solucionou o impasse dos brasileiros que possuem *bitcoins*, ao inserir no caderno de Perguntas e Respostas sobre o Imposto sobre a Renda – Pessoa Física de 2017 dois pontos que expressamente mencionam as moedas virtuais e elucida se devem ser declaradas e de que forma[58]:

> MOEDA VIRTUAL - COMO DECLARAR
>
> 447 — As moedas virtuais devem ser declaradas?
>
> Sim. As moedas virtuais (bitcoins, por exemplo), muito embora não sejam consideradas como moeda nos termos do marco regulatório atual, devem ser declaradas na Ficha Bens e Direitos como "outros bens", uma vez que podem ser equiparadas a um ativo financeiro. Elas devem ser declaradas pelo valor de aquisição.
>
> Atenção: Como esse tipo de "moeda" não possui cotação oficial, uma vez que não há um órgão responsável pelo controle de sua emissão, não há uma regra legal de conversão dos valores para fins tributários. Entretanto, essas operações deverão estar comprovadas com documentação hábil e idônea para fins de tributação.
>
> [...]
>
> ALIENAÇÃO DE MOEDAS VIRTUAIS
>
> 607 — Os ganhos obtidos com a alienação de moedas "virtuais" são tributados?
>
> Os ganhos obtidos com a alienação de moedas virtuais (bitcoins, por exemplo) cujo total alienado no mês sejasuperior a R$ 35.000,00 são tributados, a título de ganho de capital, à alíquota de 15%, e o recolhimento doimposto sobre a renda deve ser feito até o último dia útil do mês seguinte ao da transação.
>
> As operações deverão estar comprovadas com documentação hábil e idônea.

[58] SECRETARIA DA RECEITA FEDERAL DO BRASIL. Imposto sobre a Renda – Pessoa Física: Perguntas e Respostas. Exercício de 2017. Ano-calendário de 2016. Brasília, DF. Disponível em: <http://idg.receita.fazenda.gov.br/interface/cidadao/irpf/2017/perguntao/pir-pf-2017-perguntas-e-respostas-versao-1-1-03032017.pdf>. Acesso em: 19jun. 2017

Na opinião de Morais e Brandão Neto, o *bitcoin* é um bem incorpóreo e, portanto, estaria sujeito aos impostos de Importação e Exportação, restando a dúvida do momento do fato gerador.Ademais, seria ainda passível de incidência de IOF – Imposto sobre Operações de Crédito, Câmbio e Seguros,na modalidade de títulos e valores mobiliários, mas apenas não ocorre dada ausência de regulamentação que permita vincular o *bitcoin* a um "título representativo do valor das criptomoedas". Já a incidência do ITCMD – Imposto de Transmissão Causa Mortis e Doação sobre o *bitcoin* é pacífica.[59]

Paralelamente e de forma semelhante à receita federal brasileira, a receita federal norte-americana (IRS – *Internal Revenue Service*) também se manifestou no formato de perguntas e respostas, esclarecendo sobre as implicações tributárias da criptomoeda. Para o governo norte-americano, a moeda virtual é considerada um bem e, portanto, está sujeita a todos os princípios tributários aplicáveis a bens, o que significa dizer[60]:

- Wages paid to employees using virtual currency are taxable to the employee, must be reported by an employer on a Form W-2, and are subject to federal income tax withholding and payroll taxes.
- Payments using virtual currency made to independent contractors and other service providers are taxable and self-employment tax rules generally apply. Normally, payers must issue Form 1099.

[59] Morais, Carlos Yury Araújo de; Brandão Neto, João Batista. Tributação das operações com criptomoedas. Arquivo Jurídico, Teresina-PI, v.1, n. 7, jul/dez. 2014, p. 52-54

[60] INTERNAL REVENUE SERVICE. IRS Virtual Currency Guidance: Virtual Currency Is Treated as Property for U.S. Federal Tax Purposes; General Rules for Property Transactions Apply. Estados Unidos, 25mar. 2014. Disponível em: <https://www.irs.gov/uac/newsroom/irs-virtual-currency-guidance>. Acesso em: 28mai. 2017

- The character of gain or loss from the sale or Exchange of virtual currency depends on whether the virtual currency is a capital asset in the hands of the taxpayer.
- A payment made using virtual currency is subject to information reporting to the same extent as any other payment made in property.

4.2. As Condições Para o Pioneirismo da Autorregulação

Se hoje a autoridade monetária atua com o intuito de manter as funções da moeda, bem como seus efeitos macroeconômicos e sociais, com a difusão do *bitcoin* esta terá que repensar seu papel na solução conflitos.

Seu poder e eficácia de suas ferramentas deverão ser recalibradas e, possivelmente, seu papel será primordialmente de monitoração do que de intervenção e controle.

A imposição de normas como o FATCA – *Foreign Account Tax Compliance Act*, pelos Estados Unidos, e demais regulamentações análogas de outras nações representam uma corrida para diagnosticar o fluxo financeiro internacional e aumentar o controle de sobre recursos transacionados em outras jurisdições, justamente num momento em que as transações mostram-se cada vez mais sofisticadas, intrincadas e irrastreáveis.

Embora a iniciativa do FATCA tenha partido da autoridade fiscal norte-americana, o IRS, abriu caminho para quebra de um paradigma do sistema financeiro: a abertura do sigilo bancário, na medida em que obriga as instituições financeiras estrangeiras a fornecerem dados de seus clientes considerados cidadãos americanos às autoridades americanas. Naturalmente, tamanha imposição permitiu que as demais jurisdições exigissem contrapartida equivalente, criando um ambiente de cooperação mútua entre os países.

A criptografia e a tecnologia *blockchain* que estão por trás das criptomoedas impedem qualquer fiscalização, razão pela qual, eventuais esforços de normatização estariam fadados ao insucesso, dada a fragilidade em se assegurar seu cumprimento e obtenção de provas para aplicação de penalidades. Nesse cenário, a alternativa viável seria a autorregulação, pautada primordialmente na cooperação mútua de seus participantes, exigindo esforços que transcendem as fronteiras, diferenças étnicas, culturais e religiosas.

5. Conclusão

Os esforços de assimilação das criptomoedas esbarram na carência de exemplos práticos lícitos e acessíveis, bem como no excesso de zelo e o mero apontamento de riscos. Por esta razão, poucas são as afirmações que se pode fazer em relação aos *bitcoins*, a saber: (i) são considerados bens (ii) móveis, (iii) incorpóreos, (iv) passíveis de serem utilizados como um meio de troca, (v) sujeitos à tributação pela receita federal (imposto de renda) e pelo estado (ITCMD).

Aos olhos de hoje, em que pese o entusiasmo e a potencial de difusão das criptomoedas, mesmo após a regulamentação japonesa, admite-se que o *bitcoin* ainda é desconhecido por grande parte da população mundial, refletido na incipiente preocupação das autoridades.

Se observarmos apenas o Brasil, fica ainda mais evidente o número reduzido de indivíduos aptos a compreenderem o *bitcoin*, parte porque a maioria da população brasileira ainda padece de deficiências educacionais, outra parte por desinteresse e parte por ausência de condições financeiras, notadamente para transacionarem *bitcoins*. Desta feita, embora a quantidade de transações com *bitcoins* tenha aumentado muito ao longo dos anos, a percepção é que se mantém concentrada entre poucos.

Embora os autores citados neste estudo concluam que o *bitcoin* não é uma moeda, não é uníssono o fundamento que cada fonte baseia seu parecer. Assim, não se descarta que, futuramente, tais posições possam ser reformadas e que o *bitcoin* venha a ultrapassar os entraves que hoje o desclassificam como moeda, tais como a falta de garantia de conversibilidade, a incapacidade de expressar uma unidade de conta, a ausência de poder liberatório, alta volatilidade e consequente incapacidade de manutenção como reserva de valor, impossibilidade de uso de meio de troca mundial.

O único requisito que escapa da evolução natural das criptomoedas é o curso legal ou forçado que permanece no poder da autoridade central, mas que potencialmente perde sua força à luz do direito natural, na medida em este preceitua a liberdade do indivíduo e seu direito, mas não sua obrigação, de transferir sua liberdade a um terceiro, legitimando o poder da soberania. Ademais, Keynes e a "tradição monetarista" são da opinião que o poder político é um agente de interferência e, historicamente, foi o último elemento a ser incorporado ao conceito de moeda, baseado na força, imposição e com a mera finalidade de certificação, esta última já ultrapassada pela tecnologia *blockchain*.

Compartilha-se do posicionamento do Banco Central Europeu de 2012[61], já transcrito acima que, resumidamente, constata o baixo impacto das moedas virtuais na economia real sem, contudo, descartar o potencial impacto caso as criptomoedas ganhem relevância.

Portanto, a tendência mundial é aguardar que as criptomoedas tomem proporções mais relevantes para que esforços convirjam na construção de um ambiente considerado indubitavelmente válido e as moedas virtuais possam continuar prosperando.

[61] EUROPEAN CENTRAL BANK. Virtual Currency Schemes. 2012. Disponível em: <https://www.ecb.europa.eu/pub/pdf/other/virtualcurrencyschemes201210en.pdf>. Acesso em: 21 nov. 2015. p.6

Referências

ARISTÓTELES. **Política**. 3. ed. Brasília: UNB, 1997.317 p.

BANCO CENTRAL DO BRASIL. Comunicado nº 25.306, de 19 de fevereiro de 2014. Esclarece sobre os riscos decorrentes da aquisição das chamadas "moedas virtuais" ou "moedas criptografadas" e da realização de transações com elas. Brasília, DF, 19 fev. 2014. Disponível em: <https://www3.bcb.gov.br/normativo/detalharNormativo.do?method=detalharNormativo&N=114009277>. Acesso em: 27 nov. 2015.

BALDUCCINI, Bruno et al. Bitcoins – os lados desta moeda. **Revista dos Tribunais,** Brasil, vol. 953/2015, p. 19-33, mar. 2015.

BARROSI-FILHO, Milton; SZTAJN, Rachel. Natureza jurídica da moeda e desafios da moeda virtual. **Revista Jurídica Luso-Brasileira,** Portugal, nº 1, p. 1669-1690, 2015.

BLOCKCHAIN. Valor de mercado (comparado ao USD). Disponível em: <https://www.blockchain.com/pt/charts/market-price?timespan=all>. Acesso em: 10 out. 2018.

BLOCKCHAIN INFO. Gráficos sobre Bitcoin: Números de Transações. Disponível em: <https://www.blockchain.com/charts/n-transactions?timespan=all&showDataPoints=false&daysAverageString=1&show_header=true&scale=0&address=>. Acesso em: 10 out. 2018.

BRASIL. Lei nº 9.069, de 29 de junho de 1995. Dispõe sobre o Plano Real, o Sistema Monetário Nacional, estabelece as regras e condições de emissão do REAL e os critérios para conversão das obrigações para o REAL, e dá outras providências. **Palácio do Planalto Presidência da República**, Brasília, DF, 29jun. 1995. Disponível em: <http://www.planalto.gov.br/ccivil_03/leis/L9069.htm>. Acesso em: 14mai. 2017.

BRASIL. Lei nº 12.865, de 09 de outubro de 2013. Autoriza o pagamento de subvenção econômica aos produtores da safra 2011/2012 de cana-de-açúcar e de etanol que especifica e o financiamento da renovação e implantação de canaviais com equalização da taxa de juros; dispõe sobre os arranjos de pagamento e as instituições de pagamento integrantes do Sistema de Pagamentos Brasileiro (SPB); autoriza a União a emitir, sob a forma de colocação direta, em favor da Conta de Desenvolvimento Energético (CDE), títulos da dívida pública mobiliária federal; estabelece novas condições para as operações de crédito rural oriundas de, ou contratadas com, recursos do Fundo Constitucional de Financiamento do Nordeste (FNE); altera os prazos previstos nas Leis no 11.941, de 27 de maio de 2009, e no 12.249, de 11 de junho de 2010; autoriza a União a contratar o Banco do Brasil S.A. ou suas subsidiárias para atuar na gestão de recursos, obras e serviços de engenharia relacionados ao desenvolvimento de projetos, modernização, ampliação, construção ou reforma da rede integrada e especializada para atendimento da mulher em situação de violência; disciplina o documento digital no Sistema Financeiro Nacional; disciplina a transferência, no caso de falecimento, do direito de utilização privada de área pública por equipamentos urbanos do tipo quiosque, trailer, feira e banca de venda de jornais e de revistas; altera a incidência da Contribuição para o PIS/Pasep e da Cofins na cadeia de produção e comercialização da soja e de seus subprodutos; altera as Leis nos 12.666, de 14 de junho de 2012, 5.991, de 17 de dezembro de 1973, 11.508, de 20 de julho de 2007, 9.503, de 23 de setembro de 1997, 9.069, de 29 de junho de 1995, 10.865, de 30 de abril de 2004, 12.587, de 3 de janeiro de 2012, 10.826, de 22 de dezembro de 2003, 10.925, de 23 de julho de 2004, 12.350, de 20 de dezembro de 2010, 4.870, de 1o de dezembro de 1965 e 11.196, de 21 de novembro de 2005, e o Decreto no 70.235, de 6 de março de 1972; revoga dispositivos das Leis nos 10.865, de 30 de abril de 2004, 10.925, de 23 de julho de 2004, 12.546, de 14 de dezembro de 2011, e 4.870, de 1o de dezembro de 1965; e dá outras providências. **Palácio do Planalto Presidência da República**, Brasília, DF, 09out. 2013. Disponível em: <http://www.planalto.gov.br/ccivil_03/_ato2011-2014/2013/lei/l12865.htm >. Acesso em: 14mai. 2017.

CASA DA MOEDA DO BRASIL. Origem do dinheiro. Disponível em: <http://www.casadamoeda.gov.br/portalCMB/menu/cmb/sobreCMB/origem-dinheiro.jsp>. Acesso em: 21 nov. 2015.

CHAUÍ, Marilena. **Convite à filosofia**. São Paulo: Ed. Ática, 2000, p. 567. Disponível em: < https://idonline.emnuvens.com.br/id/article/viewFile/678/959>. Acesso em: 10 out. 2018.

CMEGROUP. **Bitcoin Futures Contract Specs.** Disponível em: <https://www.cmegroup.com/trading/equity-index/us-index/bitcoin_contract_specifications.html>. Acesso em: 08 de out. 2018.

COMISSÃO DE VALORES MOBILIÁRIOS. Deliberação CVM Nº 680, de 24 de julho de 2012. Disponível em: <http://www.cvm.gov.br/export/sites/cvm/legislacao/deli/anexos/0600/deli680.pdf>. Acesso em: 28 mai. 2015.

EUROPEAN CENTRAL BANK. **Virtual Currency Schemes.** 2012. Disponível em: <https://www.ecb.europa.eu/pub/pdf/other/virtualcurrencyschemes201210en.pdf>. Acesso em: 21 nov. 2015.

FINANCIAL INDUSTRY REGULATORY AUTHORITY. Bitcoin: More than a Bit Risky. Estados Unidos, 07 mai. 2014. Disponível em: <http://

www.finra.org/investors/alerts/bitcoin-more-bit-risky>. Acesso em: 28 mai. 2017.

G1. **Febre do ouro digital no Japão faz valor do bitcoin disparar no mundo**. São Paulo, 03 jun. 2017. Disponível em:<http://g1.globo.com/economia/mercados/noticia/febre-do-ouro-digital-no-japao-faz-valor--do-bitcoin-disparar-no-mundo.ghtml>. Acesso em: 20 jun. 2017

G1. **Microsoft passa a aceitar bitcoins na compra de apps, músicas e games**. São Paulo, 11 dez. 2014. Disponível em:< http://g1.globo.com/tecnologia/noticia/2014/12/microsoft-passa-aceitar-bitcoins-na-compra-de-apps-musicas-e-games.html >. Acesso em: 28 mai. 2015.

GOOGLE. Mapa bitcoin. Disponível em: <https://www.google.com/maps/d/viewer?mid=1TRg9aeKuOm42FRcUyWZZTsqNwNY&ll=--16.766242993186545%2C-50.219417857812516&z=5>. Acesso em: 10 out. 2018.

Grahl, Orival. **Título de Crédito Eletrônico.** 2003. 157f. Dissertação (Mestrado) – Faculdade de Direito, Universidade Católica de Brasília – UCB, DF.

Greebel, Evan L. et al. Recent key Bitcoin and virtual currency regulatory and law enforcement developments. **Journal of Investment Compliance,** Estados Unidos, vol. 16 Issue 1, p. 13-18, 2015.

INTERNAL REVENUE SERVICE. IRS Virtual Currency Guidance: Virtual Currency Is Treated as Property for U.S. Federal Tax Purposes; General Rules for Property Transactions Apply. Estados Unidos, 25 mar. 2014. Disponível em: <https://www.irs.gov/uac/newsroom/irs-virtual-currency-guidance>. Acesso em: 28 mai. 2017.

Marx, K. **O capital**: crítica da economia política. Vol. 1. São Paulo: Nova Cultural Ltda, 1996, p. 496 p.

Metri, Mauricio. Acumulação de poder, sistemas e territórios monetários: uma análise teórica sobre a natureza da moeda e sua relação com a autoridade central. **Ensaios FEE**, Porto Alegre, v. 33, n. 2, p. 397-422, nov. 2012. Disponível em: <http://revistas.fee.tche.br/index.php/ensaios/article/view/2571/3105>. Acesso em: 09abr. 2016.

Morais, Carlos Yury Araújo de; BRANDÃO NETO, João Batista. Tributação das operações com criptomoedas. **Arquivo Jurídico**, Teresina-PI, v.1, n. 7, p. 41-60, jul/dez. 2014.

Nakamoto, Satoshi. **Bitcoin**: a Peer-to-Peer Electronic Cash System, 2008. Disponível em: <https://bitcoin.org/bitcoin.pdf>. Acesso em: 26 nov. 2015

Oliveira, Marcos Cavalcante de. Gabriel e a moeda. **Revista dos Tribunais,** Brasil, vol. 64/2014, p. 125, abr. 2014.

PARTHEMER, Mark R.; KLEIN, Sasha A. Bitcoin: Change for a Dollar? **Journal of Financial Service Professionals,** Estados Unidos, Vol. 68 Issue 6, p. 16-18, nov. 2014.

PRODANOV, Cleber Cristiano; FREITAS, Ernani Cesar de**. Metodologia do Trabalho Científico:** Métodos e técnicas da pesquisa e do trabalho acadêmico. 2ed, Nova Hamburgo: Feevale, 2013. Disponível em: <https://books.google.com.br/books?hl=pt-BR&lr=&id=zUDsAQAAQBAJ&oi=fnd&pg=PA13&dq=metodologia+cient%C3%ADfica+academico&ots=da-7gdAaGL&sig=3HsEf212Bl3bG6FtB-_o2IJ3UAI#v=onepage&q=metodologia%20cient%C3%ADfica%20academico&f=false>. Acesso em: 29 nov. 2015.

SÃO PAULO. Ordem dos Advogados do Brasil. Honorários Advocatícios – Dação Em Pagamento. Proc. E-4.406/2014. Relator: Fábio de Souza Ramacciotti, São Paulo, SP, 579ª sessão de 13 nov. 2014. Disponível em: <http://www2.oabsp.org.br/asp/tribunal_etica/pop_ementas.asp?tipoEmenta=1&ano=2014&id_sessao=10&sequencial=2>. Acesso em: 26 nov. 2015.

SAXENA, Aparajita. **CME Group lançará contratos futuros de bitcoin em 18 de dezembro**. 01 dez. 2017. Disponível em: <https://exame.abril.com.br/mercados/cme-group-lancara-contratos-futuros-de-bitcoin-em-18-de-dezembro/>. Acesso em: 08 out. 2018

SECRETARIA DA RECEITA FEDERAL DO BRASIL. Imposto sobre a Renda – Pessoa Física: Perguntas e Respostas. Exercício de 2017. Ano-calendário de 2016. Brasília, DF. Disponível em: <http://idg.receita.fazenda.gov.br/interface/cidadao/irpf/2017/perguntao/pir-pf-2017-perguntas-e-respostas-versao-1-1-03032017.pdf>. Acesso em: 19 jun. 2017.

SHIN, Laura. **SEC Rejects Winklevoss Bitcoin ETF, Sending Price Tumbling**. Disponível em: <https://www.forbes.com/sites/laurashin/2017/03/10/sec-rejects-winklevoss-bitcoin-etf-sending-price-tumbling/#11070c40643c>. Acesso em: 19 de jun. 2017.

TECNISA. **Relatório Anual 2014.** Disponível em: <http://img.tecnisa.com.br/arquivos/sustentabilidade/relatorio_2014_tecnisa.pdf> Acesso em: 28 mai. 2015.

THE LAW LIBRABRY OF THE CONGRESS. **Regulation of Bitcoin in Selected Jurisdictions.** Washington, 15 de janeiro de 2014. Disponível em: <www.loc.gov/law/help/bitcoin-survey/regulation-of-bitcoin.pdf>. Acesso em: 26 nov. 2015.

ULRICH, Fernando. **Bitcoin**: a moeda na era digital. 1 ed, São Paulo: Instituto Ludwig Von Mises Brasil, 2014. 100 p.

UMPIERES, Rodrigo Tolotti. **Bitcoin ganhou US$ 1 bilhão em valor de mercado após Japão e Rússia regulamentarem a moeda**. São Paulo, 12 abr. 2017. Disponível em:<http://www.infomoney.com.br/mercados/bitcoin/noticia/6351445/bitcoin-ganhou-bilhao-valor-mercado-apos-japao-russia-regulamentarem-moeda>. Acesso em: 20 jun. 2017

UNITED STATES SECURITIES AND EXCHANGE COMMISSION. Investor Alert: Bitcoin and Other Virtual Currency-Related Investments. Estados Unidos, 07 mai. 2014. Disponível em: <https://www.sec.gov/oiea/investor-alerts-bulletins/investoralertsia_bitcoin.html>. Acesso em: 28 mai. 2017.

UNITED STATES SECURITIES AND EXCHANGE COMMISSION. Winklevoss Bitcoin Trust, Registration Statement (Form S1). 1 jul. 2013. Disponível em: <https://www.sec.gov/Archives/edgar/data/1579346/000119312513279830/d562329ds1.htm#tx562329_6> Acesso em: 21 nov. 2015.

UNITED STATES SECURITIES AND EXCHANGE COMMISSION. EDGAR Search Results. WINKLEVOSS BITCOIN TRUST CIK#: 0001579346 (see all company filings). Disponível em: <https://www.sec.gov/cgi-bin/browse-edgar?CIK=0001579346&action=getcompany> Acesso em: 19 jun. 2017

UNITED STATES SECURITIES AND EXCHANGE COMMISSION. (Release No. 34-80206; File No. SR-BatsBZX-2016-30). Disponível em: <https://www.sec.gov/rules/sro/batsbzx/2017/34-80206.pdf> Acesso em: 19 jun. 2017.

WENKER, Nicolas. On line currencies, real-world chaos: the struggle to regulate the rise of bitcoin. **Texas Review of Law & Politics**, Estados Unidos, vol. 19 Issue 1, p. 145-197, set. 2014.

SOBRE OS AUTORES

Ana Racy Parente

Advogada desde 2004, especializada em Direito Constitucional pela PUC-SP e LL.M. em Direito dos Mercados Financeiros e de Capitais pelo Insper. Atuou como advogada nas áreas de contencioso cível e família. No Mercado Financeiro e de Capitais, atuou na estruturação e manutenção de fundos de investimentos e na assessoria jurídica nos segmentos *Corporate* e *Consumer*. Atualmente atua na gestão de fundos de investimentos voltados para o segmento imobiliário, sendo responsável pela área operacional e de manutenção de Fundos de Investimentos, *compliance* e risco.

Adriana Dias de Jesus

Bacharel em Direito pela Universidade Presbiteriana Mackenzie (2011). Especialista em Direito Contratual pela Pontifícia Universidade Católica de São Paulo (2014) e em Direito dos Mercados Financeiro e de Capitais pelo Insper Instituto de Ensino e Pesquisa (2017). Advogada atuante em M&A em São Paulo.

Gabriela Nicacio Lima de Souza Dias

Graduada em Direito pela Universidade Presbiteriana Mackenzie (2014), especialista (LL.M) em Direito dos Mercados Financeiro e de Capitais pelo INSPER (2017) e pós graduanda (LL.M) em International Financial Law pela King's College London (Londres, Inglaterra). Profissional certificada em prevenção à lavagem de dinheiro pela ACAMS (CAMS) e advogada atuante na área de Compliance.

Giovana Fiorin de Abreu

Graduada em Direito pela FMU - Faculdades Metropolitanas Unidas - em 2010. Pós-graduada (LLM) em Direito dos Mercados Financeiro e de Capitais no Insper – Instituto de Ensino e Pesquisa – em 2017. No momento, é candidata a Master in Business Administration (MBA) na SDA Bocconi School of Management, em Milão, Itália.

Pâmela Naomi Nakamura

Bacharel em Direito pela Faculdade de Direito do Mackenzie e especialista (LL.M.) em Direito dos Mercados Financeiro e de Capitais pelo Insper Instituto de Ensino e Pesquisa. Advogada atuante em Direito Bancário em São Paulo.

ÍNDICE

APRESENTAÇÃO 5
PREFÁCIO 9
SUMÁRIO 11

Órgãos Reguladores e Inovação Tecnológica: a Transformação Digital das Instituições Financeiras como Desafio ao Direito
Adriana Dias de Jesus 13

Extensão dos Efeitos da Falência para as Companhias Investidas de Fundos de Investimento em Participações
Ana Racy Parente 75

Riscos de Lavagem de Dinheiro Associados a Tecnologias "Peer-To-Peer": os Desafios do Facebook Messenger
Gabriela Nicacio Lima de Souza Dias 147

Os Acordos de Cooperação como Alternativa Para Mitigar a Sobreposição Regulatória no Mercado Financeiro e de Capitais Brasileiro
Giovana Fiorin de Abreu 185

Desmistificando o Bitcoin: Análise da Sua Natureza Jurídica, Uso e Impactos
Pâmela Naomi Nakamura 227

SOBRE OS AUTORES 273